Michael Hüther/Thomas Straubhaar
Die gefühlte Ungerechtigkeit

Michael Hüther
Thomas Straubhaar

DIE GEFÜHLTE UNGERECHTIGKEIT

*Warum wir Ungleichheit
aushalten müssen,
wenn wir Freiheit wollen*

Econ

Redaktionelle Mitarbeit:
Regine Müller (Düsseldorf)
Enrik Lauer (Berlin)

Econ ist ein Verlag der Ullstein Buchverlage GmbH

ISBN 978-3-430-30036-0

Gesetzt aus der Minion
bei LVD GmbH, Berlin
Druck und Bindung: CPI – Clausen & Bosse, Leck
Printed in Germany

Inhalt

I.
Zeit der Gefühle: Wie Probleme erfühlt statt durchdacht werden

Kein Tag vergeht, an dem nicht die Klage angestimmt wird, unsere Welt werde immer komplexer und dem explodierenden Wissenszuwachs sei kaum noch nachzukommen. Die Vernunft und deren computergestützte Verlängerung in der virtuellen Logik globaler Netzwerke hätten die Herrschaft an sich gerissen, die Welt unterjocht und ihr zugleich Menschlichkeit und Herz ausgetrieben. Allein der kalte Verstand regiere noch das Leben und sei die Wurzel allen Übels, lautet gewöhnlich die zweite Strophe des Klagelieds. Und der Refrain wiederholt unermüdlich die Frage, wo denn nur das Gefühl geblieben sei. Wir alle kennen diese Lamenti und können die Strophen längst mitsingen, in denen mit der schlichten Logik der Jahrmarktsmoritaten Schuldige angeklagt werden: die Globalisierung, die Finanzmärkte, die Gier der Heuschrecken, die Topmanager, die Politik, die Ausbeutung der Umwelt und, und, und.

Leider irren die entlastenden Lieder. Denn sie ziehen aus unbestreitbaren Realitäten falsche Schlüsse: dass in einer Zeit, in der zu viel Komplexität, zu viel neues Wissen, zu viel Vernunftdenken herrschen, das große andere, nämlich das Gefühl zwangsläufig zu kurz komme. Tatsächlich ist das Gegenteil der Fall. In Wahrheit erleben wir gegenwärtig eine Renaissance der Gefühle, wie sie in der Geschichte der Moderne wohl beispiellos ist. Und diese Strömung bewegt sich keineswegs subkutan im Unterbewusstsein der Gesellschaft dahin. Als Flut der Gefühle steigt sie an die Oberfläche und ist im Alltag und damit in der Alltagssprache längst angekommen.

Gefühle zwischen Privatheit und öffentlichem Raum

Schon seit einiger Zeit sind wir daran gewöhnt, dass der gute alte Wetterbericht inzwischen auch die ›gefühlte Temperatur‹ angibt. Deren Informationswert ist in der Fachwelt ebenso umstritten wie die Ermittlungsmethode. Tatsächlich ist der Versuch hilflos, zur objektiv messbaren Grad-Zahl eine ›gefühlte‹ Wahrnehmung als aufschlussreichen Mehrwert zu ergänzen. Denn bei der Bestimmung bleibt nichts anderes übrig, als von einem statistischen Mittelwert auszugehen: Der Deutsche Wetterdienst nutzt für seine Berechnung der gefühlten Temperatur das sogenannte Klima-Michel-Modell und geht dabei von einer virtuellen männlichen Figur aus, dem Michel, mit einer Körpergröße von 1,75 Metern, einem Körpergewicht von 75 Kilogramm, einer Körperoberfläche von 1,9 Quadratmetern und einem Alter von etwa 35 Jahren. Für den Michel und Menschen mit vergleichbaren Eckdaten mag dieser so mühsam errechnete Wert also tatsächlich einen gewissen Informationsgehalt besitzen. Für alle anderen gilt weiterhin die Binsenweisheit, dass das Temperaturempfinden der Menschen ungefähr so unterschiedlich ist, wie es die Individuen selbst sind. Allein die Kämpfe um ein geöffnetes Fenster in der Straßenbahn oder die Einstellung der Klimaanlage im Großraumbüro können diese Tatsache ausreichend belegen. Dennoch scheint der Bedarf an Angaben zur gefühlten Temperatur nach wie vor ungebrochen, so dass der VDI sogar eine Richtlinie publiziert hat (VDI, 1998: Methoden zur human-biometeorologischen Bewertung von Klima und Lufthygiene für die Stadt- und Regionalplanung. Teil I: Klima. VDI-Richtlinie 3787 Blatt 2).

Doch dies ist nur ein Beispiel von vielen für eine Expansion des Gefühls, die sich im gegenwärtigen gesellschaftlichen Diskurs allerorten zeigt: Da gibt es zum Beispiel das gefühlte Alter,

die gefühlte Inflation und last, but not least: die gefühlte Ungerechtigkeit. Als Formel der Freizeit- und Wellness-Gesellschaft
des 21. Jahrhunderts und als Steigerung der Volksweisheit:
»Man ist so alt, wie man sich fühlt« kann man das gefühlte Alter
noch hinnehmen. Denn die Senioren der westlichen Gegenwart
sind mit entsprechenden Investitionen ja durchaus in der Lage,
ein gefühltes Alter zu konservieren, das stets das im Pass ange-
gebene Datum deutlich unterschreitet. Sei es mittels plastischer
Chirurgie, seit es mittels ausgeklügelter Fitnessprogramme, Diä-
ten und/oder Ersatzteilmedizin.

Mit der gefühlten Inflation oder der gefühlten Teuerung ist es
dagegen schon eine ernstere Sache. Der Begriff ist an sich schon
präzis unpräzise. Denn er beinhaltet bereits die Kollision des
Kassandrawortes Inflation mit den realen Fakten. Gefühlte Inflation sagt doch ganz deutlich: Es gibt gar keine Teuerung, es
fühlt sich nur irgendwie so an als ob, als würde man immer weniger für sein Geld kriegen. »In der zweiten Hälfte des vergangenen Jahres hat sich die von den Bürgern am eigenen Geldbeutel wahrgenommene Inflation deutlich von der amtlich
gemessenen Teuerung abgekoppelt«, hat Walter Rademacher,
der frühere Präsident des Statistischen Bundesamtes, das Phänomen der gefühlsechten Täuschung begütigend umschrieben.
Tatsächlich trügt das Inflationsgefühl sogar mehr als gründlich,
denn das schiere Gegenteil ist eigentlich der Fall, wenn man den
Blick sachlich und zeitlich weitet.

Am Beispiel von dreißig Produkten aus allen Bereichen des
täglichen Lebens ist unlängst vom IW Köln die »Kaufkraft pro
Lohnminute« erneut errechnet worden. Sie zeigt an, wie lange
der Bundesbürger für jedes einzelne Produkt in den Jahren
1960, 1991 und 2007 arbeiten musste. Die Erhebung ergab grob-
gefasst Folgendes: Seit 1960 haben sich die Nettolöhne mehr als
verzehnfacht, während sich die Preise nur knapp vervierfacht
haben. Für einen Fernseher musste man früher 351 Stunden
oder neun Wochen arbeiten, heute nur noch 23 Stunden. Wäh-

rend 500 Gramm Bohnenkaffee 1960 dreieinhalb Stunden Arbeit kosteten, sind es heute bloß noch zwanzig Minuten, und für einen Herrenanzug schuftete man damals 68 Stunden, während man heute schon nach gut 17 Stunden einkaufen gehen kann. Anders sieht es bei Dienstleistungen, der Kinokarte, dem Zeitungsabo, Benzin und Fahrpreisen aus, denn die sind im kurzfristigen Vergleich zu 1991 teurer geworden. Dafür ist der Preisverfall für sämtliche technischen Produkte geradezu dramatisch, obwohl nach wie vor Qualitätsverbesserungen und Komfortgewinn zu verzeichnen sind. Das Fazit der Erhebung lautet, dass es Deutschland von der Kaufkraft her nach wie vor gutgeht, dass es auch in den letzten Jahren keine starken Einbrüche gab, sondern allenfalls eine Stagnation.

Dass gefühlte und amtlich errechnete Inflation derart weit auseinanderdriften, ist ein komplexes Phänomen. Das Inflationsgefühl nährt sich aus subjektiven Stimmungen der Verunsicherung. Die Differenz zwischen Gefühl und Realität hat aber auch mit der Errechnung der Teuerungsrate zu tun. Denn alltägliche Ausgaben für Nahrungsmittel und Getränke gehen nur mit 10,4 Prozent in die Gesamtrechnung ein und rangieren damit an vierter Stelle. Das heißt, dass die Produkte, deren Teuerung am direktesten vom Verbraucher wahrgenommen wird, in der Erhebung aus statistischen Gründen keine dominierende Rolle spielen. Dass Computer und technische Geräte sich eher verbilligen, fällt dem Verbraucher relativ selten auf, eher bemerkt er, dass der tägliche Einkauf teurer geworden ist oder das Bier in der Kneipe um die Ecke. Grundsätzlich gilt für diese Berechnung, dass die Teuerung jeden unterschiedlich trifft, abhängig von individuellen Bedürfnissen und Gebräuchen. Wer viel Auto fährt, spürt die Mehrbelastung durch hohe Benzinpreise tatsächlich sehr real.

Mit der gefühlten Ungerechtigkeit verhält es sich schon schwieriger. Die Wurzeln dieses diffusen Gefühls sind in tieferen Schichten vergraben. Bei der gefühlten Ungerechtigkeit macht sich eine wabernde Befindlichkeit Luft. Sie verdichtet sich im zentralen, politisch elementaren und aufgeladenen Begriff der sozialen Gerechtigkeit. Dadurch gewinnt sie dramatisch an Gewicht. Die gefühlte Ungerechtigkeit ist eine sich ausbreitende Grundstimmung. Sie lässt sich keineswegs leichthin abtun als Irrtum schlechtinformierter Kreise oder vorübergehende gesellschaftliche Laune. Im Gegenteil: Als negative Energie von nicht geringer Sprengkraft muss man sie durchaus ernst nehmen.

Was aber hat es zu bedeuten, dass Gefühle in der Politik so wichtig geworden sind? Was hat uns diese Welle der Gefühle zu sagen, die alle Bereiche des öffentlichen Lebens zu fluten scheint? Lang ist es her, dass es als gesellschaftlicher Konsens galt, dass Gefühle Privatangelegenheit seien. Nicht nur in Talkshows, Gerichtssendungen und rührseligen »Verzeih mir«-Formaten werden private Gefühle inzwischen hemmungslos zur Schau gestellt, gefeiert und breitgetreten. Auch in den Printmedien kann man diesen Trend verfolgen, angefangen bei den Homestorys bis zu den Blogs und Videoplattformen im Internet. Das Privateste wird öffentlich, Gefühle sprechen Gefühle an, interessieren und unterhalten. Wem das nicht passt, wer sich nicht für die Beziehungsprobleme wildfremder Menschen und die spontanen Ergüsse schlechtinformierter Blogger interessiert, kann die entsprechenden Medien natürlich meiden. Der Welle der Gefühle entkommt er letztlich aber nicht. Denn die Tatsache, dass Phänomene wie die gefühlte Ungerechtigkeit zu wirtschafts- und sozialpolitischen Größen werden, die politische Entscheidungen von ungeheurer Tragweite jetzt schon beeinflussen, betrifft auch den Medienmuffel zutiefst.

Auch wenn die Dominanz der Gefühle in der politischen und gesellschaftlichen Öffentlichkeit des 21. Jahrhunderts eine ganz neue Qualität, ja Penetranz erreicht hat, reichen die Anfänge dieses heute ausufernden Phänomens weit zurück. Genau genommen sind sie angelegt in der Konstitution des modernen Individuums, wie die deutsche Gelehrte und Philosophin Hannah Arendt bereits 1958 in »The human condition«, zu Deutsch »Vita activa oder Vom tätigen Leben«, überzeugend dargestellt hat. Nach Arendt entfernt sich das Individuum der Neuzeit aufgrund der »radikalen Subjektivität seines Gefühlslebens« vom Politischen, weil es seinen wechselnden »Stimmungen und Launen« ausgeliefert und laufend in »endlose innere Konflikte« verstrickt ist.

Dieser Haltung steht bei Hannah Arendt der öffentliche Raum gegenüber als der Ort des Handelns, genauer, der politischen Interaktion, der Gestaltung und Freiheit unter Gleichen. Wir alle sind – auch wenn wir uns dagegen entscheiden, zu handeln, also politisch zu agieren – immer schon Teil dieses öffentlichen Raumes, jener der Allgemeinheit zugewandten Lebenssphäre, die das umfasst, was allen gemeinsam ist. Sie ist dadurch gekennzeichnet, »dass alles, was vor der Allgemeinheit erscheint, für jedermann sichtbar und hörbar ist, wodurch ihm größtmögliche Öffentlichkeit zukommt«. Laut Arendt ist das Besondere des öffentlichen Raums, dass entgegen der durchaus selbstbezüglichen und ebenso verborgenen wie geborgenen Exklusivität des Privatlebens hier die eigenen Positionen ebenso wie die der anderen relativierend durch die Augen der anderen gesehen werden. Die Gestaltung des öffentlichen Raumes fordere alle, die ihn betreten, und ziele letztlich darauf, »Gemeinsames dauerhafter machen zu wollen als das irdische Leben des Einzelnen.« Arendt liefert mit dieser Formel die Definition von sozialer Verantwortung und Nachhaltigkeit, die den Kern gelebter politischer Demokratie ausmacht. Denn das Öffentliche erfasst auch »die Welt selbst, insofern sie das uns Gemeinsame ist und als solches sich von dem unterscheidet, was uns privat zu eigen ist, also dem Ort, den wir unser Privateigentum nennen.« Und: »Eine Welt, die Platz für Öffentlichkeit haben soll, kann nicht nur für eine Generation errichtet oder nur für die Lebenden geplant sein; sie muss die Lebensspanne sterblicher Menschen übersteigen.« Die

Gestaltung des öffentlichen Raums erfordert Weitsicht und Bescheidenheit – Weitsicht auf die Anforderungen künftiger Generationen an das Sozial- oder besser das Vertrauenskapital und Bescheidenheit bei der Ansprache kurzlebiger Stimmungen und Gefühle in der Öffentlichkeit. Doch der öffentliche Raum und damit die Politik können nur sinnvoll gestaltet werden, wenn die Grenzen zum Privaten stabil und klar umrissen sind. Dies jedoch – so Arendt – falle in der modernen Massengesellschaft schwerer, weil »die Kraft verloren (geht), zu versammeln, das heißt, zu trennen und zu verbinden.« So muss es nicht verwundern, dass heute mehr denn je Privatheit und öffentlicher Raum vermengt werden, und das nicht nur in den Außenbezirken eines sensationslüsternen Promi-Voyeurismus oder den Bekenntnis-Talkshows. Welche dominante Rolle Gefühle bei der Bewertung von elementaren Kategorien des öffentlichen Raumes spielen – beispielsweise bei der Kategorie Gerechtigkeit –, macht deutlich, wie weit die getrennt zu haltenden Sphären bereits vermischt wurden. So herrscht ein unheilvolles Durcheinander, wenn der Hartz-IV-Empfänger gesellschaftlichen Beistand fordert, wie er früher in der Kleingruppe der (Groß-)Familie möglich war. Oder wenn im Kontext der Finanzkrise Topmanager und Banker als Personen des öffentlichen Lebens sich über heftige Reaktionen auf die eigenen nassforschen öffentlichen Äußerungen wundern und diese als private Äußerungen verstanden wissen wollen. Die Unschärfe im Grenzbereich von Privatheit und Öffentlichkeit findet sich auch im harten politischen Geschäft. Gerade das Versäumnis, über staatliche Verantwortung und Zuständigkeit ein grundlegendes Verständnis zu erzielen, hat im Zusammenhang mit den Privatisierungen und Deregulierungen der letzten zwei Jahrzehnte Schaden angerichtet. Die Unterdrückung öffentlicher Belange hat in der Bevölkerung ein weiteres Gefühl begründet: »die privaten Unternehmen müssten nunmehr auch öffentlichen Zwecken dienen« (Martin Hellwig). Es ist Klarheit unabdingbar, denn »ohne die Mauer des Gesetzes konnte ein öffentlicher Raum so wenig existieren wie ein Stück Grundeigentum ohne den es einhegenden Zaun« (Hannah Arendt). Den Preis für diese Entwicklung zahlen wir täglich, wenn Fakten von Vorurteilen und Gefühlen dominiert werden. Gerade die Wirtschaftspolitik und die Sozialpolitik sind in höchstem Maße anfällig für Anklagen, die Gerechtigkeit oder vielmehr ihr Gegenteil, Ungerechtigkeit, im Fokus haben. Nirgends wird ein rationaler öffentlicher Diskurs schneller emotional als hier, denn so werden Stimmungen, spontanes Aufbegehren und Klischees am sichersten bedient. So ist Gerechtigkeit beziehungsweise die inzwischen zum geflügelten Wort gewordene ›gefühlte Ungerechtigkeit‹ seit geraumer Zeit ein öffentliches Thema. Bereits im Herbst 2007 publizierte die Zeitschrift GEO hierzu eine Umfrage der Berliner Humboldt-Universität, deren Ergebnisse alarmieren: Nicht einmal zwanzig Prozent der Deutschen empfinden demnach, dass es in unserem Land noch gerecht zugeht. Aber 85 Prozent sehen Gerechtigkeit als ein hohes Gut an. Die Gerechtigkeit und der so empfundene Mangel daran ist nach dieser Umfrage ein in jeder Hinsicht bestimmendes Thema. 85 Prozent der Befragten geben an, oft oder manchmal darüber zu diskutieren. Sehr deutlich wird in der Umfrage, dass sich die Deutschen einen Staat wünschen, der mehr soziale Verantwortung übernimmt und für Gerechtigkeit sorgt. Auffallend ist zudem, dass Ostdeutsche höhere Ansprüche an den Sozialstaat stellen als Westdeutsche. Und sehr beeindruckend und unsere Vermutungen stützend ist auch folgende Einsicht der Studie: Die gefühlte Ungerechtigkeit als zentrales gesellschaftliches Thema führt keineswegs zu einer Klarheit in der Frage, was Gerechtigkeit denn nun eigentlich genau ausmacht. So wie die Zustände heute seien, wüssten immerhin 52 der West- und 65 Prozent der Ostdeutschen gar nicht mehr, was eigentlich gerecht sei. Fast die Hälfte der Befragten ist sogar der Überzeugung, es sei zwecklos, sich über soziale Gerechtigkeit zu streiten. Die Ver-

hältnisse würden sich doch nicht ändern, so die überwiegende
Meinung. Die Folgen dieser Haltung kann man sich leicht aus-
rechnen, sie äußern sich in Desinteresse, Politikverdrossenheit
und münden in einen gefährlichen Fatalismus.

Warum Gerechtigkeit als Thema wie ein Joker funktioniert

Obwohl oder vielleicht gerade weil Gerechtigkeit ein unklarer Begriff ist und ergo von niemandem klar definiert und sachlich richtig eingesetzt wird, ist Gerechtigkeit das Thema Nummer eins in
unseren Wahlkämpfen. Warum? Uns scheint, dass der Grund
hierfür genau darin besteht, worin auch das Problem einer genauen Definition begründet liegt. Gerechtigkeit ist ein komplizierter Begriff, doch randvoll mit persönlichen, individuellen
Befindlichkeiten. Und genau darin liegt seine Attraktivität für die
Politik – er hat quasi alle Qualitäten eines Jokers: Man pocht
scheinbar auf Realpolitik – etwa beim Thema Mindestlöhne kon-
tra Managergehälter – und spricht doch eigentlich das Gefühl,
nein ganz verschiedene Gefühle an. Und ›aus dem Bauch heraus‹,
das ist bekannt, werden ja nun einmal die meisten Entscheidungen gefällt. Natürlich auch die Entscheidung, welche Partei 2009
den Wählerauftrag bekommt, für Gerechtigkeit im Lande zu sorgen. Wer also die größte Gerechtigkeitstrommel am vernehm-
lichsten schlägt, dürfte die Wahl gewinnen.

An Stammtischen und in populären Talkshows halten sich
hartnäckig (Schein-)Debatten, die alle mehr oder weniger um
das Thema Gerechtigkeit kreisen. Unbeeindruckt von wider-
sprechenden Fakten haben sich dort und auf der Straße längst
Standpunkte gebildet, die als gesichert gelten, bei näherer Betrachtung jedoch sämtlich in sich zusammenfallen. So gilt es als
absolut unstrittig, dass Studiengebühren ungerecht seien. Das

Gegenteil aber ist richtig. Denn die bestehende Studienfinanzierung führt ohne Beiträge nur dazu, dass im Vergleich der sozialen Herkunftsgruppen der Studierenden die unterste Einkommensgruppe netto fast so stark belastet wird wie die höchste Gruppe. Ist das vielleicht gerecht? Die politisch intonierte Umverteilungslogik wird also gar nicht wirksam. Stattdessen könnte ein System aus Studiengebühren, -krediten in bundesweiter Ausfallbürgschaft und Zinssubvention sowie einkommensabhängigen und nicht rückzahlbaren BAföG-Zuschüssen und bundeseinheitlichen Stipendien sehr viel effizienter einen fairen Hochschulzugang für alle ermöglichen.

Ein weiteres Stammtischthema ist die Pendlerpauschale, deren Abschaffung ebenfalls als sozial ungerecht gilt. Auch hier ist das Gegenteil richtig – solange man auf die Subventionierung hoher Mietkosten in Ballungsräumen verzichtet. Da dies zu Recht niemand ernsthaft fordert, ist die Pendlerpauschale eine einseitige Vergünstigung für jene Menschen, die sich aus freien Stücken für eine bestimmte Organisation ihres Lebens aus Wohn- und Arbeitsort entschieden haben.

Besonders beliebt und gleichzeitig angstbesetzt ist das Thema Hartz IV. Die Reform enteigne die Menschen, lautet der gängige Vorwurf. Tatsächlich ist das Schonvermögen, also derjenige Vermögensteil, den jemand vor dem Bezug einer Sozialleistung nicht verwerten muss, um seinen Lebensunterhalt zu sichern, im ALG II deutlich großzügiger bemessen als bei der früheren Sozialhilfe. So bleibt einer Familie mit zwei Erwachsenen im Alter von 40 Jahren und zwei minderjährigen Kindern ein Schonvermögen von maximal 47 200 Euro. Zusätzlich werden das geförderte Riester-Vermögen sowie das Immobilieneigentum nicht angetastet. Für ein Ehepaar im Alter von 59 Jahren ergibt sich wegen der altersbedingt höheren Freibeträge sogar ein Schonvermögen von 92 360 Euro. Bei der Sozialhilfe wurden neben dem »angemessenen Hausgrundstück« oder persönlichen Erbstücken nur geringe Freibeträge – 1600 Euro für Alleinstehende – gewährt.

Kaum weniger empört wird immer wieder behauptet, dass in Deutschland inzwischen die Altersarmut grassiere. Auch hier sprechen die Fakten für das schiere Gegenteil: Wir haben die reichste Rentnergeneration der deutschen Geschichte. In Zukunft droht Altersarmut nur dann, wenn die durch die Reformen der Gesetzlichen Rentenversicherung entstandenen Spielräume infolge geringerer Beitragssätze nicht für private und betriebliche Altersvorsorge genutzt werden.

Und noch ein Themenkomplex bewegt die polarisierende und zur Vereinfachung neigende populäre Debatte: die Globalisierung der Finanzmärkte und die Benachteiligung sowie Enteignung der Länder der Dritten Welt. Wiederum entkräften Tatsachen diese Behauptung: Die Entwicklung der Finanzmärkte – gemessen an den Aktivitäten der Kreditbanken, an der Kreditvergabe an Privatleute und an der Marktkapitalisierung – geht tatsächlich ganz eng mit einem steigenden Pro-Kopf-Einkommen einher. Die Frage, wie die Globalisierung auf die Einkommensentwicklung wirkt, hat der Internationale Währungsfonds im Herbst 2007 empirisch analysiert. In der Tat hat weltweit die Ungleichheit der Einkommensverteilung in den vergangenen zwei Dekaden zugenommen. Gleichzeitig gilt aber auch, dass die durchschnittlichen Realeinkommen der ärmsten Bevölkerungsgruppen überall gestiegen sind. Die größere Ungleichheit geht demnach absolut und real nicht zulasten der Ärmsten, sie ist vielmehr durch die vermehrte Bedeutung höherer Einkommen getrieben. Die Ungleichheit wird vor allem durch den technischen Fortschritt erklärt, während der Effekt der Globalisierung im Durchschnitt aller Regionen beträchtlich geringer ist. Zudem wird er weitgehend ausgeglichen durch den Einfluss des besseren Zugangs zu Bildung sowie den Rückgang der Agrarbeschäftigung, die gerade in der Dritten Welt mit schlechten Einkommensperspektiven verbunden ist.

In den Industrieländern befördert die Globalisierung nahezu mit gleicher Kraft wie der technische Fortschritt die Ungleichheit, in den Entwicklungsländern wirkt sie hingegen leicht und in den Schwellenländern stark nivellierend. Dabei mindert der boomende Welthandel unter liberalen Bedingungen die Ungleichheit der Einkommen sowohl in den Industrieländern als auch in den Entwicklungsländern, während Direktinvestitionen diese verschärfen – in den Zielländern, weil dort die Nachfrage nach relativ qualifizierter Arbeit steigt, in den Ursprungsländern, weil dort die Nachfrage nach gering qualifizierter Arbeit sinkt. Die Globalisierung verlagert Arbeitsplätze, die in Industrieländern als wenig qualifiziert gelten, in Entwicklungsländer, wo sie als anspruchsvoll willkommen sind. Dies muss die Einkommensposition der entsprechenden Bevölkerungsgruppen in den entwickelten Volkswirtschaften nicht belasten, weil zugleich der internationale Handel die Realeinkommen positiv beeinflusst. Der jeweils verteilbare Kuchen wird größer. Marktöffnung und Liberalisierung sind die einzig soliden Voraussetzungen für Wohlstandsmehrung. Durch Hilfszahlungen und Schuldenerlass ist noch kein Land reich geworden.

Bei genauerer Betrachtung lassen sich also viele emotional aufgeladene und in Politikverdrossenheit getätigte Behauptungen demontieren. Dennoch greifen vereinzelte Vertreter – wenn auch von den Rändern des politischen Spektrums – die genannten Schlüsselreizthemen im Umfeld des Gerechtigkeitsbegriffs immer gerne mal wieder auf. Die Versuchung, populistische Vereinfachungen einer nüchternen Diskussion von Sachthemen vorzuziehen, scheint nach wie vor groß. Freilich verlangt eine vorurteilsfreie Diskussion auch nach einer lückenlosen Information der Bürger. Doch genau an dieser Stelle sind Defizite auf beiden Seiten zu diagnostizieren. »Wir werden ja nicht informiert«, hört man häufig mündige Bürger bei Umfragen in Fußgängerzonen sagen. Abgesehen davon, dass viele Menschen nicht mehr oder nur schlecht im Bilde sind, was die tatsächliche Lage der Nation angeht, womit sie ihre Bürgerpflichten ignorieren, kommt auch die Politik ihrer Informationspflicht oft nur unzureichend nach. Manchmal kann man auch den Eindruck gewinnen, dass Politiker selbst nicht optimal vorbereitet sind und es gelegentlich vorziehen, ein »heißes«, emotional packendes Thema aufzugreifen, statt sich in eine Statistik einzuarbeiten. Eine fatale Entwicklung.

Wie aber kommt es eigentlich, dass der gesellschaftliche Diskurs seit einigen Jahren dazu neigt, in dieser auffälligen Weise das Gefühl zu betonen? Liegt nicht der Verdacht nahe, dass damit ein inhaltliches und intellektuelles Vakuum gefüllt werden soll? Wenn dem so ist: welches Vakuum? Wir meinen, dass in den letzten Jahren vor allem in der Wirtschaftspolitik ein Orientierungs- und Führungsvakuum entstanden ist. Viel zu selten kommen gutinformierte Ökonomen zu Wort, die komplexe Zusammenhänge in ihrer ganzen Tragweite zu erfassen und zu kommunizieren imstande sind, und eben nicht polemisierende Stammtisch-Parolen nachplappern. Stattdessen haben sich Gefühle auch der Politik bemächtigt, wodurch die bestehenden Probleme nicht nur nicht gelöst, sondern sogar weiter verschärft werden. Doch oft ist es schlicht einfacher, an Instinkte – auch solche niederer Art! – zu appellieren, statt sachlich gute, seriöse Politik zu machen. Gegen Gefühle und deren freien, ungehemmten Lauf gibt es gar nichts einzuwenden, im Gegenteil. Aber Spontaneität und Emotionalität sind im Privaten bestens aufgehoben. Vor einem kollektiven Gefühlstaumel ist Vorsicht geboten. Und ja, natürlich spielt das Charisma eines jeden Politikers eine Rolle, und es sind bei restlos jeder menschlichen Handlung auch Gefühle beteiligt. Aber dürfen Gefühle zum Zentrum der Politik werden und politisches Handeln anleiten? Bedarf es nicht vielmehr einer ganz anderen Art von Orientierung?

Worüber wir sprechen, wenn wir über Gerechtigkeit reden

Um zu verstehen, was sich hinter der alles beherrschenden, obgleich nur vage umrissenen Gerechtigkeitsdebatte eigentlich verbirgt, sollte man das, was da so vielstimmig eingefordert wird, erst einmal genauer betrachten. Pilatus fragte seinerzeit lakonisch: Was ist Wahrheit? Wir wandeln die Frage ab und wollen wissen: Was ist eigentlich Gerechtigkeit?

Als absoluten Wert gibt es die Gerechtigkeit im Sinne einer sozialen Ausgeglichenheit gar nicht, auch wenn dies von Politik und Interessenvertretern gern behauptet wird. Allein in unseren europäischen Nachbarländern versteht man durchaus Unterschiedliches darunter, sowohl unter der sozialen Gerechtigkeit als auch unter dem Gerechtigkeitsbegriff im abstrakten Sinne. Natürlich war und ist die Idee der Gerechtigkeit in allen Gesellschaften präsent. Doch es gibt weder eine internationale und überzeitliche Formel dafür noch eine weltweite Definition und erst recht kein Thermometer, das in der Lage wäre, gefühlte Gerechtigkeit zu messen. Der Begriff ›Gerechtigkeit‹ ist Interpretationssache. Er birgt etwas Vages und selbst auch schon Gefühl und Empfindung in sich. Ist die Lufttemperatur noch objektiv messbar und die gefühlte Temperatur daneben schon eine ziemlich unsinnige Größe, wird die gefühlte Gerechtigkeit zu noch gröberem Unsinn. Wenn bereits Gerechtigkeit ein vager, gefühlter Begriff ist, dann ist gefühlte Ungerechtigkeit nichts anderes als gefühltes Gefühl.

Jede Generation definiert ihren Begriff von Gerechtigkeit neu und anders. Um einen groben Trend aufzuzeigen, ist eine weltgeschichtliche Perspektive sinnvoll und die – zugegeben – kühne Frage zu stellen, ob die Gerechtigkeit global eher zugenommen oder abgenommen hat. Diese Frage ist keineswegs abwegig, denn der Gerechtigkeitsbegriff ist keine Erfindung der Neuzeit. Schon bei den alten Griechen, während der Entstehung der ersten Demokratie, spielte der Gerechtigkeitsbegriff bekanntlich eine entscheidende Rolle.

In der europäischen Geschichte war es im weiteren Verlauf lange Zeit die Formel einer göttlichen Gerechtigkeit – als radikaler Gegensatz zu einem demokratischen Gerechtigkeitsempfinden –, die gesellschaftlich prägend und befriedend wirkte. Die ständische und feudale Gesellschaft vom Mittelalter bis zu ihrem Sturz durch die Französische Revolution wäre ohne die Idee einer göttlichen Gerechtigkeit nicht denkbar gewesen. Die Aufklärung und die Französische Revolution unterzogen den Gerechtigkeitsbegriff einer gründlichen Revision, denn mit dem Ideal der Gleichheit aller Menschen in Freiheit kam unvermeidbar auch der Ruf nach sozialer Gerechtigkeit auf. Und deren Verwirklichung wurde damit zum ersten Mal eines der Ziele politischen Handelns. Noch die mittelalterliche Ständegesellschaft und die der Französischen Revolution unmittelbar vorausgehende Feudalgesellschaft lebten eine Ordnung sozialer Zugehörigkeiten, die keinen Austritt aus der jeweiligen gesellschaftlichen Klasse vorsah, von einem Aufstieg ganz zu schweigen.

Die Forderungen der Französischen Revolution brachten die alten Ordnungssysteme und Gewissheiten zum Einsturz. Gleichheit und soziale Gerechtigkeit für alle waren deshalb aber weder erreicht noch konsequent zu Ende gedacht. Doch während sich die alten Gesellschaftsformen infolge der Revolution im Laufe des 19. Jahrhunderts erst langsam aufzulösen begannen, war längst eine weitere umstürzende Bewegung im Gange: die industrielle Revolution. Mit der wachsenden Industrialisierung entstand die sogenannte »Soziale Frage«, denn die neue Industriegesellschaft brachte ein großes Sozialgefälle und eine Ungleichheit ganz neuer Qualität mit sich. Es galt, der Verelendung und Proletarisierung der neuen Arbeiter zu begegnen, die neben der Härte und dem Elend der gerade entstehenden Industrie-Berufe auch noch persönliche Entwurzelung und soziale Erosion zu verkraften hatten.

Probleme, die – in anderem Maßstab – im globalisierten Industrie- und Wirtschaftsraum des 21. Jahrhunderts wiederzukehren scheinen. Die Idee einer sozialen Gleichheit, einer sozialen Gerechtigkeit, so wie wir sie heute kennen, wurde damals erstmals formuliert.

Im Sinne des Ideals einer sozialen Gleichheit war natürlich der Sozialismus der wohl konsequenteste Versuch, diese herzustellen. Wohlgemerkt: der Versuch. Denn die in der DDR installierte Gleichheit war erstens in Wahrheit gar keine und zweitens stabilisierte sich das, was allen gleich war, auf sehr niedrigem Niveau. Ein Jurist in der DDR verdiente weniger als ein Müllmann in Essen. Ganz zu schweigen davon, dass ein Medizinergehalt in der DDR, so hoch es im Vergleich zu anderen Gehältern innerhalb des sozialistischen Systems sein mochte, kaum mehr Konsum ermöglichte als ein DDR-Arbeitergehalt. Denn das Angebot war bekanntlich dürftig. Schlupflöcher wie die berüchtigten Intershops, in denen gegen Devisen westliche Konsumgüter eingekauft werden konnten, oder die leidige Günstlingswirtschaft, die Vorteile durch gute Beziehungen und parteikonformes Verhalten sicherte, waren außerdem wenig dazu angetan, die staatlich vorgesehene Gleichheit als gerecht zu empfinden. Die Diskrepanz zwischen dem propagierten Gleichheitsideal und der Realität von Korruption, Klüngel und grauer Dürftigkeit musste von den Bürgern der DDR zwangsläufig als besonders hart empfunden werden.

Es ist also sicher kein Zufall, dass in der wiedervereinigten Gegenwart die gefühlte Ungerechtigkeit im Osten der Republik messbar größer ist als im Westen. Das liegt viel weniger am sozialen Gefälle und an verödenden Landstrichen, denen zur Wiedervereinigung eine üppige Blüte versprochen wurde. Eher liegt es am Nachhall schlechter Erfahrungen: am Misstrauen gegenüber jeder Form von Chancengleichheits-Versprechen, an der Erinnerung, dass Gleichheit immer welche mit sich bringt, die gleicher sind, und dass auch die staatlich garantierte Gerechtig-

keit ihre Lieblinge kennt. Verbunden mit der lange verinner-
lichten Haltung, der Staat habe für alles zu sorgen, ergibt sich im
Osten wiederum eine ganz andere innere Struktur der »gefühlten Ungerechtigkeit« als im Westen.

Ein Blick auf westliche Gesellschaften erweitert den Gerechtigkeitsbegriff zusätzlich, denn auch innerhalb der westlichen
Industrieländer gibt es enorme Unterschiede in der Frage, was
unter Gerechtigkeit verstanden wird. Besonders hoch bewertet
und als angestrebtes Ideal verstanden wird die soziale Gleichheit
in Skandinavien und in Deutschland. In den angelsächsischen
Ländern dagegen verschieben sich die Vorstellungen von Gerechtigkeit deutlich, denn dort wird traditionell die Leistungsgerechtigkeit stark betont. Der einzelne Bürger steht in den angelsächsischen Ländern in einem offenen Wettbewerb zu seinen
Mitbürgern und kann – je nach Leistung – am Wohlstand teil-
haben. Der Gedanke der Verteilungsgerechtigkeit, die allen Bürger gleichermaßen Teilhabe am gesellschaftlichen Wohlstand ermöglichen will, ist in diesen Ländern, insbesondere in den USA
ausgesprochen schwach ausgeprägt. In Mitteleuropa spielt die
Partizipationsgerechtigkeit dagegen eine zentrale Rolle. Voraussetzung und Folge davon ist auch der unterschiedliche
Umgang mit Geld: In den USA gilt es keineswegs als degoutant,
über Geld und Einkommen zu sprechen. Im Gegenteil: Man re-
det offen darüber und applaudiert jenen, die viel verdienen.
In Deutschland oder den skandinavischen Ländern gilt dergleichen nicht nur als geschmacklos, es ist sogar regelrecht ver-
pönt.

Sozialer Aufstieg ist in unserer Gesellschaft insbesondere in
politischer Hinsicht möglich. Das heißt, während in der Vergangenheit Reichtum und politische Macht auf das Engste miteinander verknüpft waren, setzt sich die politische Klasse der
Bundesrepublik heutzutage gerade nicht aus den höher gestellten Schichten, geschweige denn Reichen zusammen. Die meisten Mitglieder des Parlaments kommen aus bürgerlichen Beru-

fen und gehören der Mittelschicht an. Sie sind häufig Beamte oder Lehrer, selten Wissenschaftler. Top-Manager und Millionäre finden sich im bundesrepublikanischen Parlament dagegen selten bis gar nicht. Man kann dies begrüßen und sowohl die Präsenz der Mittelschicht als auch die politischen Aufstiegschancen der Unterschicht befürworten. Man kann sich aber auch fragen, ob die totale Abwesenheit einer in der wirtschaftlichen Realität überaus einflussreichen und mächtigen Schicht im Parlament wirklich so zielführend und überhaupt demokratisch ist.

Gefühlte Ungerechtigkeit: Wie realistisch ist die aktuelle Debatte um Armut und Gerechtigkeit?

Die Debatte um Gerechtigkeit und die Klage über die gefühlte Ungerechtigkeit werden unter dem Einsatz schwerster Metaphern-Geschütze bestritten, die lohnen, näher betrachtet zu werden. Überhaupt verdient der Sprachgebrauch im Bezug auf sozialpolitische Fragen gesonderte Aufmerksamkeit, denn er hat sich in den vergangenen Jahren extrem verändert. Die öffentliche Sprache hat sich immer weiter von einer sachlichen Terminologie entfernt und zunehmend wertende, tendenziöse und verschärfende Züge angenommen. Es sind eben eine Menge Gefühle mit im Spiel.

Dauernd ist von der berühmten »Schere zwischen Arm und Reich« die Rede, die sich bedrohlich öffne. Ein anschauliches, gleichwohl buchstäblich verschärfendes Bild! Altmarxistisch gesprochen wurde noch unterschieden zwischen »Bourgeoisie und Proletariat«, heute klingt die »Schere zwischen Arm und Reich« sehr viel härter. Auch mit dem Gebrauch weiterer Begriffe ist man nicht eben zimperlich, so dass schnell ein dramatisches Szenario vor dem inneren Auge entsteht: »Unterschicht« beschönigt nicht gerade bescheidene Lebensverhältnisse, sondern liefert Bilder der Verwahrlosung – die ja keineswegs zwangsläufig mit einer knappen Kasse einhergehen muss – gleich frei Haus mit. Ebenso drastisch dringen die »Prekarisierung« oder das »Prekariat« ans Ohr, Letzteres klingt beinahe wie eine unheilbare Krankheit. Während der »Proletarier« der Vergangenheit noch einen gewissen heroischen Stolz mitschwingen ließ, geht mit der heute verwendeten Kurzform »Prolo« oder »Proll« eine diskriminierend-abwertende Konnotation einher.

Wissenschaftlicher dagegen kommt der neu verwendete Begriff der »Exklusion« (Heinz Bude et al.) daher. Tatsächlich aber beschwört auch er eine endgültige, dramatische Situation, die das Gerechtigkeitsempfinden provozieren will und muss. Laut Bude hat sich das gesellschaftliche Bild fundamental gewandelt, denn seiner Auffassung nach geht es nun nicht mehr darum, wer oben und wer unten ist, sondern darum, wer drinnen ist und wer draußen bleiben muss. Hatte das alte Oben-Unten-Bild den Aufstieg noch möglich gemacht, hat die Unterscheidung in Drinnen und Draußen eine ganz anderer Qualität. Mit dem neuen Vergleich assoziiert man ein Verrammeln, Dichtmachen von denen, die drinnen sind, und ein vergebliches Anrennen dagegen von denen, die vermeintlich draußen stehen. Von unten konnte man immer noch nach oben steigen, klettern oder sich auch quälen, von draußen nach drinnen gibt es keinen Einlass mehr, denn die, die draußen sind, sind schlicht ausgeschlossen, und nichts anderes bedeutet ja »Exklusion«.

Heinz Budes Bild ist zwar verführerisch anschaulich, und findet durchaus manch empirischen Befund für sich, bietet aber gerade wegen seiner griffigen Differenz zwischen Drinnen und Draußen Anlass zu Zweifeln und Widerspruch: Sogar am eigenen Institut für Sozialforschung in Hamburg (HIS) kritisiert der Kollege Berthold Vogel das grobe Raster und sieht darin die Realität in ihrer tatsächlichen Komplexität nur verzerrt und vereinfacht abgebildet. In seiner Replik auf Budes »Biographische Brüche, soziale Ungleichheiten und politische Gestaltung. Bestände und Perspektiven soziologischer Arbeitslosigkeitsforschung« schreibt Vogel: »Mit den aktuellen sozialstrukturellen Leitvokabeln ›Prekariat‹ und ›Exklusion‹ hat eine deutliche Akzentverschiebung des Denkens über den Verlust der Erwerbsarbeit stattgefunden; eine Akzentverschiebung, die gleichermaßen zu einer Entschärfung wie zu einer Verschärfung sozialer Ungleichheitsforschung beigetragen hat. ... Verschattet nicht die starke Konzentration auf den Status der Exklusion gleichermaßen die bemerkenswerte Dynamik politisch strukturierter und ökonomisch forcierter Arbeitsmärkte wie auch die veränderten persönlichen Bedürfnisse, die von immer größeren Gruppen der Erwerbsbevölkerung an das Verhältnis von Erwerbsarbeit und Nichterwerbsarbeit herangetragen werden? Laufen wir in der Exklusionsdebatte nicht Gefahr, die Widersprüche, Uneindeutigkeiten und Unschärfen der Arbeitswelt systematisch aus dem Blick zu verlieren?« Vogel plädiert weiterhin für Genauigkeit und gegen die »Einübung gesellschaftskritischer Allgemeinplätze«. Zu Letzteren gehören resignierte und pseudo-alarmierende Lieblingsbehauptungen wie: »Es kann jeden treffen!«

Tendenziell und im großen Trend ist unsere Gesellschaft in den vergangenen hundert Jahren eher gerechter geworden. Vor allem nach dem Zweiten Weltkrieg haben die unteren Schichten der Gesellschaft vom wirtschaftlichen Wachstum – Stichwort Wirtschaftswunder – auf breiter Front profitiert. Die Einkommens- und Vermögensunterschiede haben sich zwar kaum abgeschwächt. Doch die allgemeine Wohlstandsentwicklung hat im Grunde alle erreicht. Ohne Polarisierung oder gar Armut, die es ja durchaus gibt, bagatellisieren zu wollen: Der durchschnittliche Hartz-IV-Haushalt von 2008 ist weitaus komfortabler ausgestattet als ein Haushalt der guten bürgerlichen Mittelklasse in den sechziger Jahren.

Obwohl dergleichen Einsichten unstrittig sind, ernten sie

wenig Applaus, sondern im Gegenteil Empörung, wie man an der Reaktion auf ein Interview des Alt-Bundeskanzlers Helmut Schmidt im *Tagesspiegel* ablesen konnte. Schmidt hatte Folgendes verlauten lassen: »Das Jammern über ›Armut in Deutschland‹ muss endlich aufhören. Das, was man heute als Prekariat bezeichnet, sagen wir, ein 18-jähriges Mädchen, das ein Kind zur Welt gebracht hat und von der Sozialfürsorge, genannt Hartz IV oder Arbeitslosengeld II, eine Wohnung bekommt und einen Fernseher, die Miete braucht sie nicht selbst zu bezahlen, solche Schicksale gab es immer. Dieses Mädchen gilt als arm und abgehängt, doch in Wirklichkeit geht es ihr unendlich viel besser, als es uns in ihrem Alter gegangen ist. Wer heute von Hartz IV lebt, hat meist einen höheren Lebensstandard als in meiner Jugend ein Facharbeiter mit Frau und Kindern.«

Das Echo auf Helmut Schmidt war die pure Empörung. Dabei ist auch Armut ein relativer Begriff, weshalb Armutsforscher Butterwegge empfiehlt, Armut sollte »immer auch ins Verhältnis zum jeweils aktuellen Wohlstand der Gesellschaft«« gesetzt werden. Die Europäische Union bezeichnet jemanden als arm, wenn er oder sie aufgrund geringer Mittel von der üblichen Lebensweise im Land ausgeschlossen ist. Sowohl der »aktuelle Wohlstand einer Gesellschaft« als auch die »übliche Lebensweise« sind problematische Größen, Erstere eine rein statistische, Letztere unscharf. Was ist die übliche Lebensweise in einer heutigen Gesellschaft? Auf dem Land, in der Stadt? Wer lebt denn schon genau so wie der Nachbar?

Hartz IV oder nicht: In der größeren zeitlichen Perspektive bleibt festzuhalten, dass ein gewisser Wohlstand auch in den unteren Schichten angekommen ist. Man spricht auch vom sogenannten »Fahrstuhleffekt«. Der Großteil der Bevölkerung rechnet sich heute zur Mittelschicht, auch wenn es ernstzunehmende Studien gibt – auf die noch eingegangen werden soll –, die belegen wollen, dass aktuell ein nicht unbeträchtlicher Teil der Mittelschicht vom Abstieg in die Unterschicht bedroht ist.

Was dennoch weiterhin gilt: Die soziale Durchlässigkeit hat sich im 20. Jahrhundert verstärkt, Herkunft und Geschlecht spielen heute eine viel geringere Rolle für die Aufstiegschancen als bei früheren Generationen. Dabei bleibt viel zu tun, wie die PISA-Bildungsstudien der OECD belegen. Sie zeigen gerade für Deutschland, dass Bildungsbiographien noch allzu sehr und allzu stark von Generation zu Generation vererbt werden. Aber trotz aller Proteste gilt auch aktuell, dass mehr Menschen von atypischer Beschäftigung in Normalarbeitsverhältnisse umsteigen als umgekehrt. Das Ausmaß mag nicht befriedigen, doch wir sollten aus der richtigen Bewegung einen motivierenden Ansatzpunkt für bessere Integrationsleistungen ableiten.

Gerechtigkeit in der politischen Philosophie des 20. Jahrhunderts

Vor allem John Rawls hat sich als einer der bedeutendsten politischen Philosophen des 20. Jahrhunderts Gedanken zum Gerechtigkeitsbegriff gemacht. Seine Konzeption der Gerechtigkeit als Fairness, die er in »A Theory of Justice« systematisch entwickelt hat, gilt noch immer als einflussreiche politische Theorie, wenngleich die gegenwärtig den Diskurs prägende Politik von seinem Denken herzlich wenig Kenntnis zu haben scheint. Der Kern seiner Gedanken zur Gerechtigkeit ist entgegen der herrschenden Mode höchst unpathetisch und pragmatisch, denn er definiert »Gerechtigkeit als Fairness«. Gerecht ist nach Rawls eine Gesellschaft dann, wenn ihre Institutionen von Grundsätzen geleitet werden, die ihre Bürger selbst für sie festlegen würden, vorausgesetzt, es herrschen faire Ausgangsbedingungen der Freiheit und Gleichheit. Zur Konkretisierung dient Rawls die Modellvorstellung eines »Urzustandes«, in dem die Bürger einer Gesellschaft hinter einem »Schleier der Unwissen-

32

heit« zusammenkommen, um gemeinsam die obersten Gerechtigkeitsgrundsätze für ihre Gesellschaft zu bestimmen. Hinter dem Schleier weiß niemand, wer er im wirklichen Leben ist, und keiner kann voraussagen, wie sich die verschiedenen zur Wahl stehenden Grundsätze auf sein eigenes zukünftiges Wohl auswirken würden. Dieser Unwissenheitsschleier soll verhindern, dass zufällige individuelle Interessenlagen und sozial vorgegebene Kräfteverhältnisse die Entscheidung der Bürger im Urzustand beeinflussen können. Der Schleier soll Fairness garantieren und sicherstellen, dass sich nur die Interessen durchsetzen, die alle Bürger als Bürger – quasi als Akteure im öffentlichen Raum nach Hannah Arendt – teilen.

Die Voraussetzungen der angestrebten Fairness sind gewisse »Grundgüter«, nämlich elementare politische und bürgerliche Grundrechte, gewisse soziale Privilegien und Ressourcen. Nach Rawls würden die Bürger sich hinter dem Schleier der Unwissenheit für zwei Grundsätze entscheiden: Der erste garantiert allen Bürgern die gleichen politischen und bürgerlichen Grundfreiheiten, der zweite knüpft soziale und wirtschaftliche Ungleichheiten an die Bedingungen, dass faire Chancengleichheit gewährleistet ist und dass die Ungleichheiten sich auch für die am wenigsten begünstigten Gesellschaftsmitglieder vorteilhaft auswirken. Das Entscheidende an Rawls' entscheidungstheoretischem Modell: Es bietet die Möglichkeit, moralische Normen und Werturteile rational zu begründen.

Einen weiteren Baustein von Rawls' Philosophie bildet die Einsicht, dass das Ergebnis des menschlichen Vernunftgebrauchs in einer freiheitlichen Gesellschaft der Pluralismus ist. Pluralismus bedeutet für Rawls nicht die Vielzahl von Meinungen, sondern eine Mehrzahl rational vertretbarer, aber durchaus inkompatibler Lebensauffassungen. Eine rationale Gerechtigkeitstheorie muss daher »metaphysisch freistehend« sein und einen übergreifenden Konsens aller »vernünftigen« religiösen, moralischen und philosophischen Lehren anstreben.

Gewiss, die Rawls'sche Gerechtigkeitstheorie klingt einleuchtend und erfrischend nüchtern, doch ihre Kriterien sind völlig abstrakt. Zu einer konkreten Anwendung im politisch-gesellschaftlichen Hier und Jetzt bedürfte die Theorie natürlich einer quantitativen Auf- und Anfütterung. Allerdings sind politisch interessierte Mitbürger schon so lange auf die emotional aufgeheizten, rein symbolpolitischen Rituale unserer zu Unrecht als Debatten bezeichneten Schaukämpfe eingeschworen, dass sie sich ihre Empörungen und vor allem ihre gefühlte Ungerechtigkeit sicher nicht so ohne weiteres wieder abnehmen lassen. Noch scheint die Politik dies auch gar nicht zu wollen. Denn sie weiß, was der Hirnforscher Gerhard Roth folgendermaßen erklärt: »Gefühle sind Kurzberichte aus dem emotionalen Gedächtnis. Sie steuern auch da, wo Verstand und Vernunft besonders gefordert sind, denn die letzte Entscheidung wird immer emotional getroffen.«

Dennoch, vielmehr genau deswegen ist es nicht akzeptabel, dass das Emotionale, das Unsachliche, das ohnehin immer da ist und die Tatsachen zu vernebeln droht, weiterhin von allen Seiten angeheizt wird. Zudem kommt sowohl beim Widerstand gegen fällige Veränderungen wie auch beim Einstimmen in populistische Lamento-Gesänge eine weitere anthropologische Grundkonstante ins Spiel: Die Verlustängste der Menschen sind immer größer als ihre Glückshoffnungen. Auch diese Beharrungskräfte werden so nur immer weiter geschürt, statt dass Realitäten aufgezeigt würden. Letztere sind allerdings hochkomplex und laufen mit ziemlicher Sicherheit darauf hinaus, dass die Unterschiede und die Ungleichheiten der Gesellschaft in der Zukunft eher zu- als abnehmen werden. Unsere Gesellschaft wird sich weiter ausdifferenzieren, der Wandel wird ebenso zunehmen wie die daran gekoppelten Unsicherheiten. All das nur mit dem Rückzug auf Gefühle und alte Absicherungsmodelle zu beantworten, geht an der Tatsache des sich global vollziehenden Wandels völlig vorbei. Aber es weist darauf hin, dass es nötig ist, sich intensiver mit den offenkundig tiefer liegenden Ursachen für die verbreiteten Schwierigkeiten mit der Ordnung der Freiheit, um die es letztlich immer geht, zu befassen.

II.
Schwierigkeiten mit der Ordnung
der Freiheit

Im Zeitalter der Globalisierung sind dynamische Veränderungen zugleich Quelle der Mehrung unseres Wohlstands wie auch Quelle der Verängstigung, der Überforderung und der Ablehnung. Nie zuvor in der Geschichte war, objektiv betrachtet, der Raum für internationale Arbeitsteilung, Wissensverbreitung und Risikoverteilung größer als heute. Die Öffnung der früheren Zentralverwaltungswirtschaften, die beachtlichen Erfolge vieler Entwicklungs- und Schwellenländer im ökonomischen Aufholprozess, die Reduktion der Transport- und Kommunikationskosten, die Stabilisierung und die Weiterentwicklung internationaler Institutionen – all dies hat den Raum und die Chancen für marktwirtschaftliches Handeln enorm erweitert. Auch für den Einzelnen bietet sich eine zuvor nie gesehene Vielfalt an Chancen und Optionen – die zu nutzen man freilich willens und befähigt sein muss.

Zugleich hat sich das Tempo der Veränderungen enorm erhöht. Wettbewerbsvorteile erodieren schneller, Wissen verliert in kürzerer Frist seine Gültigkeit und seinen Nutzen, Marktstrukturen und Marktverhalten verändern sich dynamischer. Öffentliche Institutionen, Unternehmen und jeder einzelne Bürger müssen sich rascher, nicht selten auch tiefgreifender an neue Rahmenbedingungen anpassen. Erschwerend kommt hinzu: Im gleichen Maße, wie sich der globale Wettbewerb beschleunigt, sind Chancen und Resultate dynamischer Veränderungen und persönlicher Entscheidungen zunehmend schwieriger prognostizierbar. Jeder spürt, dass die Unübersichtlichkeit der wirtschaftlichen Verhältnisse zunimmt, dass deren Bedingungen sich verschärfen und dass die wechselseitigen Abhängigkeiten enger werden. So ist, in den Worten Ralf Dahrendorfs »die große Freiheit der offenen Gesellschaften, die sich in den *trentes glorieuses* nach 1945 (…) ausgebreitet hat, zugleich die große Unsicherheit von Gesellschaften, denen der Halt in vertrauten Bindungen verlorenzugehen droht.«

Für den Einzelnen bedeutet dies, dass zusätzliche Unsicherheit entsteht, dass Bindungen weniger dauerhaft und dass Besitzstände nicht mehr garantiert sind. Zumindest sozial, oft sogar betriebswirtschaftlich erhöht das die Transaktionskosten – und das kann durchaus als Zunahme individueller Risiken angesehen werden. Dem Einzelnen geht rasch die Orientierung verloren, und Sorgen über die eigene Lebensperspektive gewinnen an Kraft. Und wo Orientierung angesichts schnellen Wandels und explodierender Informationsvielfalt schwerer fällt, da treten als Basis der Urteilsbildung und der Entscheidungsfindung leicht Gefühle und Empfindungen an die Stelle von Fakten, Sachargumenten und Analysen.

Die medial inszenierte Debatte über gefühlte Gerechtigkeitsdefizite, auf die sich Politiker selbst in Kenntnis gegenteiliger Tatsachen berufen, macht deutlich, wie tief die Verunsicherung sitzt und wie sehr damit die Möglichkeit entsteht, gegen die objektive Sachlage Interessen durchzusetzen. So könnte man zugespitzt Gewinner und Profiteure der Globalisierung unterscheiden. Während Erstere den ökonomischen Ertrag der internationalen Arbeitsteilung realisieren, nutzen Letztere die entstandene Verunsicherung für die marktferne Durchsetzung partikularer Machtinteressen. Die Folge: Wirtschaftliche Rationalität – verstanden als effiziente Verwendung knapper Ressourcen zur marktgetriebenen Deckung von Bedürfnissen – verliert in der Globalisierung an Überzeugungskraft.

Das ökonomische Prinzip muss heute beworben und verteidigt, sein moralischer Kontext zudem erweitert werden. Dabei bleibt die Grundeinsicht gültig, dass in einer freien Gesellschaft – und das heißt notwendig auch: einer Gesellschaft des freien Wettbewerbs – Chancen nicht ohne Risiken zu haben sind. Was, etwa angesichts der jüngsten Krise der Finanzmärkte, allerdings wieder deutlicher gemacht werden muss: Freiheit ohne Verantwortung ist ebenso wenig denkbar. Deshalb gehört zur Freiheit wirtschaftlicher Entscheidungen nicht nur der Genuss ihrer Erträge, sondern notwendig auch die Haftung für ihre ebenso möglichen negativen Folgen. Wer sich, wie wir, für die Privatisierung von Gewinnen starkmacht, der kann unmöglich der Sozialisierung von Verlusten das Wort reden.

Die fehlende historische Fundierung unserer Freiheitsgesellschaft

Freiheit lässt sich nicht begründen, ohne den Unterschied zwischen negativer und positiver Freiheit zu verstehen – und der Schritt von der einen zur anderen ist groß. Während Erstere die Freiheit von, also jenen Zustand bezeichnet, in dem keine von anderen Menschen ausgehenden Zwänge das Verhalten erschweren oder verhindern, ist die positive Freiheit eine Freiheit zu. Letztere ist also durch Aktivität gekennzeichnet. Die Freiheit von Zwängen ist natürlich die Voraussetzung der Freiheit zur Eigenaktivität.

Doch während jedermann den Wegfall von Beschränkungen als angenehmes Geschenk begrüßt, gilt die positive Freiheit gerade in Deutschland häufig als eher unbequem. Sein Leben selbst gestalten zu können – und zu müssen –, empfinden viele als Herausforderung und übergroße Verantwortung, denen man vorzugsweise ausweicht. Schon Goethes Werther entfuhr der Stoßseufzer: »Die meisten verarbeiten den größten Teil der Zeit, um zu leben, und das bisschen, das ihnen von Freiheit übrig bleibt, ängstigt sie so, dass sie alle Mittel aufsuchen, um es loszuwerden«. Und diese Haltung hat nicht allein in Deutschland Tradition. Goethes russischer Dichterkollege Dostojewski schätzte die Fähigkeit seiner Landsleute zur Freiheit noch pessimistischer ein: »Am Ende werden sie uns ihre Freiheit zu Füßen legen und zu uns sagen ›Macht uns zu euren Sklaven, aber füttert uns.‹«, lässt er den Großinquisitor in »Die Brüder Karamasow« zynisch triumphieren.

Die nationale Herkunft dieser literarischen Zeugnisse ist keineswegs Zufall. Denn Deutschland und Russland haben, wenngleich in ganz verschiedener Ausprägung, im Laufe ihrer Geschichte jeweils lückenhafte, ja schwierige Erfahrungen mit der Freiheit gesammelt. Vielleicht kann man die Fähigkeit eines Staates, seinen Bürgern Freiheit in Verantwortung – also Demokratie in ihrer konsequentesten Form – zu ermöglichen, mit der Fähigkeit eines Individuums zur Freiheit vergleichen. Freiheit in Verantwortung und der Mut, sich der Freiheit zu bedienen, verlangen vor allem eines: Reife. Und für diese Reife ist die unabdingbare Voraussetzung eine Zeit des Heranreifens, in der man lernt, selbstbestimmt die eigenen Fähigkeiten zu bilden, seine Möglichkeiten und Grenzen zu erproben, schließlich Ideale und Werte zu definieren, an denen man sein Handeln ausrichtet. Beim einzelnen Menschen bedarf das der Erziehung, in der Politik der öffentlichen Austragung von Konflikten, aber auch des Vorbilds und der Führung. Das Ziel ist in beiden Fällen das Gleiche: ein von inneren Werten und Haltungen geleitetes Leben in selbstverantworteter Freiheit.

Ist die Jugend von zu vielen und zu großen Zwängen und Vorschriften überschattet, dann bleibt der Mensch fremdbestimmt und unfrei. Seine Pubertät als wichtige Reifezeit fällt sozusagen aus. Und das scheint für Gesellschaften und Staatsgebilde ebenso zu gelten wie für Individuen. Die Schwierigkeiten der Deutschen, mit der Freiheit vital umzugehen, sind zu nicht unerheblichen Teilen in der Geschichte begründet. Salopp könnte man sagen: Unsere freiheitliche Ordnung durchlebte eine wenig geglückte Pubertät.

Die funktionale Beziehung zwischen Staat und Individuum ist hierzulande bis heute geprägt von einer spezifisch deutschen Mentalität. Der Staat ist der herausragende und unangefochtene Träger der Macht. Er muss nur selten begründen, warum er in praktisch alle Lebensbereiche der Bürger hineinreguliert. Es sind sogar im Gegenteil die Bürger, die sich vor dem Staat rechtfertigen müssen, wenn sie bestimmte Dinge selber in die Hand nehmen wollen. Von den Deutschen wird diese starke Rolle des Staates akzeptiert – meist sogar gewünscht. Regelmäßig sagt eine Mehrheit der Bundesbürger in Umfragen beispielsweise, dass der Staat dafür zuständig sei, Arbeitsplätze zu schaffen.

Die starke Dominanz des Staates erklärt sich aus der in der deutschen Geschichte prägenden Allianz von Thron und Altar. Die fundamentale gesellschaftliche Umwälzung im Übergang vom Mittelalter in die Neuzeit wäre ohne das Bündnis von politischer Herrschaft und Klerus sonst gar nicht möglich gewesen. Diese typisch deutsche Ordnung, die vom Mittelalter bis zum Ende des Kaiserreiches die staatliche Funktionalität ohne Unterbrechung bestimmt hat, wirkt teilweise bis in die Gegenwart fort. Besonders stark spürbar war sie im ausgehenden 19. Jahrhundert. Damals wurde die fällige Modernisierung staatlicher Systeme – beispielsweise mit dem Weg in den Rechtsstaat – in Deutschland von oben gesteuert und nicht, wie andernorts, von unten erkämpft. Auch die sozialen Sicherungssysteme Bismarck'scher Prägung wurden nicht vom Volk erstritten, sondern staatlich verordnet. Mit diesen Anfängen deutscher Sozialpolitik im Jahre 1883 ist zu erklären, dass die Deutschen bis heute der Illusion nachhängen, der Staat könne sich in jeder Situation um sie kümmern.

Ganz anders hat sich zur gleichen Zeit die Geschichte unserer europäischen Nachbarn zugetragen. Die Menschen in England, Frankreich oder den Niederlanden blicken auf eine lange Erfahrung als Nation zurück. Der Stolz auf die großen Momente, wie etwa den Sturm auf die Bastille, lässt die Menschen als Gesellschaft zusammenhalten und bietet ihnen eine positive Projektionsfläche nationaler Identität. Am 14. Juli, dem französischen Nationalfeiertag, kann man das auf den Straßen von Paris, Lyon oder Marseille nach wie vor deutlich spüren. Den Deutschen dagegen fehlt ein solcher allgemein akzeptierter und bruchlos gültiger Gründungsmythos. Sie leben erst seit 1871 in einem gemeinsamen Staat und können daher gemeinschaftsstiftende Werte nicht aus einer langen Erfahrung eines gemeinsamen staatlichen Handelns ableiten.

Zudem wurden die nationale Einheit und die – zunächst beschränkte – parlamentarische Demokratie damals nicht von den Bürgern errungen, sondern von den Machthabern autoritär – »mit Blut und Eisen«, so Bismarck – geschaffen. Einheit und Freiheit selbst zu erstreiten, damit war das deutsche Bürgertum 1848 gescheitert. Mehr noch: Schon seit den antinapoleonischen Befreiungskriegen organisierten sich nationale und demokratische Bestrebungen in Deutschland zunehmend in verfeindeten Lagern mit unvereinbaren Ideologien.

Die Brüchigkeit nationaler Identität und einer von oben gesteuerten Staatswerdung zeigte sich mit den Katastrophen des Ersten Weltkriegs und der Nazidiktatur schnell und dramatisch. Mit der totalen Niederlage Hitlerdeutschlands, dessen mörderischer Ideologie sich allzu viele Deutsche bis zum Schluss verschrieben hatten, wurde dem nationalen Selbstbewusstsein endgültig der Boden entzogen. Aus der »verspäteten Nation«, wie der Soziologe und Philosoph Helmuth Plessner Deutschland bezeichnete, wurde eine verzweifelte Nation, die ihre Zukunft in der kopflosen Flucht nach Europa oder in einem mitunter unreflektierten Rückfall in die Kleinstaaterei sucht. Der Stolz auf die Leistungen des Wiederaufbaus und des Wirtschaftswunders konnte diese gebrochene Identität nur notdürftig kaschieren. Es brauchte den von schweren Konflikten begleiteten gesellschaftlichen Wandel der 1960er und 1970er Jahre, damit die Deutschen ein ungebrochenes Verhältnis zur parlamentarischen Demokratie und zur Kultur einer offenen Gesellschaft gewinnen konnten. Mit den sozialen und ökonomischen Spielregeln eines freien, über Märkte gesteuerten Wettbewerbs tun sie sich dagegen bis heute schwer. Als Konsumenten genießen sie gerne dessen Vorzüge, als wirtschaftliche Akteure, sei es als Unternehmer oder als Arbeitnehmer, neigen sie dagegen vor allem in Krisenzeiten immer noch stark zu staatlich oder ständisch organisierten Lösungen.

Das mag, nebenbei bemerkt, mit dem vergleichsweise düsteren Blick zusammenhängen, den eine spezifisch deutsche Tradition der Geistesgeschichte auf jenes Prinzip wirft, das für eine Marktwirtschaft konstituierend ist: das Prinzip der freien Konkurrenz. Während vor allem die Bürger angelsächsischer Länder nahezu ungebrochen davon überzeugt sind, dass jeder seines Glückes Schmied sei, wirkt in Deutschland, und sei es nur untergründig, eine fatale Tradition des Sozialdarwinismus nach. In dessen Optik wird Konkurrenz nicht als ergebnisoffener Wettbewerb um die beste Lösung gesehen, als Wettbewerb zudem, in dem jeder, der scheitert, eine zweite oder dritte Chance bekommt. Eher vermutet man hinter dem Konkurrenten einen Gegner im gnadenlosen Kampf ums Dasein. Über Erfolg oder Misserfolg entscheiden nicht so sehr Ideen und Leistungen, sondern schicksalhafte Mächte. Das jederzeit mögliche Scheitern am Markt wird nicht als Lehre für den nächsten Anlauf genommen, sondern als existentielle Niederlage erfahren. Und während die angeblich so herzlosen angelsächsischen Kapitalisten meist ein klares Bild von der sozialen Verantwortung des Erfolgreichen haben, was ihre zahllosen Spenden und Stiftungen bezeugen, dreht hierzulande mancher soziale Gewinner den Verlierern eine Nase und findet, dass es ihnen ganz recht ergehe. Der oft beklagte Sozialneid in Deutschland könnte insofern auch eine Reaktion auf allzu selbstgefällige Zurschaustellungen des Erfolgs sein.

In größerer historischer Perspektive befindet Deutschland sich immer noch in einer Phase verspäteter Modernisierung und hat dabei nach wie vor stärkere Hindernisse zu überwinden als andere europäische Nationen. Helmuth Plessner erklärt dies so:

>»Aus Gründen seiner politischen und religiösen Geschichte hat Deutschland kein Verhältnis zu den Jahrhunderten, welche für die Bildung und Festigung der modernen Welt entscheidend waren. (...) Frankreich und England ruhen in den Epochen des Barock und der Aufklärung. (...) Deutschland steht diesen Epochen als Zeiten seiner Verfremdung, als einer Vergangenheit, die nur geschichtlich und indirekt, nur schicksalhaft und aus der Gebrochenheit seines Wesen zu ihm gehört, fast möchte man sagen: wie einer zweiten Existenz seines Daseins gegenüber«.*

Deutschland habe sich mangels politischer Bindung – vor allem an die Traditionen der Aufklärung – allzu stark dem Fortschrittsglauben der wissenschaftlichen und industriellen Spezialisierung verschrieben. Jeder Verfall der Wirtschaft habe deshalb tiefer gehende Verwerfungen zur Folge als in den anderen europäischen Staaten.

Vielleicht erklärt dies auch, warum die von Ralf Dahrendorf analysierte Versuchung zur Unfreiheit in Deutschland stärker wirkte als in vielen anderen Gesellschaften. Denn in den zwanziger und dreißiger Jahren erschienen totalitäre Ideologien, neben dem Kommunismus durchaus auch Faschismus und Nationalsozialismus, einer Vielzahl von Intellektuellen attraktiv. Der Faschismus versprach Bindung, Führung und nationalistische, ergo rückwärtsgewandte Verklärung, der Kommunismus Bindung, Hoffnung und soziale, ergo utopische Verklärung. Und beide Extreme richteten ihre Versprechen an neuentstandene Massengesellschaften, die eine Phase schwerer, ja zerrüttender Krisenerfahrungen erlebten.

Die totalitären Regimes des 20. Jahrhunderts, sämtlich ent-

standen in Gesellschaften mit größerem Modernisierungsrück-
stand, bildeten dabei, so Dahrendorf,»eine von zwei Formen
nach-traditionaler Ordnung«. Doch wie die andere, die Ordnung der Freiheit und der demokratischen Selbstbestimmung,
setzten auch die Diktaturen»jene große Transformation voraus,
die die einen als ›Atomisierung‹ beklagen, die anderen als ›Individualisierung‹ preisen, also die Auflösung zugeschriebener sozialer Bindungen.«

Bindungen, Optionen und
die Versuchungen der Unfreiheit

Solche Bindungen, die Dahrendorf in seinen Studien zum
Thema»Lebenschancen« auch als»Ligaturen« bezeichnet hat,
bieten den Menschen einen»dem raschen historischen Wandel
entrückten Ankergrund«. Dieser verändert sich zwar auf lange
geschichtliche Sicht durchaus, ist aber den jeweils»spezifischen
Sozialbeziehungen« der Menschen sowie den Einzelentschei-
dungen politischer Macht»transzendent«. Solche Bindungen in
räumlicher, zeitlicher und sozialer Dimension stehen in traditionalen Gesellschaften völlig oder weitgehend außerhalb der
Entscheidungsmöglichkeiten der Individuen. Natur und Land-
schaft, Familie, Gemeinde oder Nation, Stand und Religion bestimmen nicht nur die Lebenswege der Menschen, diese haben
auch kaum Möglichkeiten, solche Bindungen in Frage zu stellen, zu überschreiten, gar zu sprengen. Was man wird und wie
man lebt, ist in traditionalen Gesellschaften im Grundsatz keine
Frage der Zukunft, sondern eine Frage der Herkunft.

Welche gravierenden Verluste an Gewissheiten die weltan-
schauliche und religiöse Entwurzelung des Menschen seit dem
Beginn der Moderne mit sich brachte, das hat der Historiker Arthur E. Imhof in seinem Werk»Die verlorenen Welten« aus-

führlich untersucht. Anhand konkreter und illustrativer Beispiele zeigt er, wie sehr sich – bei allen Gefährdungen und Problemen – das Leben der Menschen in früheren Zeiten auf Stabilitäten gründen konnte, die wir heute verloren haben, ohne einen adäquaten Ersatz zu finden. Schließlich verschwindet, so Imhof, das »Bedürfnis von Menschen nach Stabilität, nach einer sinngebenden Weltanschauung, nach überindividuellen, generationenüberdauernden Mittelpunkten« nicht, auch wenn die Formen, in denen es sich in der Vergangenheit ausgedrückt hat, ihre Funktion und ihre Berechtigung verloren haben. Auf überzeugende Angebote für eine solche Sinngebung generell zu verzichten, kann nur dazu führen, dass die Menschen sie stattdessen in einer zu Unrecht glorifizierten Vergangenheit suchen.

Insofern Bindungen Lebensentscheidungen übermäßig einengen, waren und sind sie stets eine Triebkraft für das Streben nach Freiheit. Doch insofern sie dem Einzelnen fraglos gültige Sicherheiten geben und so Entlastung im Alltag gewähren, kann ihr Verlust andererseits auch als bedrohlich empfunden werden. Wo Menschen Bindungen als beengend wahrnehmen und diese aktiv sprengen, wird die Erfahrung von Freiheit überwiegen. Wo Menschen aber solcher Bindungen ohne ihr Wollen und ohne ihr Zutun verlustig gehen, da obsiegen eher Angst und Orientierungslosigkeit. Brechen Ligaturen zudem umfassend, eruptiv und für eine große Zahl von Menschen auf einmal auf, was typisch für die Modernisierungsschübe seit dem späten 18. Jahrhundert war, dann sind soziale Krisenerfahrungen die Folge.

Auch wenn Bindungen die Entscheidungsfreiheit des Einzelnen beschränken, ist Freiheit ohne Bindungen letztlich unmöglich. Lebenschancen, so Dahrendorf, sind vielmehr »eine Funktion von zwei Elementen, Optionen und Ligaturen, die unabhängig voneinander variieren können und in ihrer je spezifischen Verbindung die Chancen konstituieren, die das Leben der Menschen in Gesellschaft prägen«. Allerdings sind beide Werte der Funktion, Optionen wie Ligaturen, nicht in das Belieben des Einzelnen gestellt. Lebenschancen sind »von sozialen Strukturen bereitgestellte Möglichkeiten individueller Entfaltung«. Anders gesagt: Gesellschaftliche Rahmenbedingungen entscheiden über die Chancen, die die Individuen ergreifen oder verwerfen können. Dabei ist es durchaus ein Problem sozialer Strukturen, »dass eine Erhöhung von Optionen begleitet sein kann von einer Verringerung von Lebenschancen«, nämlich dann, wenn vorhandene soziale Bindungen zu sehr geschwächt werden. Von daher ist ein »Maximum an Optionen als solches kein Maximum an Lebenschancen, und ein Minimum an Optionen ist nicht das einzige Minimum an Lebenschancen«. Die größtmögliche Anzahl von Chancen für die größtmögliche Zahl von Menschen ergibt sich vielmehr aus einem vernünftigen Verhältnis von Wahlmöglichkeiten einerseits und Bindungen andererseits, die die Optionen der Menschen beschränken, ihre Entscheidungen leiten und die aus ihnen folgende Verantwortung fordern.

Unabhängig davon setzen eine Zunahme an Optionen und ein Schwinden von unbefragten Bindungen die Menschen unter erhöhten Entscheidungsdruck. Immer häufiger müssen sie Verantwortung für die Konsequenzen ihrer zahlreicheren individuellen Entscheidungen übernehmen. Von daher verlangt eine freie Gesellschaft mit wachsenden Optionen und Chancen »in zunehmendem Maße reife und verantwortliche Individuen, die mit mehr und mehr Wahlentscheidungen fertigwerden müssen.« Fühlen sich in einer Gesellschaft zu viele Menschen von der ihnen offenstehenden Menge an Optionen überfordert, weil ihre individuellen Entscheidungen keine oder zu wenig Stützen in ihren sozialen Bindungen finden, dann droht eine Art »Ekel der Desorientierung«, auf dessen Boden »verfehlte, verzweifelte Formen der Suche nach Bindungen und Bezügen« blühen. Die Menschen sehnen sich plötzlich wieder nach einer »Art von Gemeinschaft, die (ihnen) die Qual der Wahl abnimmt«. Gegenmodelle zu einer pluralistischen Ordnung, die eine »Integration von Staat, Wirtschaft und Gesellschaft in einem ideologischen System« versprechen, gewinnen dann wieder an Attraktivität.

Wer in einer offenen, liberalen Gesellschaft aus einer Vielzahl von Optionen wählen kann und muss, erlebt natürlich zugleich, dass auch andere wählen und entscheiden – und zwar häufig mit ganz anderen Motiven und auf der Basis anderer Wertschätzungen als man selbst. Das meint weniger deren individuelle, gar geschmackliche Vorlieben, die man nicht mögen muss, aber wenigstens ignorieren kann. Vor allem existiert in pluralistischen Gesellschaften, so Dahrendorf, »eine Mehrzahl von respektablen Werten, es ergeben sich schwer oder gar nicht auflösbare kognitive und normative Widersprüche, und es kommt permanent zu sozialen Konflikten, die in keiner denkbaren Synthese ›aufgehoben‹ werden« können.

Wie groß die Sehnsucht nach Konsens daher auch sein mag – die Funktion offener Gesellschaften hängt im Wesentlichen an ihrer Fähigkeit zum Konflikt, den als ›Parteiengezänk‹ oder als Gefecht illegitimer Interessen zu denunzieren sich grundsätzlich verbietet. Ebenso sind Lösungen und Kompromisse lediglich mehr oder weniger erfolgreiche Versuche auf Zeit, denen mal mehr, mal weniger Menschen, niemals aber alle zustimmen werden. Und weil niemand uneingeschränkt recht haben, gar im Besitz einer ›objektiven‹ Wahrheit sein kann, geht es in der Ordnung der Freiheit denn auch nicht so sehr um den ›richtigen Weg‹, sondern vor allem um »die Schaffung von Institutionen, die es erlauben, Gegensätze ohne Zerstörung der Grundfreiheiten auszutragen.« Denn »gebändigter Streit ist Quelle des Neuen, und darin, dass Neues gesucht, erprobt, zeitweilig für gut befunden, dann durch anderes verbessert, auch ersetzt wird, entsteht die reale Hoffnung für Menschen, die im Horizont der Ungewissheit ihre Lebenschancen zu vergrößern suchen.«

Vom einzelnen Bürger dagegen verlangt das Bekenntnis zur Freiheit in Politik, Gesellschaft und Wirtschaft die »Bereitschaft, mit den Widersprüchen und Konflikten der menschlichen Welt zu leben«, sowie eine grundsätzliche Bereitschaft, seine privaten Interessen und seine vorgefassten Meinungen gelegentlich dem Wind evidenter Tatsachen und rationaler Argumente auszusetzen. Öffentliche Konfliktbewältigung mit rationalen Argumenten anstelle emotionaler Appelle und Verdikte zu veranstalten, falle allerdings, so Dahrendorfs Diagnose, schon deshalb vielen nicht leicht, weil die im Namen der Vernunft geschaffenen Institutionen – Wissenschaft, Demokratie und Marktwirtschaft – als kalt erscheinen. Deshalb sei es leichter, »Empörung gegen ihre Exzesse und Ungleichheiten zu mobilisieren als Begeisterung für ihre Starken«. Und so kann es auch nicht verwundern, dass die Geschichte der letzten drei Jahrhunderte unter anderem als eine Geschichte der Fortschrittsskepsis und der Zivilisationskritik geschrieben werden kann.

Dieser Befund gibt Orientierung auf dem Weg zur kritischen Revision unseres ordnungspolitischen Leitbildes, der sozialen Marktwirtschaft. Es wird nämlich deutlich, dass die Neigung zur Freiheit und das Widerstehen gegen die Versuchungen der Unfreiheit durch eine Bindung an die Werte der Aufklärung und deren politische Tradition begünstigt werden. Zwar fragt der Markt nicht, was seine Teilnehmer leitet. Das heißt aber nicht, dass das Handeln auf freien Märkten bar jeder normativen Orientierung sei. Solange sie konsequent an die Übernahme von Verantwortung und Haftung gebunden sind, handeln die Marktteilnehmer im Rahmen ihrer Möglichkeiten rational, und die berechtigten Interessen der anderen bleiben gewahrt.

Helmuth Plessner hat vor über achtzig Jahren die »Grenzen der Gemeinschaft« zum Thema gemacht und davor gewarnt, aus Gesinnungen überdehnte, gar utopische Erwartungen an die Gemeinschaft abzuleiten. Bedeutsamer erschien ihm die Suche nach Maß und Mitte, in denen er das höchste Ziel menschlichen Strebens sah. Auch die deutsche Gesellschaft scheint gegenwärtig auf einer etwas verzweifelten Suche nach ihrer Mitte zu sein. Es gibt eine verbreitete Sehnsucht nach Werten, nach

48

Gemeinschaft und nach Gerechtigkeit. Die Marktwirtschaft kann diesen Wunsch freilich nur durch Chancengerechtigkeit und durch Leistungsgerechtigkeit in wettbewerbsintensiven Märkten bedienen. Zu deren ganz irdischer Realität gehören manche Nieten in Nadelstreifen und leider auch manche Gauner. Die marktwirtschaftliche Ordnung fragt im Prinzip eben nicht nach den Motiven der Akteure. Maß und Mitte ihres Handelns sowie gerechte Chancen für alle verdanken sich nicht einer allgemeinen Einsicht in die Richtigkeit moralischer Appelle. Worauf es ankommt, das ist die Konsistenz der Regeln und Rahmenbedingungen mit Blick auf die grundlegenden Prinzipien. Zu Letzteren zählen vor allem die verlässliche Sicherung der Verfügungsrechte über das Privateigentum, die Gewährleistung der Vertragsfreiheit zur unbehinderten Übertragung dieser Verfügungsrechte und eine glaubwürdige Sanktionierung im Haftungsfall.

Falsche Antworten auf dem Weg zu mehr Wohlstand

In schwierigen Zeiten verstärkt sich der Druck auf die Politik, befriedigende Antworten auf drängende Fragen zu geben. Ebenso wächst in schwierigen Zeiten automatisch der Druck auf die bestehenden Verhältnisse: Entweder ist die Krise schon akut, oder aber eine bedrohliche Lage verlangt rasche Reaktionen. Nichts aber ist der menschlichen Natur mehr zuwider als aktive Veränderung. Schon im privaten Umfeld fällt es schwer, Gewohnheiten aufzugeben, um die eigene Situation objektiv zu verbessern. Jeder weiß eigentlich, was die beste Lösung für kleine oder größere Probleme wäre. Dass dem ewig beklagten Übergewicht etwa mit bewusster Ernährung und regelmäßigem Sport beizukommen wäre, ist kein Geheimnis. Und doch fällt es unendlich schwer, eine Diät zu beginnen und die erste Runde im Park zu drehen. Man bleibt stattdessen lieber im alten Trott und hält am Status quo fest, sei er auch noch so unbefriedigend.

Menschen neigen zu kurzen Spannungsbögen und ziehen die angenehme Gegenwart einer Investition in die Zukunft vor. Anders gesagt: Sie verzichten nur sehr ungern und tun stattdessen, was ihnen heute Spaß macht, ohne an ein Morgen zu denken. Aktivitäten, die unbequem sind oder schwerfallen könnten, werden am liebsten ganz vermieden. Der Weg des geringsten Widerstands war schon immer der, auf dem sich alle wiedertreffen. Auch wenn der Verzicht oder die Aktivität von heute sich in der Zukunft positiv auszahlen würden, ziehen Menschen das Glück des gegenwärtigen Zustands vor, weil es ihnen sicherer erscheint, während die Zukunft als ungewiss gilt.

In diesen menschlichen Beharrungskräften sind nicht nur die ganz private Faulheit und Änderungsträgheit eines jeden von uns verankert. Diese Beharrungskräfte sind auch die Wurzel unseres politischen und gesellschaftlichen Reformunwillens, der lieber Löcher flickt und Widerstand meidet, statt entschieden mutige Schritte zu unternehmen. Der Unwille zur Reform kann weder einer Partei noch der Politik insgesamt angelastet werden. Man darf nicht vergessen, dass der politische Diskurs immer nur genau so gut ist wie die Gesellschaft, die ihn hervorbringt. Trägheit und Beharrungskräfte sowie die Neigung, lieber zu reagieren als zu agieren, wirken im privaten Umgang mit sich selbst und anderen ebenso wie in Unternehmen und in der Politik. Als allzu menschliche Schwächen sind sie niemandem ernsthaft vorzuwerfen, geschweige denn moralisch zu verurteilen.

In ruhigen Zeiten ist mangelnde Aktivität eine eher verzeihliche Sünde. In bewegten, krisenhaften Zeiten hat Passivität, also der Unwille, grundsätzliche Veränderungen in Angriff zu nehmen, jedoch fatale Konsequenzen. Dennoch fehlt oft die Bereitschaft, den Dingen ins Auge zu sehen. Und diese selbstgewählte

Blindheit mündet logischerweise in die Neigung, auf unbequeme Fragen allzu bequeme Antworten zu geben.

In der Politik sind nur Menschen und nicht Heilige am Werk. Deshalb ist es kein Wunder, dass es Veränderungen schwer haben, sich gegen den Status quo durchzusetzen. So auch in der deutschen Politik. Lange wurde ausweichend, beruhigend und letztlich beschönigend auf immer dringlicher werdende Fragen geantwortet. Lange neigte die Politik überwiegend dazu, die Bürger in Illusionen der Machbarkeit und der grenzenlosen Finanzierbarkeit zu wiegen. Und wenn gar nichts half, wurde das Motto »Freibier für alle« ausgegeben. Die Freibierpolitik versuchte vergeblich, komplexe Probleme nach Gutsherrenart zu lösen: scheinbar generös, tatsächlich aber kurz gedacht und kleinmütig.

Politische Getränkespenden sind jedoch entschieden abzulehnen – nicht nur aus einer ökonomischen Perspektive. Denn es ist völlig unstrittig, dass später irgendjemand die Zeche zahlen muss. Und das ist in unserer Gesellschaft letztlich immer der Bürger selbst. Als Steuerzahler nämlich, der für das Freibier am Ende mehr zahlt, als er berappt hätte, hätte er die Rechnung selbst beglichen. Freibier sorgt zwar zuverlässig für bessere Stimmung, aber der Kater nach der Party ist bitter. Gleichwohl arbeitet die Politik nach wie vor gerne mit dieser Strategie und glaubt, indem sie der naheliegenden Logik falscher Antworten folgt, die globalisierungswunden Seelen beruhigen und unbequeme Wahrheiten übertünchen zu können.

Neben der menschlichen Neigung auf Seiten der Politiker, die Reaktion der Aktion vorzuziehen, und auf Seiten der Freibiertrinker, aus Furcht vor Veränderung nur allzu willig falsche Antworten anzunehmen, gibt es noch einen weiteren Grund, warum populistische Beschwichtigungsgesten so beliebt sind. Im 21. Jahrhundert ist diese Strategie vor allem der Allgegenwart der Demoskopie geschuldet: Keine Woche vergeht ohne Umfragen zur Stimmungslage der Nation. Unermüdlich werden Meinungen und Gefühle abgefragt, ausgewertet und in der Öffentlichkeit präsentiert. Dass Stimmungen eine Sache der Tagesform sind und dass persönliche Meinungen über Protagonisten im politischen Geschäft stetem Wandel unterworfen sind, ändert nichts daran, dass die Politik die Demoskopie stets im Auge behält. Und obwohl langfristige Überzeugungen des Wahlvolks noch immer eine nicht zu unterschätzende Relevanz besitzen, erfordert jedes Umfrageergebnis ein Echo aus der Politik. Die Medien sind ein mächtiger Katalysator, und Politiker sehen sich ganz zwangsläufig in der Not, an der medialen Inszenierung von Wirklichkeit mitwirken zu müssen. Wobei die Grenzen vom bloßen Mitspielen zur bewussten Instrumentalisierung fließend sind. Von der schwer durchschaubaren Logik der Kampagnen und hochgepeitschten Debatten einmal ganz abgesehen.

Der Dialog zwischen Medien und Politik lässt sich unbegrenzt fortsetzen und erhält sich in dem Maße selbst am Leben, in dem er immer noch mehr Tempo und Dynamik aufnimmt. Und die mediale Logik beeinflusst Politik in nicht unerheblicher Weise. Nicht zuletzt deshalb ist Politik heute so oft Reaktion statt Aktion. Sie sieht sich ständig gezwungen, auf die öffentliche Meinung zu reagieren, statt unabhängig zu führen – und bisweilen das Unpopuläre zu riskieren. Doch diese Passivität ist nicht nur deshalb fatal, weil sie reagiert, statt zu gestalten. Sie muss auch scheitern, weil sie schon in ihrer Absicht irrt. Denn obwohl sie ständig auf Volkes Stimme lauscht, ist sie doch dazu verurteilt, immer zu spät zu kommen und der Mainstream-Karawane auf ewig hinterherzulaufen. Politik aber soll im Idealfall nichts anderes sein als Führungskompetenz auf Zeit. Deshalb kann ihr Sinn nicht im Mobilisieren von Stimmungen liegen, die dann als Orientierung dienen müssen.

Gleichwohl: Es gab in der jüngeren Vergangenheit sehr wohl auch positive Beispiele für eine erfolgreiche Politik der Führung statt der Reaktion. Helmut Kohls zielstrebiger Einsatz für die Europäische Währungsunion sei hier ebenso genannt wie das

Reformkonzept der »Agenda 2010« seines Amtsnachfolgers Gerhard Schröder. Auch wenn das Demoskopie-Phänomen in dieser Ausprägung noch relativ neu ist: Es hat in der Politik eine Tradition. Wenn auch keine gute. Denn die politische Kultur der Meinungsumfrage, ist im Kern eine Politik, die es sich nicht verscherzen will. Eine Politik, die nötige Reformen und fällige, vielleicht schmerzvolle Einschnitte nicht mit der gebotenen Klarheit und Konsequenz vollzieht, sondern diese relativiert, verschleiert oder so lange retardiert, bis aus der Reform ihr Gegenteil, nämlich die Zementierung und sinnlose Fortsetzung des Vorgefundenen geworden ist.

Rent seeking statt Rent creation

Schon immer hatten Menschen zwei Möglichkeiten, Einkommen zu erzielen. Sie können produktive wirtschaftliche Tätigkeiten entfalten und die dabei hergestellten Güter und Dienstleistungen auf dem Markt anbieten (= Rent creation). Sie können aber auch versuchen, staatliche Institutionen zu Umverteilungsmaßnahmen zu ihren Gunsten zu veranlassen (= Rent seeking). Ihrem Einkommen steht dann keine eigene produktive Leistung gegenüber. Vielmehr beziehen sie ein »Einkommen«, das durch produktive Leistungen anderer finanziert wird.

Im Zeitverlauf nimmt in einer stabilen Gesellschaft die Anzahl der Renten suchenden Interessengruppen und deren Einflussnahme auf die Einkommensverteilung zu. Je mehr Menschen und Gruppen ihre wirtschaftlichen Aktivitäten weg von produktiven hin zu politischen Umverteilungstätigkeiten verlagern, desto geringer wird folgerichtig die ökonomische Leistungsfähigkeit einer Gesellschaft. Die Rent-seeking-society trägt das Merkmal eines sich selbst verstärkenden »Teufelskreises« in sich. Je mehr sich die Gesellschaft dem Diktat Renten suchender Interessengruppen fügt oder fügen zu müssen glaubt, desto stärker steigt auch der Anreiz für jeden Einzelnen, selber zum Rent-seeker zu werden. Der Grund für diesen Teufelskreis liegt in den hohen Fixkosten, die von den Renten suchenden Reformgeg-nern aufzubringen sind, um an die Hebel der politischen Macht zu kommen. Damit sind die vielfältigen grundsätzlichen An-strengungen gemeint, die es auf sich zu nehmen gilt, um unter-stützende Kräfte mobilisieren zu können. Sitzen jedoch die re-formfeindlichen Interessengruppen einmal fest in den Sesseln der Macht, weisen Rent-seeking-Aktivitäten steigende gesamt-wirtschaftliche Kosten auf.

Je mehr die Renten suchenden Interessengruppen Zulauf er-halten, umso höher werden die Folgekosten für die Gesellschaft. Wenn immer mehr Menschen lieber das Fell verteilen wollen, statt den Bären zu jagen, werden immer mehr Ressourcen pro-duktiven Verwendungen entzogen und zu Rent-seeking-Zwe-cken eingesetzt. Die Ineffizienz einer Rent-seeking-society fällt dann besonders ins Gewicht, wenn kreative, neugierige Men-schen anstatt Unternehmungen zu gründen oder zu leiten und so Innovationen zu entwickeln, für einzelne Interessengruppen im politischen Prozess tätig werden, weil es ihnen leichter er-scheint, Subventionen, Transfers oder spezielle Zugeständnisse zu erschleichen als betriebswirtschaftliche Gewinne zu erzielen.

Der Teufelskreis der Rent-seeking-society lässt sich, stark gerafft und nicht weniger stark vereinfacht, folgendermaßen be-schreiben: Anstatt gesellschaftliche Strukturen anzupassen, wer-den Besitzstände verteidigt. Institutionelle Reformnotwendig-keiten und die Reformwilligkeit der Entscheidungsträger klaffen immer mehr auseinander. ›Outsider‹ werden zunehmend ver-suchen, zu ›Insidern‹ zu werden und auch ihren Anteil vom Rentenkuchen abzubekommen. Der Verteilungskampf um Ren-ten wird härter. Er wird sich weiter verschärfen, weil immer mehr Menschen Rentensucher und immer weniger Renten-schaffende sind. Wer im Verteilungskampf unterliegt und leer ausgeht, hat die Möglichkeit zwischen ›Widerspruch‹ und ›Abwanderung‹. Die an der Macht stehenden Interessengruppen werden den Widerspruch zu unterdrücken suchen. Damit bleibt für leistungswillige Menschen, die sich von den Rentensuchenden ausgenutzt fühlen, allein noch die Abstimmung mit den Füßen und dem Möbelwagen. Und damit schließt sich der Kreis: Je billiger das Weggehen als Folge sinkender Abwanderungskosten wird, desto eher wird es für Leistungsträger des Renten schaffenden Sektors zur besseren Alternative. Zurück bleibt eine immer weniger attraktive Volkswirtschaft mit zunehmend erstarrten Strukturen.

Folgt man dem Konzept der Rent-seeking-society, so wird überdeutlich, warum es früher oder später zu einem schleichenden Niedergang einer Volkswirtschaft kommen muss. Wenn der Kuchen nicht oder kaum mehr größer wird, werden die Verteilungskämpfe umso härter und härter. Die Renten suchenden Kleingruppen sind in der Regel besser organisiert und schlagkräftiger als die meist unorganisierten, vergleichsweise heterogenen Renten schaffenden Großgruppen (zu denen letztlich auch die anonymen Gruppen der Steuerzahler und der Verbraucher gehören). Sie verfügen zudem über lange und gut eingespielte Kanäle, um ihren Interessen Nachdruck zu verleihen. Fast zwangsläufig wird deshalb in entwickelten Demokratien eine Regierung letztlich dem Druck der Partikularinteressen (und ihrer Wählerschaft!) so weit nachgeben, dass es zu einer »institutionellen Sklerose« kommt.

Die Renten suchenden Interessengruppen beginnen, die Volkswirtschaft fest in ihren Griff zu nehmen. Ähnlich wie die Liliputaner den Riesen Gulliver fesseln, binden sie all jene Kräfte zurück, die das bestehende polit-ökonomische Machtgefüge zu verändern drohen. Versiegt jedoch der Strukturwandel, werden auch die Entwicklung und damit das Wachstum langsamer. Es kommt dann zu einer »Verkrustung«, die zu einem Sinken des realen Wirtschaftswachstums und langfristig zu Stagnation und Niedergang führt.

Deutschland weist in starkem Maße die Merkmale einer Rent-seeking-society auf. Das Streben nach hoher politischer Stabilität sowie weitgehender Einbindung möglichst aller Interessengruppen führte in der Nachkriegszeit zu einem stetig steigenden Wohlstand. Ebenso sicher aber begannen im Laufe der Zeit die Nachteile von Stabilität und Verharrung überhandzunehmen. Wie im Lehrbuch vorausgesagt, begann der Renten suchende Sektor dem Renten schaffenden Sektor den Rang abzulaufen. So ist infolge politischer Leistungsausweitung, Alterung und steigender Arbeitslosigkeit von 1980 bis 2006 die Quote der Sozialleistungsempfänger an der Gesamtbevölkerung um 15,7 Prozentpunkte angestiegen, die der Erwerbstätigen um 2,7 Prozentpunkte gefallen. Lagen beide 1980 21,0 Prozentpunkte auseinander, so beträgt die Differenz jetzt nur noch 2,7 Prozentpunkte.

Die über lange Jahre steigenden Staatsquoten und vor allem die ausufernde Staatsverschuldung sind dafür ein typisches Indiz. Der Schritt für Schritt durchaus erfolgreiche, aber letztlich doch immer wieder in Frage gestellte Versuch der Großen Koalition, innerhalb des bestehenden Systems die Staatshaushalte nachhaltig zu sanieren und die Staatsquote herunterzufahren, zeigt, wie unglaublich schwierig es ist, sich aus den Fängen der Rent-seeking-society zu befreien.

Mehr Regulierung statt Markttransparenz

Wenn die Lage unübersichtlich wird, wünscht der Bürger sich Orientierung. Und vor allem Handlungssicherheit. In Politik und Wirtschaft meint das: Der Staat sagt, wo es langgeht. Er regelt das Erforderliche gesetzlich, oder anders ausgedrückt: Er reguliert. Die Regulierung hat immer viele Fürsprecher, da das Misstrauen in die Dynamik selbstregulierender Kräfte groß ist. Sehr oft und sehr rasch zieht man die Sicherheit der Reglementierung der relativen Unsicherheit der Freiheit vor. So kommt es, dass freie Märkte weniger Fürsprecher haben als Regulierung. Das gilt ganz besonders nach der Finanzmarktkrise.

Warum und wo reguliert der Staat in Sachen Markt überhaupt? Wo ist dies sinnvoll und wo nicht? Funktioniert der Markt nicht zuverlässig, bedarf es der Regulierung. Das gilt etwa im Bereich der wirtschaftlichen und technischen Normen, die Zuverlässigkeit und Kompatibilität sichern. Auch dort, wo der Staat eingreift, um die Grundversorgung sicherzustellen, war und ist Regulierung angezeigt. Man denke hierbei an die allmählich fallenden Monopole beim Verkehr (Bahn) und bei der Strom- und Gasversorgung. Die privaten Anbieter bedürfen eines staatlich gesetzten Rahmens, der ihnen vorgibt, was sie tun dürfen und was nicht. Auch da, wo es darum geht, das Individuum vor Risiken zu schützen, wie etwa beim Verbraucherschutz, hat sich staatliche Regulierung bewährt. Regulierung ist notwendig, um funktionierende Märkte zu schaffen, zu sichern und gegen Monopole zu schützen. Allerdings hat sie ihren Preis, wenn sie zu starr und zu rückwärtsgewandt ist und dadurch zur Innovationsbremse wird.

Auf der europäischen Ebene ist Regulierung unabdingbar, um nationale Märkte zu öffnen und die innergemeinschaftlichen Freiheiten für den Güter- und Dienstleistungshandel sowie die Freizügigkeit von Arbeitskräften und Kapital zu sichern. Denn internationaler Wettbewerb funktioniert nur, wenn für alle gleichermaßen wirksame gemeinsame Spielregeln gelten. Außerdem wird nur über eine adäquate Regulierung der europäische Finanzbinnenmarkt zu realisieren sein.

Angesichts der sich wiederholenden und zunehmend dramatischeren Krisen der Finanzmärkte wird der Ruf nach Regulierung immer entschiedener. Keine Frage: Es müssen Konsequenzen gezogen werden aus den allzu unkontrollierten Eruptionen und katastrophalen Zusammenbrüchen der letzten Zeit. Allerdings sollte das nicht blindlings dahin führen, allzu überstürzt alles und jedes staatlich vorgeben zu wollen. Um die selbstregulierenden Kräfte zu stimulieren, bedarf es keiner Verbote und starrer Regelkorsette, sondern vor allem größerer Transparenz. Anzustreben ist eine qualitative Selbstregulierung, die ohne Transparenz nicht machbar ist. Die Forderung nach größerer Transparenz ist von internationalem Interesse und kann entsprechend nur im Rahmen von internationalen Absprachen verwirklicht werden.

Ein herausragendes Beispiel für eine einschneidende Finanzmarktregulierung war der Glass-Steagall-Act von 1933. Das Gesetz wurde während der großen Depression von Präsident Franklin D. Roosevelt erlassen, um den Banken mehr Sicherheit zu gewähren und sie vor riskanten Spekulationen zu schützen. Dazu wurde die Trennung von Geschäftsbanken und Investmentbanken angeordnet. Alle in den USA tätigen Banken durften danach nur entweder das Einlagegeschäft betreiben (commercial banks) oder aber sich dem Wertpapiergeschäft widmen (investment banks, auch broker banks genannt). Beide Geschäftstätigkeiten zugleich zu betreiben war einer Bank danach verboten. Heute wissen wir, dass in der Trennung von Geschäftsbanken und Investmentbanken einer der Gründe für die mangelnde Kontrolle und die überhöhte Risikobereitschaft lag, die zum Entstehen der Finanzmarktkrise von 2008 mit beigetragen haben.

Protektionismus und Industriepolitik statt offene Märkte

Ein weiteres Lieblingsthema der Regulierungsbefürworter und Markt-Gegner ist das sogenannte »nationale Interesse.« Dies bezieht sich auf Unternehmen, die vom Staat als bedeutend identifiziert werden. Diese für das Wohl des Landes wichtigen Unternehmen sollen vom Staat aktiv und selektiv gefördert sowie vor dem Zugriff ausländischer Interessen, im Besonderen vor ausländischen Staatsfonds geschützt werden.

Die ökonomische Theorie bietet mitunter durchaus Unterstützung für den gezielten und selektiven Eingriff in die Wirtschaftsstruktur. Sind Investitionen beispielsweise mit solchen Unwägbarkeiten verbunden, dass der Kapitalmarkt einen Risikoausgleich nicht herbeizuführen vermag, dann kann eine kollektive Absicherung notwendig sein. Die Raumfahrt oder das europäische Satellitennavigationssystem Galileo wären ohne staatliche Finanzierung und Risikoübernahme nicht vorstellbar gewesen. Der Staat sorgt in solchen Fällen letztlich für die Bereitstellung öffentlicher Güter. Da die langfristigen gesamtwirtschaftlichen Kosten-Nutzen-Ergebnisse nicht eindeutig sind, sollten staatliche Großprojekte jedoch immer die Ausnahme und nie die Regel werden. Dafür spricht neben dem Grundsätzlichen in deutlicher Sprache der historische Befund: Technische Großprojekte beanspruchen schnell den staatlichen Schutzschirm, und sie haben ihn meist angesichts faszinierender Aussicht auf großartige Ingenieurleistungen zur Lösung umfangreicher zivilisatorischer Probleme auch erhalten. Fast ebenso oft aber haben sich diese Projekte als Visionen ohne Umsetzungsmöglichkeit erwiesen, und sie sind als »weiße Elefanten« – als grandiose Investitionsruinen und Ausdruck der Hybris – in die Geschichtsbücher eingegangen.

Nicht weit entfernt von diesem Phänomen bewegt sich eine Industriepolitik, die mit dem Anspruch technischen Zukunftswissens steuernd in den Strukturwandel zugunsten bestimmter Unternehmen eingreift. Vor allem in Frankreich wird solchermaßen Industriepolitik ganz offensiv betrieben: Die Wirtschaftspolitiker identifizieren sogenannte Unternehmens-Champions, die daraufhin unter staatlichem Schutz und Förderung stehen. Es geht ein bisschen zu wie beim Artenschutz oder beim Kampf um ein einsames Biotop, doch sind die Kriterien, nach denen Förderung gewährt wird, viel willkürlicher als jene des Artenschutzes. Denn die Wirtschaftspolitik macht zum Champion, wen sie für wettbewerbsfähig und schützenwert hält.

Welche Technologien aber tatsächlich wettbewerbs- und zukunftsfähig sind und welche Industriesektoren Champions sind und bleiben, kann sich logischerweise – der Titel Champion sagt es eigentlich in aller Deutlichkeit – nur im freien Wettbewerb herausstellen. Ein geförderter Champion ist kein Champion, sondern ein Subventionsempfänger, quasi ein gedopter Wettbewerbsteilnehmer.

Industriepolitik nimmt auf die Entwicklung einzelner Industriezweige nicht nur beschleunigend – durch gezielte (Forschungs-)Förderung – Einfluss, sondern auch retardierend, um den Strukturwandel durch binnen- und außenwirtschaftliche Maßnahmen abzufedern und dadurch zu verzögern, wenn nicht gar zu verhindern. Die Politik führt als Argumente für Industriepolitik gerne an, dass nationale Unternehmen im globalen Wettbewerb insbesondere im Hightech-Bereich ohne gezielte staatliche Förderung auf lange Sicht nicht bestehen würden. Dagegen spricht – wie bei den meist zu»weißen Elefanten« degenerierenden Großprojekten – die dafür notwendige, den Staat aber überfordernde Voraussicht der technischen Möglichkeiten und der Marktchancen. Ein Marktversagen lässt sich hier nicht identifizieren.

Neben politischen werden zudem theoretische Argumente für eine selektive Industriepolitik aufgeboten. Die neue Wachstumstheorie etwa plädiert dafür, private FuE-Aktivitäten der Unternehmen an die staatliche Forschungsförderung abzutreten, weil sich so positive Skaleneffekte erzeugen ließen. Sie entstehen, weil ein Teil der neuen FuE-Erkenntnisse auf die Wirtschaft insgesamt überschwappten. Die Industrieökonomik befürwortet Unternehmenszusammenschlüsse, weil so starke internationale Wettbewerbspositionen aufgebaut werden können. Aber auch die strategische Handelspolitik und eine Risikoaversion in Dimensionen, die Kapitalmärkte nicht mehr organisieren können, scheinen nach gezieltem Eingriff und Förderung des Staates zu verlangen.

Sosehr man im keimfreien theoretischen Übungsraum Argumente für entsprechende Strategien identifizieren kann: Keiner der Ansätze berücksichtigt jedoch die fatalen Kollateralwirkungen staatlicher Förderung auf andere Branchen. Sie ergeben sich über Preisanpassungen in Input-, Output- und Währungsmärkten. Außerdem verhindert ein massives Informationsproblem die Identifikation geeigneter Sektoren, Technologien und Unternehmen. Der Staat müsste ja restlos alle Parameter kennen, die das Angebots- und Nachfrageverhalten der Marktteilnehmer bestimmen, und zudem müsste es das Wettbewerbsverhalten der in- und ausländischen Unternehmen exakt vorhersagen können. All das kann nicht gelingen.

Stellte man beispielsweise dennoch aufgrund solcher Argumente die Fusionskontrolle in den Dienst der Industriepolitik, so bedeutete dies, einen Zielkonflikt zwischen Effizienzgewinn und Wettbewerbsintensität bzw. technischem Fortschritt und Wettbewerbsintensität zu unterstellen. Die Erfahrungen des Strukturwandels sprechen dagegen. Und generell fällt bei allen theoretischen Argumenten für Industriepolitik auf, dass die Dynamik offener Märkte unterschätzt wird und dass die industriepolitischen Ansätze stark geprägt sind von gegebenen Marktstrukturen.

Wettbewerb und Globalisierung zur Bedrohung stilisieren

Das Wort vom freien Spiel der Kräfte ist im höchsten Maße ambivalent: Auf seiner Sonnenseite ist es umgeben von der verführerischen Aura selbstbestimmter Freiheit, seine Schattenseite dagegen raunt von gnadenlosem Kampf und Wettbewerb. »Survival of the fittest« – eigentlich ein Begriff aus der Evolutionstheorie – ist schließlich die radikalste Konsequenz des Wunsches nach ungehinderter Entfaltung, die oft genug als Menetekel gegen die freie Marktwirtschaft in Stellung gebracht wird. Das freie Spiel der Kräfte wurde aber auch schon früh zur Deutung ästhetischer Phänomene eingesetzt. Nach Kants Konzept der ästhetischen Erfahrung stellt sich ein Wohlgefallen am schönen Gegenstand ein, wenn Sinnlichkeit und Verstand im »freien Spiel« und ohne dass das eine Vermögen das andere dominiert, harmonieren. Auch Kants Produktionsästhetik, seine Lehre vom Genie, enthält als grundlegendes Moment das freie, aber gleichzeitig zweckmäßige Zusammenspiel von Einbildungskraft und Verstand.

Selbst in der Padagogik und in der Naturphilosophie kommt das ambivalente Denkmodell zum Einsatz. Zur zentralen Frage aber wird es in der Ökonomie. Wo sonst ließe sich die Ambivalenz auch plastischer darstellen? Und zwar durchaus auch im Sinne eines weiteren geflügelten Wortes, das behauptet, dass das Schöne nur des Schrecklichen Anfang sei?

Auch der Begriff der Globalisierung hat eine erstaunliche Wandlung erfahren. Zuerst noch frei von Beigeschmack, reicherte er sich mehr und mehr mit Assoziationen, Wertungen, Feindbildern und Ängsten an. Inzwischen ist Globalisierung zu einem Schreckenswort geworden, das Abwehr- und Katastrophenreflexe auslöst. Mit großer Sturheit wird nach Verantwortlichen und vereinfachten Zusammenhängen gefahndet, statt anzuerkennen, dass man es mit komplexen Prozessen zu tun hat. Was das Verständnis zwar nicht eben erleichtern, aber die Lage zumindest entdramatisieren würde.

Aber durchaus auch nüchternere Charaktere neigen bei Verunsicherungen vom Kaliber der Globalisierung zu krassen Verbildlichungen, die mit Vorliebe dem Tierreich entstammen. Von Heuschrecken ist die Rede, von Haien oder Kraken. Diese Analogien sind schon deshalb interessant, weil sie auf mehrfachen Irrtümern beruhen: Denn die dem jeweiligen Getier zugeschriebenen Charaktereigenschaften drücken erstens unzulässige Vermenschlichungen aus – weder Hai noch Krake, geschweige denn der arme Heuschreck haben einen schlechten Charakter, sondern besetzen lediglich ihren Platz im System – und unterstellen zudem hinterhältige Absichten. Schon Georg Büchner wusste aber, dass die Natur im Grunde »gleichgültig und kalt« sei. Übersetzt auf die Sphäre der Ökonomie und Weltwirtschaft hieße das: Auch diese hochkomplexen Prozesse sind gleichgültig, weil sie gar keine Identität besitzen. Es gibt keinen Ober-Heuschreck oder Ober-Hai und keinen Fürsten der Finsternis, der in einem geheimen Gemach in der Wall Street residiert und rote Knöpfe bedient. Das System ist gleichgültig, aber keineswegs böse und zerstörerisch. Dass der Globalisierung dennoch erhebliche Probleme folgen, ist unbestreitbar. Diese sind jedoch nicht im Kampf gegen imaginäre Raubfische zu meistern, sondern vielmehr im nüchternen Bereich ordnungspolitischer Maßnahmen, die Rahmenbedingungen definieren und an den richtigen Stellen Enthemmungen verhindern.

Das Erfolgsrezept der Globalisierung ist eigentlich ganz einfach, denn es folgt nur konsequent einer alten Erfahrung: Volkswirtschaften beschleunigen ihr Wachstum, wenn sie ihre Grenzen öffnen und von der internationalen Arbeitsteilung profitieren. Denn je größer und offener die Märkte, desto stärker ist auch der Anreiz, Fähigkeiten und Techniken zu entfalten und neue Produkte und Verfahren zu entwickeln. Aus abgelegenen Bergdörfern kamen selten spektakuläre Innovationen, und nicht umsonst wurde »abgelegen« schon immer in Analogie mit »rückständig« gesehen. Offene Orte und Länder profitieren vom internationalen Ideenaustausch und partizipieren damit laufend am intellektuellen und technologischen Fortschritt. Der Fortschritt erhöht wiederum die Produktivität und wird dadurch zur Quelle eines langfristigen Wirtschaftswachstums. Eines der gravierenden Hemmnisse für eine schnellere Angleichung der wirtschaftlichen Leistungskraft in den neuen Bundesländern an das Niveau in den alten Ländern liegt in der nachwirkenden Abschottung der früheren DDR. Es fehlte die Einbindung in überregionale und internationale Netzwerke des Wissens, der Vorleistung und der Produktion.

Mehr Offenheit bedeutet aber auch mehr Wettbewerb und damit mehr Existenzkampf für jeden Einzelnen. Mehr Wettbewerb wiederum zwingt die Politik zur Verbesserung der institutionellen Voraussetzungen und zur Sicherung fairer Rahmenbedingungen. Wettbewerb weckt Erwartungen und Hoffnungen. Er veranlasst Unternehmen, ständig ihre Produktionsprozesse zu optimieren und neue Produkte zu entwickeln. In aller Regel ist das Ergebnis mehr Wohlstand – auch für die Volkswirtschaft insgesamt. Wenn also die Rahmenbedingungen stimmen, kann die Globalisierung zum Segen für alle werden. Dafür aber braucht es einen starken ordnungspolitischen Rahmen. Nur so können Marktzugänge geöffnet und gesichert und mehr Liberalisierung in der Weltwirtschaft erreicht werden.

Die Chancen des Freihandels sind keine theoretischen Verheißungen vereinzelter Globalisierungsbefürworter, sondern fußen auf historischen Erfahrungen. Es ist eben kein Zufall, dass auch früher schon die wirtschaftlich dynamischsten Regionen zumeist an den Küsten, an schiffbaren großen Flüssen oder in der Nähe großer Städte lagen. Die zunehmende Mobilität im 21. Jahrhundert begünstigt nun aber nicht nur die Zugänglichkeit geographisch ohnehin günstig lokalisierter Regionen, sie erleichtert auch die Einbindung vormals unerreichbarer Gebiete in die internationale Arbeitsteilung. Auch das ist eine – oftmals beklagte, im Kern jedoch rundum positive – Folge der Globalisierung. Wirklich unzugänglich ist heute fast gar kein Ort mehr auf der Welt. Nicht zuletzt deshalb konnte sich in der globalen Vernetzung die Weltproduktion in den letzten zwanzig Jahren verdoppeln und das Volumen des Welthandels vervierfachen. Die jährlichen Direktinvestitionen sind sogar um das 16-Fache gestiegen. Und der weltweit florierende Handel und die Investitionen haben die Produktion mitgezogen.

Rückblickend lässt sich sagen, dass der Prozess der Globalisierung in der zweiten Hälfte des 20. Jahrhunderts mit einer umfassenden Marktöffnung angestoßen wurde. Auf halber Strecke können wir diagnostizieren, dass die Globalisierung nicht nur Wachstum und Wohlstand gebracht, sondern auch entwicklungspolitisch bedeutende Impulse gegeben und Prozesse in Gang gesetzt hat – Prozesse, deren Dynamik eher noch an Fahrt aufnimmt. Diese Dynamik und das untrügliche Gefühl dafür, dass die rasante Fahrt nicht mehr anzuhalten ist, verunsichern und ängstigen weite Teile der Bevölkerung – durchaus nicht zu Unrecht. Denn die Politik hat nicht Schritt gehalten mit der ökonomischen Entwicklung und liegt bei der politischen Flankierung des Globalisierungsprozesses weit zurück. Es wird darum höchste Zeit, auf die Entwicklungen nicht mehr länger abwehrend zu reagieren. Auch hier gilt: Es braucht eine offensive Politik, die nicht aus der Defensive heraus bloß alte Strategien erneuert.

Negativbeispiele einer verfehlten Politik der Angst vor der Globalisierung sind international zu beobachten. Immer wieder werden Übernahmeversuche ausländischer Unternehmen verhindert oder zumindest scharf kritisiert. Beispiele hiefür finden sich bei Dubai Ports World und CNOOC/Unocal in den USA, E.ON/Endesa in Spanien oder Danone/Pepsi und Suez/Gaz de France/ENEL in Frankreich. Ähnliche Ängste vor ausländischen Beteiligungen finden sich auch in Bezug auf deutsche Firmen – man erinnere sich nur an die Diskussion über die ausländischen Staatsfonds. Der internationale Investitionsprotektionismus kennt viele Varianten: Er kann sich in rechtlichen Auflagen äußern, die Investitionen erfolgreich verhindern, er umfasst aber auch politisch gesteuerte öffentliche Debatten wie jenen »Heuschrecken«-Diskurs hierzulande, der gegen Kapitalbeteiligungsgesellschaften (Private Equity) und Hedge-Fonds in Stellung gebracht wurde. Er findet auch Ausdruck in Gesetzen, die explizit die Kontrolle von Auslandsinvestitionen zum Ziel haben. Hierzu gehören beispielsweise die »Exon-Florio«-Vorschriften in den USA, auf deren Grundlage ausländische Übernahmen oder Beteiligungen untersagt werden können, wenn diese im Verdacht stehen, die nationale Sicherheit zu bedrohen.

Der Geist des Protektionismus hat gegenwärtig international Zulauf und scheint im Zuge der Finanzmarktkrise und ihrer Überwindung immer noch weiter an Boden zu gewinnen. Der Glaube, dass sich ein Damm gegen den rasanten weltwirtschaftlichen Wandel errichten ließe, eint die unterschiedlichsten politischen Kulturen. Seltsam einig scheint man sich – zumindest in einer Art subkutanem Konsens – darin, dass Liberalisierung generell als bedrohlich und zerstörerisch empfunden wird. Die Verunsicherung, die durch die gigantische weltwirtschaftliche Dynamik in den Industrie-, aber auch in den Schwellenländern um sich greift, ruft vielstimmig nach Sicherheit und Schutz. Der Zusammenbruch der Finanzmärkte und die milliardenschweren staatlichen Rettungspakete haben dem Unbehagen gegenüber marktwirtschaftlichen Prinzipien weitere Nahrung gegeben. Protektionismus liegt voll im Trend, denn er ist ein psychologisch nachvollziehbarer Reflex auf Herausforderungen und Erfahrungen, die historisch gesehen neu sind. Ökonomisch analysiert, stellt das defensive Konzept des Protektionismus jedoch keine zukunftsfähige Antwort dar. Denn es erkauft die vermeintliche Sicherheit und Vernunft mit Wohlfahrtsverlusten für alle. Und bestenfalls laboriert man für eine Weile mehr oder weniger effektvoll an den bisweilen schmerzhaften Symptomen des raschen Strukturwandels.

Letztlich macht protektionistische Politik die Welt nicht sicherer, geschweige denn, dass durch sie die weltwirtschaftliche Dynamik aufgehalten werden kann. Und die unbequeme Wahrheit, dass die Ungleichheiten weltweit größer statt kleiner werden, ja auch, dass es weiterhin Armut geben wird, ist durch protektionistische Politik nicht zu ändern. Vor diesem Hintergrund ist es außerordentlich bedeutsam, dass auf der Weltwirtschaftskonferenz am 15./16. November 2008 die Beschlüsse für einen verbesserten Regulierungsrahmen der Finanzmärkte mit dem Bekenntnis zu offenen Märkten und Freihandel unterlegt wurden. Ein starker ordnungspolitischer Rahmen ist der einzig sinnvolle Weg, den problematischen Seiten der Globalisierung zu begegnen. Nur so können der bestehende Marktzugang gesichert und mehr Liberalisierung in der Weltwirtschaft erreicht werden. Gerade für Deutschland mit seinen ausgeprägten Außenwirtschaftsinteressen führen defensive Strategien ins wirtschaftliche Abseits.

Verteufelung der ›Spekulation‹ statt Transparenz der Finanzmärkte

In der griechischen Etymologie ist das Geld (»nomisma«) mit der Schicksalsgöttin Nemesis verwandt. Ein mythologischer Bezug von frappierender Klarheit, denn es wird deutlich, dass Geld Zukunft ermöglicht oder auch verunmöglicht. Mit Hilfe des Geldes kann man laut Mythos die Zukunft zur Gegenwart oder die Gegenwart zur Zukunft machen. Geld ist demnach auch ein Spiel mit der Zeit.

Ist das globale Finanzsystem instabil? Dies ist eine Frage, die an Brisanz kaum zu übertreffen ist. Insbesondere die Krise, die mit dem Zusammenbruch der amerikanischen Investmentbanken dramatisch eskalierte, hat nicht wenige schon den Untergang des Kapitalismus beschwören lassen. Im Zentrum der Sorge um mangelnde Stabilität stehen dabei unter anderem Hedge-Fonds und deren Spekulation.

Sorge bereitet die schiere Größe dieser Fonds, deren Hebel durch Kreditfinanzierung noch verstärkt wird. Hedge-Fonds geben vor allem auch Rätsel auf. Denn sie investieren riesige Summen und suchen, anders als Private-Equity-Investoren, in der Regel kein aktives Engagement in Unternehmen, sondern mutmaßliche Fehlbewertungen von Aktien, Anleihen oder Währungen, auf deren Korrektur sie wetten. Damit unterstützen sie den Prozess der Preisbildung und neutralisieren Ungleichgewichte. Hedge-Fonds kaufen dabei regelmäßig Papiere, die anderen Akteuren zu riskant erscheinen. Allein dadurch wirken sie nicht anders als stabilisierend. Zugleich reduzieren sie Risikoprämien und tragen zu einer effizienteren Verteilung von Risiken bei. Wer wettet, der kann aber auch danebenliegen und sein eingesetztes Vermögen verlieren. Das ist an sich noch kein Grund zu öffentlicher Besorgnis. Diese ist erst begründet, wenn sich solche Marktrisiken angesichts umfassender Fremdfinanzierung mit einem gravierenden Kreditrisiko verbinden. Um ein hohes Investitionsvolumen zu erreichen, nutzten und nutzen Hedge-Fonds in erheblichem Maße (Investment-)Banken. Mit Blick auf die großen Summen, die bei verschiedenen Instituten aufgenommen werden, könnte, so die Besorgnis, über eine Kettenreaktion die Stabilität des Bankensektors, gar die Liquiditätsversorgung einzelner Volkswirtschaften bedroht sein. So weit ist es nicht gekommen, doch infolge der durch die Finanzkrise notwendigen Neubewertung aller Vermögensbestände und einer gleichzeitig gebotenen Bilanzverkürzung bei den (nun nur noch als commercial banks existierenden) Banken ist es zu erheblichen Funktionsbelastungen des Finanzsystems gekommen. So wurden die Hegde-Fonds von der Krise erfasst.

Was ist daraus für die künftige Regulierung abzuleiten? Wer ist hier vor wem zu schützen? Nun: Die unmittelbaren Finanziers solcher Fonds sind wohlhabende Einzelinvestoren und institutionelle Anleger. Um die einen muss man sich nicht sorgen. Und die anderen, die Institutionellen, sind bereits stark reguliert, um die Interessen der Anleger zu schützen.

Die Kreditgeber der Hedge-Fonds, soweit sie als Geschäftsbanken agieren, unterliegen ohne Ausnahme der Finanzaufsicht und müssen die Mindestanforderungen für das Kreditgeschäft erfüllen. Etwas anders lag die Sache bei den US-Investmentbanken, die einer anderen, laxeren Aufsicht unterstanden. Weil jedoch generell auf den Banken ein durch ihre Aktionäre erzeugter, nicht unerheblicher Renditedruck lastet, suchen sie nach hochrentierlichen und notabene risikobehafteten Engagements. Denn das klassische Kreditgeschäft hat angesichts der im Umfeld der niedrigen Inflation weltweit flachen Zinsstruktur deutlich an Attraktivität verloren.

Eine größere Transparenz bei den eingegangenen Wetten der Hedge-Fonds, also bei deren Risikoallokation, wird vor allem deshalb gefordert, weil den Banken darüber die Informationen fehlen. Dies muss aber nicht zwangsläufig so bleiben. Die Banken sollten schon angesichts ihrer eigenen Regulierung selbst umfassendere Informationen von Hedge-Fonds einfordern. Und zwar genauso umfassend und detailliert, wie dies von jedem Mittelständler verlangt wird, der häufig genug mühsam um Kredit nachsucht. In diesem Sinn sind solche Fonds indirekt reguliert. Zudem sollte man die Selbstreinigungskraft des Finanzmarktes nicht unterschätzen, die solche Transparenzpflichten selbst produzieren wird.

An weiter gehenden Maßnahmen sollten insbesondere die Hedge-Fonds selbst interessiert sein, speziell an einer verbesserten Transparenz. Denn die von vielen Beobachtern befürchtete Herdenentwicklung widerspricht eigentlich dem Geschäftsmodell dieser Fonds, weil dadurch alle verlieren würden. Die volkswirtschaftlich stabilisierende Wirkung ergibt sich aber gerade aus vielen unterschiedlichen, besonders auch gegenläufigen Spekulationen. Jeder einzelne Hedge-Fonds setzt darauf, durch die Identifikation spezifischer Fehlbewertungen einen Gewinn zu erzielen.

Natürlich gibt es wie immer auch schwarze Schafe. Zum Beispiel, wenn Spekulanten Stimmrechte aus geliehenen Aktien missbräuchlich ausnutzen, um Entscheidungen von Hauptversammlungen zu beeinflussen und aus den Kursreaktionen Profit zu schlagen. Dieses Problem lässt sich jedoch mittels Unternehmenssatzung lösen. Schwieriger ist es, manipulativen Markteingriffen zu begegnen. Solches Handeln vermag man aber nie ganz auszuschließen. Eine übertriebene Regulierung führt dagegen mit fataler Regelmäßigkeit zu Ausweichreaktionen. Die Kriminalisierung des Drogenhandels durch Verbot ist nur eines von zahllosen Beispielen, die verdeutlichen, dass eine zu weit gehende Regulierung ihre Ventile sucht und findet. Und damit das eigentliche Problem nur dramatisiert und im Sog der Illegalität verschärft.

Zielführender ist es dagegen, durch konsistente Politik für den Finanzmarkt relevante Verabredungen glaubwürdig zu machen und den Markt bei der Definition von Transparenzstandards sowie der Entwicklung eigener Ratings zu unterstützen. Die Europäische Zentralbank hat in ihrem Finanzmarktstabilitätsbericht vom Dezember 2006 auf die Bereitschaft der Hedge-Fonds verwiesen, Informationen vertraulich an Aufsichtsbehörden zu geben. Dem Bericht zufolge haben die Fonds ihr Risikomanagement verbessert. Vor allem die Disziplin des Marktes hat diesen Trend bewirkt. Diese Disziplin zu fördern muss die Richtschnur für die Wirtschaftspolitik sein, es gibt de facto keinen Grund, falsche Sicherheiten in staatlicher Regulierung zu suchen. Das Eigeninteresse an hohen Erträgen ist der beste Regulator. Dabei ist – auch als eine der fundamentalen Konsequenzen der Finanzmarktkrise – immer und immer wieder an das Postulat von Walter Eucken zu erinnern: dass Verantwortung und Haftung ebenso untrennbar miteinander verbunden sind wie Rendite und Risiko. Somit ist durch entsprechende Regulierungen zu verhindern, dass einzelne Hedge-Fonds so groß und mächtig werden, dass sie zu einem systemischen Risiko für die Kreditversorgung einer Volkswirtschaft werden können.

Die unsichtbare Hand – Dialektik
à la Mephisto?

Walter Eucken betonte in besonderer Weise die von ihm sogenannte »andere Seite des Problems der Freiheit«: das Problem der wirtschaftlichen Macht. Die Marktwirtschaft werde ständig durch Vermachtung bedroht. »Weder die Politik des Laissezfaire, die die Vertragsfreiheit zur Zerstörung der Freiheit missbrauchen lässt, noch eine Monopolkontrolle, welche die Bildung von Machtkörpern erlaubt und nur Missbräuche bekämpfen will«, kann – so Eucken – das Problem der wirtschaftlichen Macht lösen. »Nicht gegen die Missbräuche vorhandener Machtkörper sollte sich die Wirtschaftspolitik wenden, sondern gegen die Entstehung der Machtkörper überhaupt. Sonst besitzt sie keine Chance, mit dem Problem fertigzuwerden.«

Auch wenn man die Sorgen Euckens um die Vermachtung der Märkte aus Sicht der praktizierten Wettbewerbspolitik entkräften kann, so bleibt doch die Frage, inwieweit in der heutigen Globalisierung Gefahren einer Machtbildung virulent sind. Der Verweis auf große Kapitalsammelstellen mit bestimmten Strategien – wie Hedge-Fonds und Private-Equity-Gesellschaften – steht dafür mehr als symbolhaft. Die schiere Größe der Großbanken macht ihr Verhalten potentiell zu einem systemischen Risiko. Liegt hierin eine Fehlentwicklung, die der besonderen internationalen Korrektur bedarf, oder bleibt der nationale Rahmen ausreichend? Die Erfahrung mit Hedge-Fonds zeigt einerseits, dass effiziente nationale Aufsicht der institutionellen Anleger wie Banken, Versicherung und Fonds durchaus wirksam sein kann und so zu einer indirekten Regulierung führt. Andererseits hat uns die Finanzkrise vor Augen geführt, dass Effizienz ohne internationale Koordination der Aufsicht nicht mehr gegeben ist. Die Grenze zwischen der Verantwortung des einzelnen und der des Staats muss, das zeigen die aktuellen Ereignisse, systematisch überprüft werden.

Die bislang weltweit betriebene Überprüfung der Staatstätig-
keit – und damit der Demarkationslinie zwischen privater und
kollektiver Verantwortung – ist in Deutschland auch der Ausdruck einer verspäteten Modernisierung ohne national historisch legitimierende Bezugspunkte. Das macht es uns doppelt
schwer: Neben den erklärbaren Aversionen gegen die Marktwirtschaft, die wir eingangs erläutert und mit der politischen
Präferenz für »falsche Antworten« bebildert haben, wirkt hierzulande anders und schärfer eine historische Belastung nach.
Wir arbeiten immer noch an vielen Stellen an dem Ordnungsrahmen, den die nationalsozialistische Wirtschaftspolitik in den
dreißiger Jahren durch umfangreiche Regulierungstätigkeit geschaffen hatte und der durch die kriegsbedingte Bewirtschaftung
nur überdeckt war. Anders gesagt: Wir machen dort weiter, wo
Ludwig Erhard angesichts vielfältiger Widerstände aufhören
musste (so Albrecht Ritschl).

Der historische Schleier, der den Entstehungszusammenhang
der sozialen Marktwirtschaft überdeckt, kennzeichnet freilich
nicht die einzige Schwierigkeit, die wir in Deutschland oder
Europa mit der marktwirtschaftlichen Ordnung infolge bestimmter Traditionen haben. Deren Kenntnis ist erforderlich,
um die Revision des wirtschaftspolitischen Leitbildes angemessen gestalten zu können. Eine tiefe Abneigung gegen die oftmals
vulgär erscheinende Welt der freien Märkte resultiert aus der in
der deutschen Geistesgeschichte verankerten idealistischen
Grundhaltung.

Die deutsche Seele – in christlicher Tradition sowie im 18. und
19. Jahrhundert mangels realer nationaler Identität idealistisch
geprägt – lebt von der Idee, dass Gutes nur aus Gutem erwachsen kann. Die Marktwirtschaft beruht indes gerade auch auf dem
Gegenteil: dass nämlich das Zusammentreffen vieler Egoismen
über die unsichtbare Hand des Marktes in der Summe zu einer
Förderung des Gemeinwohls führt. In der Marktwirtschaft kann
also, um im Bild zu bleiben, Gutes sehr wohl (auch) aus Bösem

erwachsen. Nach der Absicht des Handelnden wird – soweit im Rahmen der Rechtsordnung – nicht gefragt. Das Ergebnis ist entscheidend, nicht der Weg.

Diese Vorstellung findet sich exemplarisch dargestellt und verarbeitet in Goethes »Faust«, das bis heute als Schlüsselwerk deutscher Geistesgeschichte gelten darf. Fausts Gegenspieler Mephisto bezeichnet sich selbst als Teil von jener Kraft, die stets das Böse will und stets das Gute schafft. Diese Formulierung beschreibt – darauf hat Hans Christoph Binswanger hingewiesen – im Grunde nichts anderes als den Mechanismus der unsichtbaren Hand. Die Figur des Faust ist – deshalb macht dieser Verweis Sinn – nicht lediglich ein literarisches Thema des deutschen 19. Jahrhunderts, sie gehört vielmehr zu den deutschen Erinnerungsorten, zum Prägematerial für die kulturelle Identität dieses Volkes. Nebenbei bemerkt: Bei Goethe ist die Gelddruckerei das ureigene Privileg Mephistos!

Johannes Gross hat deutlich gemacht, dass besonders die Deutschen von alten Überlieferungen umgeben sind, Verhaltensweisen und Sprachgewohnheiten pflegen, deren Wurzeln sich in Jahrhunderten verlieren. Die Deutschen, die im 19. Jahrhundert lange vergeblich auf dem Weg zur staatlichen Einheit waren, fanden in der Kulturnation ersatzweise die Basis für eine starke Identität und stabile Identifikations-Bezüge. Vor allem die fünf Jahrzehnte von 1780 bis 1830 waren ein großes und prägendes Zeitalter, auf das sich das kulturelle Selbstbewusstsein der Deutschen im Grunde bis heute stützt. In diesem Kontext ist der »Faust« zum Inbegriff eines deutschen Mythos geworden, der zur kulturellen Legitimation der Moderne und damit zur Schaffung kultureller Identität beitrug. Dieser positiv besetzten, Erkenntnis suchenden und am Ende erlösten Figur steht Mephistopheles gegenüber, dessen Aussage im Widerspruch zur christlichen Ethik eine Geisteshaltung signalisiert, die der kulturellen Prägung der Deutschen eigentlich entgegensteht.

Die deutliche Aversion gegen die Marktwirtschaft, die Schwierigkeiten mit einem ökonomischen System, das zunächst nicht nach den Motiven der Akteure fragt, sondern stattdessen auf die Logik der Spielregeln und Anreizstrukturen setzt, hat keine kurze, sondern eine lange Geschichte. Die Vorstellung des Marktmechanismus widerstrebt den Deutschen zutiefst, sie glauben idealistisch unverzagt daran, dass Gutes nur aus Gutem folgen könne. Noch dazu verwechseln die meisten dann auch das Gute mit der guten Absicht, was dann vollends in die Irre leitet.

Auf diesem Humus einer anti-marktwirtschaftlich kulturellen Prägung der Deutschen wirken die Zumutungen der Marktwirtschaft, die unabhängig vom konkreten gesellschaftlichen Umfeld Gegenkräfte motivieren, in besonderer Weise. Zu den Zumutungen der Marktwirtschaft zählt vor allem die Überforderung des Individuums. Für den Menschen ist die Marktwirtschaft eine permanente Störung, denn sie garantiert, dass ständig vieles oder sogar alles anders wird. In der globalisierten Welt hat sich dieser Wandel noch beschleunigt, was den wegen der Kürze des Lebens grundsätzlich wandlungsträgen Menschen zusätzlich fordert. So schafft die Bedrohung des Tradierten, des Bekannten, des Gewohnten eine Anti-Haltung zu jenem ökonomischen Mechanismus, den man zu Recht als Ursache für diese Bedrohung ansieht. Die Folgen müssen nicht verwundern: Die Marktwirtschaft als wesensbedingter Teil oder gar als Korrelat der freiheitlichen Gesellschaft wird der Einfachheit halber abgelehnt. Unser Verfassungskern, jener Bestand an nicht verhandelbaren, nicht vertragsfähigen, weder regional noch nach Interessen differenzierbaren Normen und Grundeinsichten, schließt die ökonomische Orientierung für viele nicht mit ein. Es fehlt also bei sehr vielen Bürgern das Grundverständnis für den Markt und seine viele Lebensbereiche umfassende Wirkungsweise.

Walter Eucken wirbt für die Wettbewerbsordnung und damit für die Wirtschaftsordnung der individuellen Freiheit und Verantwortung. Er konkretisiert dies in Form von konstituierenden sowie regulierenden Prinzipien. Während Erstere darauf zielen, die Spielregeln für alle Teilnehmer zu definieren, sollen Letztere den denkbaren Verwerfungen einer funktionsfähigen Wettbewerbsordnung Rechnung tragen. Darauf wird später zurückzukommen sein.

III.
Die Renaissance der Industrie

Zu den populärsten Mythen über den Kapitalismus gehört wohl, dass ihm früher oder später die Arbeit ausgehen werde: Der technische Fortschritt, der Wettlauf der Unternehmen um Kostensenkung und Rationalisierung, permanente Verbesserungen aller Planungs- und Produktionsprozesse, schließlich die Verlagerung von Arbeitsplätzen in Billiglohnländer kosteten in der Industrie mehr ›alte‹ Jobs, als jemals andernorts neue entstehen könnten. Selbst wenn im Dienstleistungssektor Stellen geschaffen würden, handele es sich überwiegend um Mini-, Teilzeit- oder Billigjobs, von deren Entlohnung Menschen kaum leben könnten. Und was schließlich an hinreichend bis gut bezahlten Vollzeitarbeitsplätzen noch übrigbleibe, werde zur Verfügungsmasse weltweit agierender Konzerne, ›Heuschrecken‹ und Spekulanten, die Produktionskapazitäten und Arbeitsplätze nach Belieben über den Globus verschöben. So würde die Welt mit Gütern überschwemmt, während sich die Chancen auf ein Einkommen zu ihrem Erwerb zunehmend verringerten.

Aus derlei Diagnosen werden gerne die unterschiedlichsten wirtschaftspolitischen Therapievorschläge abgeleitet. Sie reichen von der Rückkehr zum Protektionismus oder zu staatlichen Ausgabenprogrammen über Mindestlöhne bis zur ›Umverteilung der Arbeit‹ durch Arbeitszeitverkürzung. Was allerdings kaum jemand hinterfragt: Stimmt eigentlich die Diagnose vom Ende der Industriegesellschaft? Wer die Fakten genauer unter die Lupe nimmt, muss zu dem Ergebnis kommen: Im Endeffekt stimmt sie nicht. Es gibt zwar durchaus Symptome, die solche Befunde zu stützen scheinen, aber sie werden zumeist falsch oder einseitig interpretiert.

Unbestreitbar hat der Anteil der Industrieproduktion in allen führenden Wirtschaftnationen während der letzten 35 Jahre deutlich abgenommen. 1970 trug das Produzierende Gewerbe – Industrie, Energiewirtschaft und Baugewerbe – noch 46 Prozent zur gesamtwirtschaftlichen Bruttowertschöpfung in der Bundesrepublik bei. 2004 waren es nur noch 29 Prozent. In den USA sank der Anteil des industriellen Sektors im gleichen Zeitraum von 32 auf 22 Prozent, in Großbritannien von 37 auf 24, in Frankreich von 33 auf 22 und in Japan von 39 auf 29 Prozent. Während die USA und Frankreich scheinbar die Vorreiter beim Übergang von der Industrie- zur Dienstleistungsgesellschaft waren, begann der Strukturwandel bei den Briten, vor allem aber in Deutschland, später, verlief dafür aber viel extremer. Wer von einem sehr hohen Niveau startet, empfindet den Bruch als besonders deutlich.

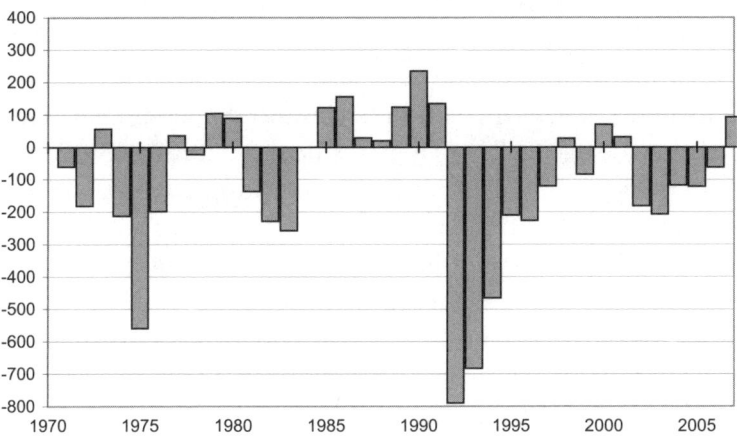

Abb. 1: Beschäftigungsentwicklung in der deutschen Industrie
Veränderung der Anzahl der Erwerbstätigen im Verarbeitenden Gewerbe gegenüber Vorjahr in 1000 Personen, bis 1991 Westdeutschland
Quelle: Statistisches Bundesamt; IW Köln

Doch seit rund einer Dekade ist dieser Prozess der Deindustrialisierung in Deutschland gestoppt. In den letzten Jahren nahm der Industrieanteil sogar wieder zu. In einigen der leistungsfähigsten Ballungsregionen Deutschlands kann man geradezu von einer Renaissance der Industrie sprechen. Das verschafft uns in der tiefen Krise, in der wir derzeit stecken, einen nicht zu unterschätzenden Vorteil.

Im Sinkflug: Sockelarbeitslosigkeit und Beschäftigungsschwelle

Der Wandel von der Industrie- zur Dienstleistungsgesellschaft brachte in der Tat spürbare Verwerfungen auf dem Arbeitsmarkt mit sich (vgl. Abb. 1). In der Rezession von 1974/75 gingen in der Industrie fast eine Million Arbeitsplätze verloren. Dieser dramatische Beschäftigungsabbau konnte in den wirtschaftlich dynamischen Jahren danach nicht rückgängig gemacht werden: Bis Anfang der achtziger Jahre entstanden im Verarbeitenden Gewerbe nur knapp 200 000 neue Jobs. Mit der Rezession am Beginn dieses neuen Jahrzehnts verschwanden noch einmal weitere rund 600 000 Stellen in den westdeutschen Fabriken. Dieser Rückgang konnte im folgenden Aufschwung immerhin knapp egalisiert werden. Doch mit der Wirtschaftskrise von 1992/93 nach dem Vereinigungsboom ging der bislang größte Jobschwund der bundesdeutschen Wirtschaftsgeschichte einher, und zwar nicht allein im Osten. In der Summe schlug er mit rund 2,3 Millionen gestrichenen Arbeitsplätzen in der Industrie zu Buche. Dieser strukturelle Stellenabbau war, neben konjunkturbedingten Personaleinsparungen in den Unternehmen, einer der Hauptgründe dafür, dass Deutschland am Ende eines jeden Konjunkturzyklus mit knapp einer Million Arbeitslosen mehr dastand als zu dessen Beginn. Und diese Menschen fanden auch im Aufschwung keine neue Beschäftigung. Weder erhebliche Subventionen für ›sterbende‹ Industrien noch großzügige Frühverrentungsprogramme noch ein dichtes Gestrüpp von Umschulungs- und Qualifizierungsangeboten der Arbeitsämter konnten daran etwas ändern. Der Anteil der Arbeitslosen, die auch nach mehr als einem Jahr keinen neuen Job hatten, wuchs scheinbar unaufhaltsam. Und die berüchtigte Sockelarbeitslosigkeit war eben kein konjunkturelles, sondern ein strukturelles Problem.

Doch in den letzten drei Jahren sind die Anzahl und die Quote der Arbeitslosen in Deutschland so schnell und so deutlich zurückgegangen wie noch nie seit der Wiedervereinigung. Mit erstmals unter drei Millionen sank die Anzahl der Menschen ohne Beschäftigung im Oktober 2008 auf den niedrigsten Stand seit 16 Jahren. Derzeit sind über eine halbe Million Menschen weniger erwerbslos als am Ende des New-Economy-Booms 2001 – und noch eine knappe Viertelmillion weniger als im Konjunkturhoch von 1995. Die an diesen Zahlen erkennbaren strukturellen Veränderungen am Arbeitsmarkt – vor allem die erhöhte Flexibilität – sollten uns in der Krise des Jahres 2009 helfen.

Die wichtigste Entwicklung freilich: Nie zuvor waren in Deutschland so viele Menschen erwerbstätig wie heute, nämlich 40,2 Millionen. Zwischen 2005 und 2007 stieg die Anzahl der Erwerbstätigen um insgesamt fast 900 000. Das ist ein Zuwachs von 2,3 Prozent. Die Anzahl der sozialversicherungspflichtig Beschäftigten wuchs sogar um 2,6 Prozent. In weiten Teilen Süddeutschlands herrscht bei Arbeitslosenquoten zwischen 1,5 und vier Prozent Vollbeschäftigung, in vielen Gegenden und Branchen gar ein dramatischer Fachkräftemangel. Insgesamt wird in einem Viertel aller Landkreise und kreisfreien Städte Deutschlands, nämlich in 113 von 440, die Quote von vier Prozent Arbeitslosigkeit unterschritten. Und schaut man sich diese Kreise genauer an, dann stellt man fest, dass hohe Beschäftigung fast immer mit der Präsenz florierender, spezialisierter, häufig mittelständisch geprägter Industrieunternehmen einhergeht. Kurz: Wo es starke industrielle Kerne gibt, da gibt es Jobs – und zwar längst nicht nur in den verarbeitenden Betrieben selbst. Auch darauf werden wir noch genauer zu sprechen kommen. Kritiker sagen, in diesem 2008 zu Ende gegangenen Aufschwung seien nur atypische oder gar anormale Jobs entstanden. Damit meinen sie, dass es sich bei den neuen Beschäftigungsverhältnissen nicht um unbefristete Stellen handelt, sondern oft nur um Teilzeit- statt Vollzeitjobs, viele zudem in Zeitarbeit. Doch was heißt heute oder gar in der künftigen Arbeitswelt schon ›typisch‹ oder ›normal‹? Atypische Jobs werden zunehmend zur Regel. Sie bieten Chancen insbesondere für Frauen sowie für Menschen mit Patchwork-Biographien, für Ältere, Wiedereinsteiger und Geringqualifizierte, die sich ihren Lebensplänen und Fähigkeiten entsprechend bewerben können, und sind zudem oft das Sprungbrett in ein ›normales‹ Beschäftigungsverhältnis. Im Übrigen, auch das übergehen Kritiker gern, hat der Anteil von Minijobs und Teilzeitstellen in diesem Aufschwung zuletzt nicht mehr zugenommen, und der Anteil an Zeitarbeit bei neugeschaffenen Jobs ist unter fünfzig Prozent gesunken. Zeitarbeit als ein bewusst eingesetztes Instrument zur Flexibilisierung des Arbeitsmarktes wird allerdings im Abschwung auch zuerst für Anpassungsleistungen genutzt werden. Wichtig ist vor allem, dass nach einer Auswertung der Daten des Sozio-ökonomischen Panels mehr Menschen von atypischen Beschäftigungsverhältnissen in normale wechseln als umgekehrt.

Die Renaissance der Industrie in Deutschland ist denn auch – neben den unbestreitbaren Wirkungen der rot-grünen Arbeitsmarktreformen und der durch die Gewerkschaften jahrelang geübten Lohnzurückhaltung – der Grund dafür, dass in den letzten Jahren nicht nur die Anzahl der Arbeitslosen zurückgegangen ist. Allein durch die moderaten Tarifabschlüsse und die zunehmende Bereitschaft der Tarifvertragsparteien, differenzierte Tarifverträge auszuhandeln, sind seit Mitte der neunziger Jahre 800 000 neue Jobs geschaffen worden. Außerdem wurde schlicht und einfach mehr gearbeitet. Das heißt: Es entstanden mehr qualifizierte und sozialversicherungspflichtige Stellen mit hoher Stundenzahl. Während im vorletzten Aufschwung zwischen 1999 und 2001 vor allem die Zahl der Mini- und Teilzeitjobs in die Höhe ging, wuchs in den letzten Jahren nicht nur die Zahl der Beschäftigten, sondern auch die Menge der von ihnen geleisteten Arbeitsstunden. Das Arbeitsvolumen nahm mit 1,2 Milliarden Stunden oder 2,5 Prozent doppelt so stark zu wie im New-Economy-Boom. Im Aufschwung Mitte der neunziger Jahre kam es sogar zu einer Stagnation der Stundenzahl.

Dank der jüngsten Entwicklungen begann denn auch die in Deutschland seit über dreißig Jahren scheinbar marmorne Sockelarbeitslosigkeit zu bröckeln: Erstmals seit Jahrzehnten liegt die Anzahl jener Arbeitslosen, die auch im Boom keinen Job bekommen, niedriger als im vorangegangenen Zyklus, und zwar um 300 000. Nirgendwo wird der positive Trend deutlicher, als bei jenen Gruppen, die traditionell am schwersten in neue Stellen zu vermitteln sind. So ist die Anzahl der Langzeitarbeitslosen im jüngsten Aufschwung um ein Drittel gesunken, von 1,6 auf 1,1 Millionen. Die Anzahl der zuvor rund 950 000 über 55-jährigen Arbeitslosen hatte sich schon zwischen 1999 und 2004 nahezu halbiert und sank zwischen 2005 und 2007 noch einmal um gut 18 Prozent.

Letzteres ist auch ein perfektes Beispiel für die positive Wirkung einfacher, aber durchgreifender Reformen am Arbeitsmarkt. Schon die Regierung Kohl hatte sich am Schluss von dem Irrweg verabschiedet, die Arbeitslosenstatistik durch massive Frühverrentungen kosmetisch zu korrigieren, und Abschläge beim vorzeitigen Gang in den Ruhestand beschlossen, die dann ab Ende der Neunziger jahrgangsweise in Kraft traten. Heute kann Deutschland im Vergleich mit anderen europäischen Ländern auf den höchsten Anstieg der Erwerbstätigkeit bei über

55-Jährigen verweisen. In Zahlen ausgedrückt, bedeutet dies eine Zunahme von 43 Prozent im Jahr 2003 auf 51,5 Prozent im Jahr 2008. Im Rahmen der Agenda 2010 wurde zudem die Bezugsdauer des Arbeitslosengeldes I für ältere Arbeitnehmer von maximal 32 auf 18 Monate gekürzt. Auch wenn gegen diese Maßnahmen gerne protestierende Bauarbeiter oder Stahlkocher vorgeschickt wurden, die nun bis zum bitteren Ende malochen müssten, um ihre Rente zu bekommen – faktisch entschieden sich für eine Frühverrentung und die gerne vorgeschalteten drei Jahre Arbeitslosigkeit nicht körperlich schwer arbeitende Menschen, sondern vor allem Unternehmen, die bei Rationalisierungen ihre Sozialpläne aus den Sozialkassen subventionieren konnten. Die wahren Nutznießer der Frühverrentung waren zudem überdurchschnittlich gut verdienende Arbeitnehmer, die sich die entsprechenden Abschläge leisten konnten, sowie Beschäftigte des öffentlichen Dienstes und Beamte mit staatlichem Pensionsanspruch. Es ist daher eindeutig das falsche symbolpolitische Signal ›sozialer Gerechtigkeit‹, dass die Große Koalition Anfang 2008 beim ALG I zurückruderte und manche gar schon wieder die allgemeine Verlängerung der Altersteilzeit propagieren.

Zwischen 2005 und 2007 verringerte sich auch die Anzahl der Ausländer auf Jobsuche um 17 Prozent, die Anzahl arbeitsloser Jugendlicher unter 25 Jahren sank sogar um 34,6 Prozent. Noch schneller als die statistisch ausgewiesene verringerte sich übrigens die sogenannte verdeckte Arbeitslosigkeit. Sie umfasst all jene, die in den Statistiken nicht auftauchen, weil sie gerade an Qualifizierungsmaßnahmen der Arbeitsagenturen teilnehmen, Ein-Euro-Tätigkeiten nachgehen oder bereits im Vorruhestand sind. In Deutschland waren nach Berechnungen des Sachverständigenrats 2007 rund 1,2 Millionen Menschen verdeckt arbeitslos. Das ist ein Rückgang von 38 Prozent in den vergangenen zehn Jahren. Demgegenüber sank die offene Arbeitslosigkeit nur um 14 Prozent. Die lange öffentlich gepflegte These, ein Abbau subventionierter Beschäftigung würde im gleichen Maße zu einem Anstieg offener Arbeitslosigkeit führen, hat sich somit als falsch erwiesen.

Welche Bewegung gegenwärtig im Arbeitsmarkt steckt, zeigt auch eine Erhebung der Bundesanstalt für Arbeit vom Sommer 2008. Danach melden sich über das Jahr 8,2 Millionen Menschen arbeitslos. Die meisten von ihnen haben innerhalb der ersten zwölf Monate einen neuen Job gefunden. Im Schnitt dauert es 208 Tage, bis jemand in Deutschland wieder eine Stelle hat. 2007 betrug diese Frist noch 230 Tage. Allerdings gibt es große Unterschiede zwischen den Berufen. Eine Faustregel: Je besser qualifiziert ein Arbeitnehmer ist, desto kürzer bleibt er im Zweifelsfall ohne Arbeit. Am schnellsten, nämlich nach 98 Tagen, kehren Ärzte und Apotheker in ihren Beruf zurück. Ein Rechtsanwalt ist im Schnitt 123, ein Werkzeugmacher 125 Tage arbeitslos – ebenso lange wie, wer hätte das gedacht, ein Künstler. Zwischen fünf und sechs Monaten warten Bankkaufleute, Maler, Elektriker, Maurer, Lehrer, aber auch Ingenieure und Geisteswissenschaftler auf eine neue Stelle. Und obwohl am unteren Ende der Liste rangierend, finden im Schnitt auch ungelernte Hilfsarbeiter, Wachleute und Reinigungskräfte innerhalb der ersten zwölf Monate eine Arbeit. Gottgewollt scheint die Langzeitarbeitslosigkeit dagegen nur bei Pfarrern zu sein: Verlieren sie ihre Stelle, sind sie im Durchschnitt 457 Tage arbeitslos.

Diese Dynamik am Arbeitsmarkt ist möglich, weil unsere Volkswirtschaft begonnen hatte, eine ihrer alten Grundkrankheiten zu kurieren: Wachstum ohne neue Jobs zu erzielen. Die sogenannte Beschäftigungsschwelle – jene Wachstumsrate, die eine Volkswirtschaft erreichen muss, damit Unternehmen auf längere Sicht neue Stellen schaffen – ist so niedrig wie nie zuvor. Hier zeigt sich, dass die Entwicklung am Arbeitsmarkt eben nicht schicksalhaft oder statisch ist, sondern Ausdruck eines komplexen Zusammenwirkens von Regulierungen und wirtschaftlicher Dynamik. Wie viel neue Jobs bei welchem Wachstum entstehen, hängt unter anderem von der Arbeitsmarktpolitik, einer differenzierten Tarifpolitik und der tatsächlichen Wettbewerbsfähigkeit einzelner Unternehmen und Branchen sowie ihrem daraus resultierenden Einstellungsverhalten ab. An all diesen Stellschrauben können Politik und Tarifparteien drehen – und sie haben es in den zurückliegenden Jahren erfolgreich getan. Brauchte es in den siebziger und teilweise auch den achtziger Jahren im Schnitt eher zwischen zwei und drei Prozent Wachstum für neue Arbeitsplätze, so ist die Schwelle in den Neunzigern auf 1,5 bis zwei Prozent gesunken. In den letzten Jahren schufen viele Unternehmen sogar bei einem Wachstum zwischen einem und 1,5 Prozent neue Stellen. Das heißt: Solange die Wirtschaft nicht zum Stillstand kommt oder gar in die Rezession abrutscht, bleibt der Aufwärtstrend am Arbeitsmarkt stabil. Die gute Verfassung der deutschen Industrie hat daran wesentlichen Anteil. Die politischen Veränderungen auf dem Arbeitsmarkt und die bisherige Vernunft der Tarifpartner ebenso.

Die neue Industrialisierung

Wir haben schon zu Anfang dieses Kapitels die starken industriellen Kerne der deutschen Wirtschaft angesprochen. Die öffentliche Wahrnehmung dürfte – nun zumal durch die Anpassungsfolgen der Wirtschaftskrise – freilich eine andere sein. Sieht man mal von der Firma ab, die mit dem kuriosen Schimpansen wirbt, werden in Deutschland beispielsweise kaum noch Hemden genäht. Und kommen nicht sogar die berühmten Steiff-Bären längst aus China? Auch ist nur wenig übriggeblieben von den einstigen Wirtschaftswunder-Lokomotiven Bergbau, Stahl- oder Werftindustrie. Siemens, lange das deutsche Vorzeigeunternehmen schlechthin, beschloss im Juni 2008 den Abbau von 17 000 Stellen. Die Firma wird ihr historisches Kerngeschäft, die Telekommunikation, demnächst komplett aufgeben. Nokia hat

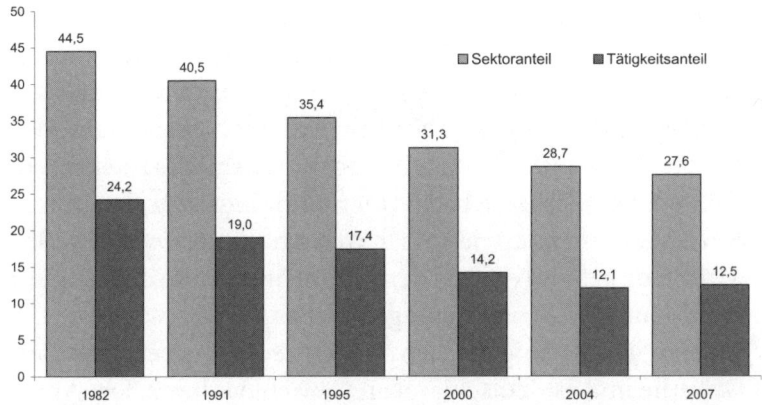

44,5	40,5	35,4	31,3	28,7	27,6
24,2	19,0	17,4	14,2	12,1	12,5
1982	1991	1995	2000	2004	2007

☐ Sektoranteil ■ Tätigkeitsanteil

Abb. 2: Bedeutung des industriellen Sektors für den Arbeitsmarkt
Anteil des Produzierenden Gewerbes (einschließlich Agrarsektor) an der
Erwerbstätigkeit und Anteil der herstellenden Tätigkeiten an allen
Tätigkeiten in Prozent   Quelle: Statistisches Bundesamt; IW Köln

2008 seine hiesige Handyproduktion nach Rumänien verlagert.
BMW kündigte trotz Rekordabsätzen Ende 2007 den Abbau von
8000 Arbeitsplätzen an. Die Aufzählung derartiger Meldungen
ließe sich beliebig fortsetzen.

Richtig ist: Lohnintensive Branchen wie die Textilindustrie, die
überdies sehr preissensible und oft standardisierte Massengüter
anbieten, können in einem Hochlohnland wie der Bundesrepublik Deutschland nur noch in Ausnahmefällen wirtschaftlich produzieren. Auch da, wo es angesichts gesättigter Märkte Überka-
pazitäten und damit einen harten Preiswettbewerb gibt, wie etwa
in der Autoindustrie, werden Arbeitsplätze abgebaut. Andererseits: Die besagte Firma Steiff zum Beispiel wird bis 2010 – und
zwar keineswegs als einziges mittelständisches Unternehmen –
aufgrund von Problemen bei Qualität und Lieferzeiten ihre nach
China verlagerten Produktionsstätten zurückholen. Das Lohnniveau ist eben nur ein Standortfaktor unter vielen.

Wenn wiederum Traditionsindustrien wie Kohle, Stahl oder
Werften verschwinden, ist das in erster Linie ein Zeichen für ge-

sunden Strukturwandel, nicht für eine prinzipielle Deindustrialisierung Deutschlands. Und dass dieser Strukturwandel heute ebenfalls reife Industrien wie die IT- und Kommunikationsbranche betrifft, ist auch kein wirkliches Mysterium. Was nottut, ist eine differenzierte Betrachtung der industriellen Produktion. Dabei zeigt sich, dass man vom langfristig abnehmenden Anteil der Industrie an der Wertschöpfung unserer Volkswirtschaft keineswegs auf deren abnehmende Bedeutung für Wohlstand und Beschäftigung schließen darf.

Schon seit Anfang der siebziger Jahre hat das Verarbeitende Gewerbe in Westdeutschland an Gewicht verloren. Der Anteil der Industrieproduktion (ohne Energie) an der nominalen Bruttowertschöpfung sank von 37 Prozent im Jahre 1970 auf knapp 29 Prozent im Jahre 1991. Im gleichen Zeitraum betrug das durchschnittliche jährliche Wachstum im Dienstleistungsbereich über drei Prozent, in der Industrie war es nur etwa halb so hoch. Freilich lag die absolute Wertschöpfung mit umgerechnet rund 370 Milliarden Euro 1991 mehr als dreimal so hoch wie dreißig Jahre zuvor. Die angebliche Deindustrialisierung war also gesamtwirtschaftlich gesehen eine relative, keine absolute. Anders gesagt: Deutschlands Fabriken produzierten nicht weniger oder weniger wertvolle Güter, es entstanden aber zunehmend neue Dienstleistungen um die industriellen Kerne herum.

In der ersten Hälfte der neunziger Jahre setzte sich dieser Prozess zunächst fort. Bis 1996 sank der Industrieanteil an der nunmehr gesamtdeutschen Wirtschaftsleistung auf nur noch 22 Prozent – und die industrielle Wertschöpfung ging in diesen Jahren sogar in absoluten Zahlen zurück. Doch seitdem legt die Bruttowertschöpfung des Verarbeitenden Gewerbes wieder zu, auf zuletzt 508 Milliarden Euro im Jahre 2007, was einem Anteil von 23,4 Prozent an der gesamten Wirtschaftsleistung entspricht. Mit diesem Wert liegt Deutschland, zusammen mit Japan, international an der Spitze aller vergleichbaren Industrieländer. Vor

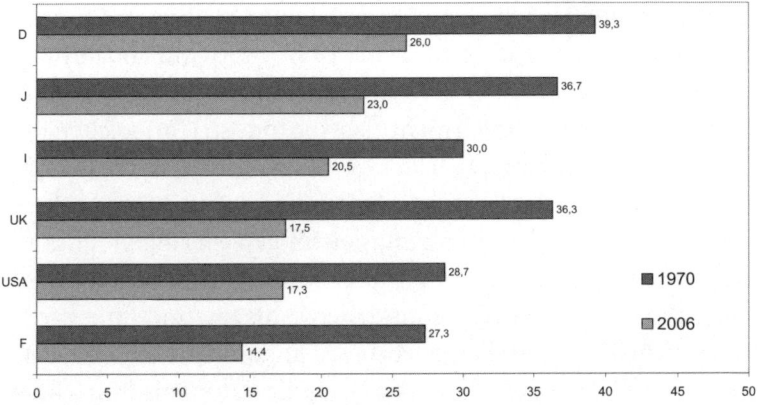

Abb. 3: Industrieanteile im internationalen Vergleich
Anteil des Verarbeitenden Gewerbes (einschließlich Energie) an der
gesamtwirtschaftlichen Bruttowertschöpfung in Prozent
Quellen: OECD; IW Köln

allem in den USA, Frankreich und Großbritannien ist die Erosion
der industriellen Basis wesentlich weiter vorangeschritten.

Dies belegt, dass das vielbeschworene »postindustrielle Zeitalter« eine zwar nicht völlig verkehrte, aber doch auch irre-
führende soziologische Metapher ist. Tatsache ist: Seit Mitte
der neunziger Jahre ist der Trend der Deindustrialisierung in
Deutschland im Wesentlichen gestoppt. Es spricht einiges dafür,
dass nach einem phasenweise stürmischen und gesellschaftlich
keineswegs reibungslosen Strukturwandel heute konstant ein
knappes Viertel unserer Wirtschaftsleistung von den Beschäftigten in der Industrie (einschließlich der Energiewirtschaft) erbracht wird (Abb. 3).

Zudem, und das ist eigentlich der springende Punkt, ist die
Industrie nach wie vor Taktgeber der Konjunktur in Deutschland. Wann immer es zu schwereren Wirtschaftskrisen kam,
entwickelte sich zwar auch der Dienstleistungsbereich weniger
dynamisch. Dennoch gab es seit 1970 kein einziges Jahr, in dem
dieser Sektor mit Minuswachstum zu kämpfen hatte. Wenn die

Konjunktur einbrach, dann brach die Industriekonjunktur ein: 1975 um zirka vier Prozent, 1982, 1987, 1996 und 2002 um jeweils rund zwei Prozent, 1993 gar um dramatische acht Prozent. Das bedeutet natürlich nicht, dass die Industrie an solchen Rezessionen ›schuld‹ war. Es bedeutet vielmehr, dass sie die Hauptlast konjunktureller Schocks trägt und dass sie weitaus größere volkswirtschaftliche Anpassungsleistungen erbringen muss als alle anderen Sektoren. Denn Industriebetriebe haben hohe Investitions- und Deinvestitionskosten. Anlagen und Prozesse in einer Fabrik umzustellen oder diese gar komplett zu verlagern, dauert eben langer und kostet mehr als die Rationalisierung oder Schließung eines Büros. Dafür gibt die Industrie im Gegenzug der gesamten Wirtschaft die stärksten Impulse in beinahe allen Phasen eines erneuten Aufschwungs.

In der Tendenz war das schon in den vergangenen 15 Jahren so, vor allem seit 2003 hat sich dieser Trend aber noch einmal spürbar verstärkt. So erhöhte sich die preisbereinigte Bruttowertschöpfung des Verarbeitenden Gewerbes zwischen 1993 und 2007 um durchschnittlich 2,2 Prozent per anno – gegenüber 1,8 Prozent in der gesamten deutschen Wirtschaft. In den letzten fünf Jahren nahm die gesamtwirtschaftliche Bruttowertschöpfung nur wenig dynamischer, nämlich um durchschnittlich 2,0 Prozent jährlich zu, die des Verarbeitenden Gewerbes aber um stolze 4,2 Prozent (Abb. 4).

Die Industrie schafft Arbeitsplätze

Anders als der Beitrag der Industrie zum wirtschaftlichen Wachstum hat ihr direkter Anteil an der Beschäftigung langfristig allerdings deutlich abgenommen. Und die schon beschriebene starke Verlagerung von Jobs zwischen den Sektoren der Volkswirtschaft hat überwiegend, aber eben nicht nur in

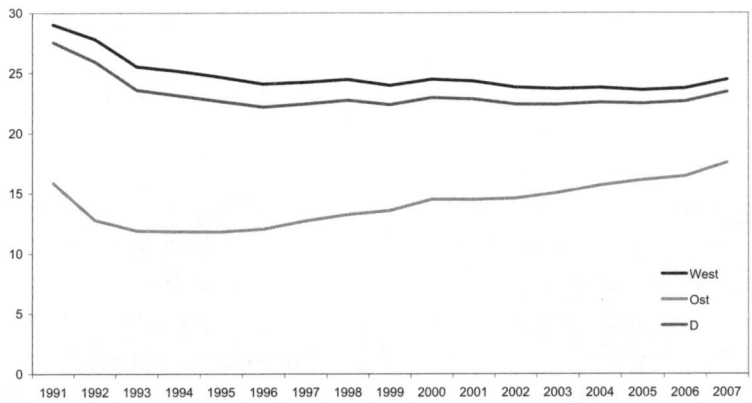

Abb. 4: Industrieanteile in West- und Ostdeutschland
Anteil des Verarbeitenden Gewerbes an der gesamten Bruttowertschöpfung
in Prozent   Quellen: VGR der Länder; IW Köln

konjunkturell besonders schwachen Jahren stattgefunden. Von
1991 bis 2005 weist der Arbeitsplatzsaldo im Verarbeitenden Gewerbe sogar fast durchgängig ein Minus auf. Allein 1992 sind in
Deutschland 790 000 Industriejobs verschwunden, in den fünf
folgenden Jahren noch einmal gut 1,5 Millionen.

Dieser dramatische Stellenabbau war natürlich auch eine Folge der raschen Aufgabe unproduktiver Industrien in der ehemaligen DDR. Gleichwohl wäre es ein Missverständnis, den Trend
zur Deindustrialisierung in der ersten Hälfte der neunziger Jahre allein auf die Wiedervereinigung zurückzuführen. Denn der
Anteil der neuen Bundesländer an der gesamtdeutschen industriellen Wertschöpfung ist bereits seit 1991 wieder kontinuierlich gestiegen – von 6,2 Prozent auf 10,4 Prozent im Jahre 2004.

Schon in der zweiten Hälfte der Neunziger waren dann auch
insgesamt Zeichen einer Trendumkehr zu erkennen. Vor allem
seit 1998 verlangsamte sich der Job-Abbau im industriellen Sektor. 2007 und 2008 hat die Zahl der sozialversicherungspflichtig
Beschäftigten im Verarbeitenden Gewerbe sogar wieder leicht

zugenommen, und zwar zuletzt auf rund 7,1 Millionen. Diese Menschen bezogen rund 331 Milliarden Euro Arbeitnehmerentgelt, was einem Anteil von 28 Prozent an der Gesamtlohnsumme gleichkommt. Damit entspricht die Summe der Einkommen in der Industrie anteilig nahezu ihrem Beitrag zur gesamtwirtschaftlichen Wertschöpfung. Und das wiederum heißt: Dank ihrer höheren Produktivität gegenüber dem Dienstleistungssektor tragen verhältnismäßig weniger Beschäftigte in der Industrie überdurchschnittlich zum Wohlstand in der Bundesrepublik bei. Dieser erfreuliche Trend wird im laufenden Abschwung sicher gebremst, doch die erhöhte Flexibilität des Arbeitsmarktes und der dramatische Fachkräftemangel werden einem allzu starken Abbau der Beschäftigung entgegenwirken.

Starke Verflechtung von Industrie und Dienstleistung

Die merkliche Renaissance der Industrie in Deutschland hat jedoch nur noch wenig mit traditionellen Bildern von rauchenden Schloten und ratternden Fließbändern zu tun. Heute ist die Industrieproduktion zu großen Teilen nicht mehr Hand-, sondern Kopfarbeit. Während Henry Ford noch seinen Unmut darüber äußerte, warum er »immer einen ganzen Menschen« bekomme, wenn er doch eigentlich »nur ein paar Hände einstellen« wolle, und damit unbewusst, aber überdeutlich den unqualifizierten und unmündigen Arbeiter als kleines Rädchen in der großen Produktionsmaschinerie beschrieb, sind heute mehr denn je qualifizierte Wissensarbeiter gefragt. Wenn wir also vom industriellen Sektor, vom Verarbeitenden oder, weiter gefasst, vom Produzierenden Gewerbe sprechen, so darf man keineswegs den Fehler machen, dabei nur an Menschen zu denken, die direkt etwas herstellen. Was Industrieunternehmen an andere

Unternehmen oder an den Handel verkaufen, sind zwar überwiegend physische Güter. Und doch steht weniger als die Hälfte der industriellen Arbeitnehmer an der Werkbank. Management, Finanzen, Forschung und Entwicklung, Marketing, Vertrieb, Kundendienst – in jedem Produktionsunternehmen werden nämlich seinerseits eine große Zahl von Dienstleistungen erbracht.

Hinzu kommt, dass bei vielen Herstellern komplexer technischer Produkte, vor allem im Maschinenbau oder der Elektroindustrie, der Anteil von Dienstleistungen auch im Geschäft mit den Kunden immer wichtiger wird. Ohne Beratung, Planung, Software-Entwicklung, Schulung oder die Implementierung von Maschinen und Anlagen vor Ort ist Hochtechnologie heute nicht mehr zu verkaufen. Aus den genannten Leistungen entstehen daher in wachsendem Maße umsatzrelevante Angebote. Der Zentralverband Elektrotechnik und Elektroindustrie (ZVEI) hat erhoben, dass im Jahr 2000 der Anteil von Dienstleistungen am Gesamtumsatz der Branche bei 22,5 Prozent lag. Davon wurden allerdings nur 27 Prozent explizit auf der Rechnung ausgewiesen, rund drei Viertel dagegen versteckt in Produktpreisen verrechnet. Eine ähnliche Erhebung des Verbands Deutscher Maschinen- und Anlagenbauer im selben Jahr ergab, dass auch im Maschinenbau rund ein Fünftel des Umsatzes direkt oder indirekt produktbezogenen Dienstleistungen, hauptsächlich Schulungen, entspringt.

Während daher zwar ein Viertel aller Beschäftigten bei Industrieunternehmen angestellt ist, üben nur noch rund zwölf Prozent herstellende Tätigkeiten aus. Anders gesagt: Tatsächlich arbeiten schon heute 88 Prozent (!) aller deutschen Erwerbstätigen in Dienstleistungsberufen – und zwar völlig unabhängig davon, welchen Branchen ihre Wertschöpfung oder ihre Einkommen statistisch zugerechnet werden (Abb. 2).

Was sich in der Wirtschaftsstatistik als klares Entweder-oder darstellt, ist also in der Realität ein mannigfaltiges Sowohl-alsauch: Industrie- und Dienstleistungsgesellschaft sind auf vielschichtige Weise miteinander verflochten. Man könnte geradezu von einer symbiotischen Beziehung zwischen beiden Sektoren sprechen.

Diese Symbiose ist denn auch der eigentliche Grund für die Impulskraft der starken industriellen Kerne unserer Volkswirtschaft. Unabhängig von ihrer nominalen Größe schaffen sie überdurchschnittlich viele Jobs in ihrem Umfeld. Anders gesagt: Moderne Fabriken sind die Durchlauferhitzer der ›postindustriellen‹ Wissens- und Dienstleistungsgesellschaft. Und zwar in vier Hinsichten: als Triebkraft des Dienstleistungswachstums, als Lokomotive des Außenhandels, als Motor von Innovationen und als Kraftwerke regionaler Cluster.

Die Industrie als Triebkraft des Dienstleistungswachstums

Gemeinhin denkt man bei Dienstleistungen an Kaufhäuser und Supermärkte, an Banken und Versicherungen, an Bus und Bahn, seinen Friseur oder an seine – natürlich sozialversicherte – Putzfrau. Doch auch Werbeagenturen oder Unternehmensberatungen sind Dienstleistungsunternehmen. Architekten planen Büro- und Industriegebäude, Ingenieurbüros entwickeln neue Produkte und Verfahren, Autovermieter machen den Großteil ihrer Geschäfte nicht mit Privatkunden, sondern mit Unternehmen. Die wichtigste Publikation des Handels in Deutschland ist nicht »Aldi informiert« oder der IKEA-Katalog, sondern eine früher einmal achtbändige Schwarte, die heute nur noch als CD-ROM erhältlich oder als Suchmaschine im Internet zugänglich ist: Wer liefert was, der von allen Einkäufern der Republik genutzte Bezugsquellennachweis für gewerbliche Güter. Und natürlich ist auch ein großer Teil der Brummis auf Deutschlands Straßen im Auftrag der Industrie unterwegs. Mit einem Wort: Das Verar-

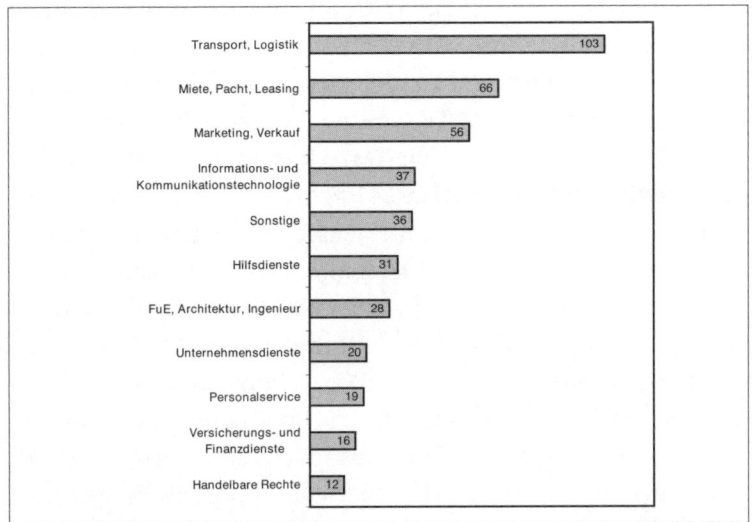

Transport, Logistik	103
Miete, Pacht, Leasing	66
Marketing, Verkauf	56
Informations- und Kommunikationstechnologie	37
Sonstige	36
Hilfsdienste	31
FuE, Architektur, Ingenieur	28
Unternehmensdienste	20
Personalservice	19
Versicherungs- und Finanzdienste	16
Handelbare Rechte	12

Abb. 5: Dienstleistungsnachfrage der Unternehmen in Deutschland
Dienstleistungskäufe ausgewählter Wirtschaftbereiche nach
Dienstleistungsarten, 2003, in Milliarden Euro   Quelle: Tümmler, 2005

beitende Gewerbe ist mit Abstand der größte Einkäufer von
Dienstleistungen (Abb. 5).

Das Statistische Bundesamt hat 2005 im Rahmen einer Sonderauswertung einmal genau nachgerechnet: Mit einer Summe
von 168 Milliarden Euro hat die deutsche Industrie im Jahr 2003
rund vierzig Prozent aller von der Wirtschaft nachgefragten
Dienstleistungen eingekauft. Mit 99 Milliarden folgen die Verkehrs- und Kommunikationsunternehmen bereits mit deutlichem Abstand, dann Handel und Gastgewerbe mit 82 Milliarden. Der Öffentliche Dienst (15 Milliarden) und die Bauwirtschaft
(11 Milliarden) tragen zur Dienstleistungsnachfrage der Wirtschaft erstaunlich wenig bei. Nur zum Vergleich: Die Konsumausgaben der privaten Haushalte in Deutschland betrugen im
selben Jahr 1288 Milliarden Euro, wovon rund 900 Milliarden
auf Dienstleistungen, davon wieder 300 Milliarden auf Mieten
und Nebenkosten entfielen.

Noch deutlicher wird die starke Stellung des Verarbeitenden Gewerbes als Abnehmer von Dienstleistungen, wenn man sich klarmacht, dass fast zwei Drittel aller Dienstleistungen für industrielle Bereiche wie Forschung, Entwicklung und Ingenieurwesen erbracht werden. Dazu kommen 59 Prozent aller Personaldienstleistungen und 41 Prozent aller Versicherungs- und Finanzdienste. Im Schnitt machen Deutschlands Dienstleister vierzig Prozent ihrer Geschäfte mit der Industrie.

Was neben diesem quantitativen Aspekt noch viel wichtiger ist: Eine große Zahl von Dienstleistungen, die einen hohen Beitrag zur gesamtwirtschaftlichen Wertschöpfung leisten, gäbe es ohne Nachfrage seitens der Industrie überhaupt nicht. Das Verarbeitende Gewerbe vernichtet also nicht etwa Jobs. Es schafft in den übrigen Bereichen der Wirtschaft überdurchschnittlich viele Stellen, die anders nie entstehen würden.

Das wird auch deutlich, wenn man die Entwicklung des so-

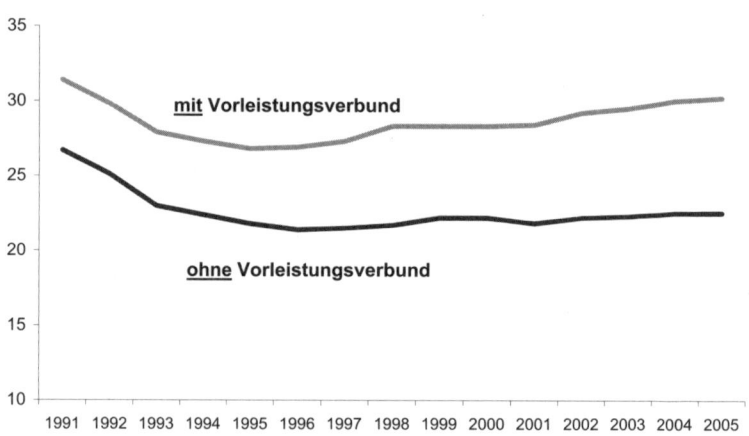

Abb. 6: Industrie und Vorleistungsverbund
Anteil des Verarbeitenden Gewerbes an der Bruttowertschöpfung in Prozent mit und ohne Berücksichtigung des Vorleistungsverbundes (Nettobezüge von anderen Sektoren)
Quelle: Statistisches Bundesamt; IW Consult

genannten Vorleistungsverbundes zwischen Industrie- und Dienstleistungssektor betrachtet. Dieser beschreibt die Wertschöpfung, die aus der Zusammenarbeit beider Wirtschaftsbereiche entsteht. Ohnehin liegt der Anteil der Vorleistungen, also der nicht im eigenen Unternehmen erbrachten Wertschöpfung, in der Industrie sehr hoch. Im Schnitt beträgt die Vorleistungsquote im Verarbeitenden Gewerbe 67 Prozent, in einigen Branchen sogar deutlich über 70 Prozent. Anders gesagt: Gut zwei Drittel ihrer Leistungen kaufen Deutschlands Fabriken zu. Dabei liegt diese Quote in der Wirtschaft insgesamt bei 49 Prozent, im Dienstleistungssektor nur bei 37 Prozent.

In den genannten 67 Prozent Vorleistungen steckt ein großer Teil, der von anderen Industrieunternehmen erbracht wird, sei es im In- oder Ausland. Dieses als Outsourcing bekannte Phänomen gilt allgemein als Jobkiller par excellence. Doch die Auslagerung von großen Teilen der Produktion in externe Unternehmen, die vor allem in der zweiten Hälfte der neunziger Jahre stark zugenommen hatte, ist seit der Jahrtausendwende praktisch zum Stillstand gekommen. In etlichen Branchen zeichnet sich der Trend ab, sich bestimmter Arbeiten und Abläufe lieber wieder selbst anzunehmen. Was zu den sogenannten Kernkompetenzen eines Unternehmens zählt und was nicht, das unterliegt eben auch dem technischen Wandel.

Ganz anders sieht es aus, wenn man die geschäftlichen Verflechtungen der Industrie mit anderen Wirtschaftsbereichen, und hier hauptsächlich dem Dienstleistungssektor betrachtet (Abb. 6). Die Gesamtleistung dieses Vorleistungsverbundes steigt seit 2001 spürbar an. Liegt der Anteil der Industrie an der gesamten inländischen Wertschöpfung seit Jahren stabil zwischen 22 und 23 Prozent, ist der entsprechende Anteil des Vorleistungsverbundes seit 2001 von gut 28 Prozent auf über dreißig Prozent gewachsen. Die um eingekaufte Dienstleistungen erweiterte Industrie sorgt also für fast ein Drittel der gesamtwirtschaftlichen Wertschöpfung in Deutschland. 2004 lieferten die Dienstleistungsunternehmen für fast 300 Milliarden Euro Vorleistungen an die Industrie und bezogen im Gegenzug Güter im Wert von rund 150 Milliarden Euro. Der Vorleistungssaldo von 150 Milliarden entspricht damit immerhin 7,4 Prozent der bundesdeutschen Wirtschaftsleistung eines Jahres.

Die Industrie als Lokomotive des Außenhandels

Noch, das heißt im Jahre 2008, ist Deutschland bekanntlich knapp vor der Volksrepublik China Exportweltmeister. Auch diese über viele Jahre behauptete Position erklärt sich ausschließlich aus dem Beitrag der deutschen Industrie. Mit anderen Worten: Die Bundesrepublik ist Weltmeister im Warenexport. Nimmt man jedoch das ebenfalls zunehmend internationale Geschäft mit Dienstleistungen hinzu, dann heißt der globale Ausfuhr-Champion Amerika.

Zwar sind in allen entwickelten Industrieländern Dienstleistungsmärkte überwiegend Binnenmärkte, da beim Großteil der Dienstleistungen Erbringung und Konsum räumlich und zeitlich meist nur schwer zu trennen sind. Doch in wirtschaftlich immer bedeutenderen Branchen, etwa der Informations- und Kommunikationstechnik, der Beratung, in Werbung und Marketing oder bei Finanzdienstleistungen, werden Leistungen längst nicht mehr im gleichen Land erbracht, in dem sie auch nachgefragt werden. Die berühmt-berüchtigten Callcenter in Irland oder Indien sind nur die Spitze dieses Eisbergs. Gleichwohl: Während auf Dienstleistungen weltweit rund zwei Drittel der Wertschöpfung entfallen, beträgt ihr Anteil am globalen Export im Schnitt nur knapp ein Fünftel.

In Deutschland ist dieser Abstand freilich besonders ausgeprägt. Einem Wertschöpfungsanteil des Dienstleistungssektors von siebzig Prozent steht ein Ausfuhranteil von nur 13 Prozent gegenüber. Im Falle der Vereinigten Staaten oder Frankreichs schlagen die Dienstleistungsexporte mit deutlich mehr als einem Viertel zu Buche, in Großbritannien oder – bedingt durch den Tourismus – in Spanien mit fast einem Drittel. Worauf die Stärke des deutschen Exports beruht, wird schließlich auch durch die Zusammensetzung der Warenexporte selbst unterstrichen. Laut Definition der OECD spricht man dann von Spitzentechnologie, wenn die produzierenden Unternehmen mehr als 8,5 Prozent ihrer Wertschöpfung für Forschung und Entwicklung ausgeben. Solche Werte werden etwa in der Luft- und Raumfahrt, in der Pharmazeutischen Industrie oder der Informations- und Kommunikationstechnik erreicht. Der Anteil dieser Branchen am Export bleibt in Deutschland mit knapp zwanzig Prozent eher gering. Spitzenreiter ist hier Irland mit 55 Prozent, aber auch Südkorea, Großbritannien oder die USA erreichen Anteile von rund einem Drittel. Dagegen ist die Bundesrepublik zusammen mit Japan besonders stark im Export von Hochtechnologie, die laut OECD-Definition durch Forschungs- und Entwicklungsausgaben zwischen 3,5 und 8,5 Prozent der Bruttowertschöpfung gekennzeichnet ist. Hier kommt die deutsche Wirtschaft auf einen Exportanteil von 49 Prozent, womit wir nur knapp hinter Japan mit 51 Prozent liegen. Die dahinterstehenden Branchen bilden denn auch traditionell das Rückgrat des deutschen Exports: Fahrzeugbau, Maschinenbau und Chemische Industrie. Zugleich erhellt dieser Umstand, warum die Bundesrepublik stets stark von einer guten Weltkonjunktur profitiert: Brummt diese, steigt besonders die Nachfrage nach Investitionsgütern – und hier ist Deutschland eben nicht die Werkbank der Welt, sondern das Land, das der Welt die Werkbänke liefert.

Auch regional sind die Auswirkungen dieser Lokomotivfunktion für den Export von Hochtechnologien gut zu erkennen. Und zwar nicht nur an der annähernden Vollbeschäftigung in vielen Regionen Baden-Württembergs oder Nordrhein-Westfalens mit ihrem traditionell starken Maschinen- und Anlagenbau. Auch die Region um Dresden etwa hat sich in den letzten Jahren in die Spitzengruppe der zehn wirtschaftlich stärksten Ballungszentren der Republik vorgearbeitet – dank eines starken mittelständischen Maschinenbaus, der vor allem von Exporten in die dynamisch wachsenden Schwellenländer China und Indien profitiert.

Die Industrie als Motor von Innovationen

Der Begriff der Innovation ist durch eine häufige, manchmal auch beliebige Verwendung leider zur Worthülse verkommen. Fast kann man den Eindruck gewinnen, dass jeder, der bloß sagen möchte, er halte etwas für wichtig oder wünschenswert, seinem Anliegen fix das Etikett ›innovativ‹ aufklebt. Doch der umgangssprachliche Verschleiß des Wortes entwertet die dadurch bezeichnete Tatsache nicht: Die Wirtschaftskraft eines Landes hängt sehr wesentlich von seiner Fähigkeit ab, ständig Neues zu erfinden. Neue Produkte, Verfahren oder Dienstleistungen eröffnen neue Märkte, schaffen neue Jobs und verbessern früher oder später die Lebensqualität der Menschen.

Auch wenn dieser Befund als solcher alles andere als erstaunlich ist: Eine Öffentlichkeit, die bei Innovationen bloß an ABS, schwer bedienbare DVD-Recorder oder undurchsichtige Handytarife denkt, muss immer wieder daran erinnert werden, dass hinter jedem neuen Produkt und jeder neuen Dienstleistung eine lange Reihe von Forschungen und Entwicklungen steht. Das wenigste davon sehen wir Verbraucher direkt. Aber kaum etwas, das unser Leben sicherer, bequemer, unterhaltsamer, abwechslungsreicher, manchmal gewiss auch lauter, lästiger und verwirrender macht, hätte je den Weg zu uns gefunden, wenn sich nicht zuvor Denker, Forscher oder Ingenieure den Kopf über neue Techniken und Verfahren zerbrochen hätten.

In der nüchternen Wirtschaftsstatistik tauchen all diese am

Ende lebensweltlich bedeutenden Entwicklungen nur als schnöde Zahlen auf: als Ausgaben für Forschung und Entwicklung. Doch kaum eine Kennziffer belegt deutlicher die Vorreiterrolle der deutschen Industrie für die Wirtschaft. 2005 gab das Verarbeitende Gewerbe in Deutschland insgesamt 43,7 Milliarden Euro für Forschung und Entwicklung aus. Der Dienstleistungssektor kam auf knapp vier Milliarden. Damit entfallen in unserem Land rund 92 Prozent aller entsprechenden Investitionen auf die Industrie. Zwar hat sich der Anteil des Dienstleistungssektors an den Forschungs- und Entwicklungsausgaben seit Anfang der neunziger Jahre verdoppelt, tritt aber seit der Jahrtausendwende auf weiterhin relativ niedrigem Niveau auf der Stelle. Dagegen legte die Industrie bei den Ausgaben für Forschung und Entwicklung in den vergangenen Jahren kräftig zu.

Daher ist es auch wenig erstaunlich, dass von den gut 300 000 Beschäftigten, die in diesem Bereich tätig sind, rund neunzig Prozent auf den Gehaltslisten von Industrieunternehmen stehen. Diese wenden im Schnitt fünf Prozent ihres Umsatzes für Forschung und Entwicklung auf. Bei unternehmensnahen Dienstleistern sind es 3,3 Prozent, bei Dienstleistungen wie Handel, Verkehr oder Grundstückswesen gerade einmal 0,7 Prozent. Wofür der Dienstleistungssektor dagegen zweifellos sorgt, ist, dass Innovationen zum Kunden kommen – und viele wichtige Impulse für Neuerungen und Verbesserungen vom Kunden zur Industrie.

Nur dort allerdings können die Dinge auf die Schiene gesetzt werden. Wenn also der neue LCD-Fernseher auch in China oder Korea gebaut, die modischen Turnschuhe in Vietnam zusammengenäht werden – die industriellen Innovationen, die das möglich machen, stammen aus Hochlohnländern wie der Bundesrepublik. Bis zur großen Stahlkrise Anfang der achtziger Jahre war Deutschland noch ein großer Produzent von Massenstahl, im neuen Jahrhundert konzentrieren sich die verbliebenen, dafür hochwettbewerbsfähigen hiesigen Stahlunternehmen auf Qualitäts- und Spezialstähle. Und Autohersteller importieren die Motorenblöcke oder Getriebe als Vorleistungen, morgen oder übermorgen bauen wir vielleicht nicht einmal mehr Oberklassewagen im eigenen Land zusammen. Aber gerade wenn wir die Fertigung von Konsumgütern anderen überlassen, müssen wir in der Lage sein, diese Produzenten mit den modernsten Anlage- und Investitionsgütern auszurüsten. Und auch hier verändert sich, salopp gesagt, das Verhältnis von Inspiration und Transpiration: In der Hoch- und Spitzentechnologie geht es zunehmend um Prozessmanagement, weniger um die eigentliche Produktion von Maschinen und Anlagen.

Hier liegt der Grund, warum wir dringend mehr Anreize für die Ausbildung von Mathematikern, Ingenieuren, Naturwissenschaftlern und Technikern schaffen müssen. In diesen sogenannten MINT-Fächern tritt Deutschland nämlich im internationalen Vergleich seit zehn Jahren auf der Stelle. Während etwa in Finnland fast 1800 Menschen pro 100 000 Erwerbstätigen im Alter zwischen 25 und 34 Absolventen der MINT-Fächer sind, in Großbritannien 1700 und in Frankreich 1600, sind es in Deutschland gerade einmal 720 – und so viele waren es auch schon 1998. Dagegen haben andere führende Industrieländer ihre Quote an Naturwissenschaftlern und Ingenieuren in den letzten zehn Jahren kräftig gesteigert – und zwar mit Raten zwischen zehn und fünfzig Prozent.

Man muss es so hart sagen: Wenn die hiesige Bildungspolitik nicht schleunigst umdenkt, wenn nicht etliche der jungen Menschen, die zum Beispiel »am liebsten was mit Medien« machen würden, ihre Berufsperspektiven auf den Prüfstand stellen, dann wird Deutschland seine bislang tragende Innovationskraft verlieren. Und das heißt: Wir verspielen das einzige Pfund, mit dem wir in einer globalen Wirtschaft auch künftig wuchern könnten. Das ist für ein Land, das – zu Recht – viel auf seine kulturellen Traditionen und Werte hält, das über eine der reichsten Theaterlandschaften der Welt sowie über eine große Zahl bedeutender Museen verfügt und in dem jedes Jahr fast 100 000 neue Bücher verlegt werden, leider keine selbstverständliche Erkenntnis. Gewiss erzielen auch deutsche Künstler in den Galerien von New York oder Tokio Höchstpreise. Aber den deutschen Roman, der zum internationalen Bestseller wurde, haben wir leider in jüngerer Vergangenheit viel zu selten gesehen. Die letzte Fernsehserie aus deutscher Produktion, die weltweit verkauft wurde, drehte sich um den betulichen Inspektor Derrick. Maschinen und Anlagen, Werkstoffe und technische Teile aus Deutschland dagegen bescheren uns Hunderte globale Hidden Champions. Wir halten es daher nicht für eine wirklich offene Frage, worauf Deutschland verstärkt setzen sollte. Übrigens scheinen inzwischen auch deutsche Studienanfänger die Botschaft nicht nur zu hören, sondern ihr Glauben zu schenken: 2007 stieg die Anzahl der ingenieurwissenschaftlichen Studienanfänger, gegenüber dem Vorjahr um neun Prozent. Mathematik und Naturwissenschaften konnten ebenfalls leicht zulegen.

Die Industrie als Kraftwerk regionaler Cluster

Bewohner größerer Städte kennen wenn nicht den Begriff, so doch vermutlich das Phänomen des sogenannten Clustering. Ob Coffee-Shop, Parfümeriekette oder der bekannte schwedische Textileinzelhändler, sehr oft kommt man während seines Stadtbummels an auffällig vielen Läden der gleichen Firma in auffällig bequemer Laufweite vorbei. Der Zweck dieser auf den ersten Blick wenig abwechslungsreichen Zerstreuung von Einkaufsflächen ist nicht schwer zu durchschauen: In eines der Geschäfte wird der unschlüssige Kunde früher oder später hineingehen. Mehrere kleinere statt einer großen Filiale erzeugen einen beachtlichen Gesamtumsatz. Nicht anders ist es mit der räumlichen Ballung von an sich konkurrierenden Geschäften. Am Ende haben nämlich alle Schuhgeschäfte oder Boutiquen etwas davon, wenn sie an der gleichen Straße um kaufwillige Konsumenten buhlen.

Standortverbünde ermöglichen auch der Industrie, Synergien zu nutzen. Auf vergleichsweise engem Raum konzentrieren sich hier Netzwerke von Unternehmen, Zulieferern und Dienstleistern aus der gleichen oder nahe verwandten Branchen, dazu wissenschaftliche Institute, Universitäten, Fachhoch- oder Fachschulen, deren Forschungsschwerpunkte und Ausbildungsgänge einen möglichst direkten Bezug zur benachbarten Industrie haben. Grundlagenforschung, anwendungsorientierte Forschung und Ausbildung von Fachkräften können so Hand in Hand mit der gewerblichen Fertigung gehen.

Dass der Leistungsverbund von Wissenschaft, Industrie, Zulieferern und industrienahen Dienstleistungen in hohem Maße Werte und Arbeitsplätze schafft, haben wir bereits ausführlich gezeigt. Im Falle regionaler Cluster freilich potenzieren sich diese Effekte. Nicht nur sind die Wege kurz und die Transaktionskosten damit niedrig. Es entsteht ein allgemein zugänglicher Pool spezieller Qualifikationen, von dem alle Beteiligten profitieren, und die räumliche Nähe erleichtert den Austausch von Wissen und Erfahrungen. Wenn sich eine Region auf eine bestimmte Technologie oder eine Branche spezialisiert und die dafür passende Infrastruktur aufgebaut hat, entstehen in solchen lokalen oder regionalen Verbünden Synergien, die durch nationale oder internationale Geschäftsbeziehungen nicht erreichbar wären. Mehr noch: In solchen Netzwerken haben auch Industrien und Dienstleistungen eine Chance, die auf sich allein gestellt überhaupt nicht überleben könnten. Beispiele für solche regionalen Cluster sind neben dem stets zitierten Maschinenbau in Baden-Württemberg etwa der Bankenplatz Frankfurt, die Automobilzulieferer in Südwestfalen oder auch die Audi AG in Ingolstadt, die Lebensmittelindustrie im Neußer Raum (»Food City«) oder die Opto-Elektronik in Jena. Im Zentrum stehen fast immer Industrieunternehmen. Auffällig ist, dass ihr Erfolg sogar oft von der Entwicklung eines einzigen strukturbestimmenden Leitunternehmens abhängt. Damit wirken Cluster wie

›Klebstoff‹ für den Industriestandort Deutschland, weil sie der Zerlegung von Wertschöpfungsketten entgegenwirken. Untersuchungen belegen, dass sich in Clusterstrukturen organisierte Industriebranchen wirtschaftlich besser entwickeln als andere. Voraussetzungen für solche Verbünde sind:

- eine gewisse Mindestdichte, das heißt ein gewisser Beschäftigungsanteil einer Branche in einem Gebiet, und eine gewisse Mindestgröße der dort angesiedelten Unternehmen im Verhältnis zur gesamten Branche;
- ein hinreichend großes, auch überregional offenes Netz von Zulieferern und Abnehmern, Infrastrukturanbietern und Dienstleistern, dazu Bildungseinrichtungen und Verbände;
- ein ausreichender Ressourcenpool, vor allem eine hohe Zahl entsprechend qualifizierter Arbeitskräfte, und ein dichtes Angebot an Arbeitsplätzen, ferner genügend relevante Forschungseinrichtungen und Firmensitze im entsprechenden Gebiet. Wo die Produktivität von Unternehmen hoch ist und wo überwiegend für den Export produziert wird, sind diese Bedingungen häufig besonders gut erfüllt.

In Gebietskörperschaften oder Regionen, wo die genannten Bedingungen für die Bildung industrieller Cluster gegeben sind, entwickelt sich die Beschäftigung signifikant besser als andernorts. In Branchen wie dem Maschinen- oder Fahrzeugbau, aber auch der Biotechnologie, die besonders stark zur Ausbildung regionaler Cluster tendieren, verlief die Beschäftigungsentwicklung sogar bis zu drei Mal dynamischer.

Insgesamt bestätigt sich auch im Cluster-Konzept der Befund, nach dem der enge Verbund von Industrie und Dienstleistungen entscheidend für Wachstum, Beschäftigung und Wohlstand ist. Starke industrielle Kerne schaffen Märkte für vor- und nachgelagerte Bereiche im Dienstleistungssektor und stabilisieren so die Wirtschaft ganzer Regionen. Salopp gesagt: Wo eine strukturbestimmende Industrie floriert, da wachsen andere Gewerbe, industrienahe Dienstleistungen, dann das lokale Handwerk und schließlich auch der Bäcker um die Ecke. Und wo es den industriellen Kernen schlechtgeht, da schließt am Ende auch der Supermarkt.

Eine genaue und vorurteilsfreie Analyse zeigt, dass Strukturwandel etwas Positives ist, das in die Zukunft trägt. Der Wandel von der alten Massengüterindustrie hin zu Planung und Fertigung von Hochtechnologie und zu anspruchsvollen, wertintensiven Dienstleistungen ist von den Deutschen sehr erfolgreich gemeistert worden. Diejenigen, die diesen Wandel mitvollzogen haben, haben überlebt. Die im Alten verharrt haben, sind untergegangen.

Die erheblichen, sich eher verstärkenden als abnehmenden Unterschiede zwischen einzelnen Branchen und Regionen zeigen aber auch, dass alle Konzepte zur Herstellung gleicher Lebensverhältnisse im gesamten Land illusorisch sind. Stets gilt es, die Rahmenbedingungen für die Stärkung regionaler Stärken zu verbessern, statt strukturelle Schwächen durch eine Industrie- und Ansiedlungspolitik vom Kirchturm her kompensieren zu wollen. Denn das würde nur mehr bedeuten, sich Wissen über eine offene Zukunft anzumaßen. Letztlich ist es sehr simpel: Wo die wirtschaftliche Dynamik dank starker industrieller Kerne hoch ist, da entstehen Arbeitsplätze und Zukunftschancen für viele Menschen. Wo sie es nicht ist, da werden viele Menschen auf Dauer abwandern. Ob in solchen schrumpfenden Regionen auf lange Sicht eher der Tourismus aufblüht oder die Populationen von Bibern und Wölfen, das wird sich weisen müssen. Möglicherweise bilden sich hier auch Rückzugsräume, wie sie eine alternde Gesellschaft besonders schätzt.

Auch wenn die Industriestärke Deutschlands auf der europäischen Ebene oft Unverständnis auslöst: Das Land ist anpassungsfähig und strukturell gut für den globalen Wettbewerb gerüstet. Die Rahmenbedingungen für diese Logik permanenter Veränderungsbereitschaft gilt es weiter zu verbessern und dauerhaft zu sichern. Dann kann die Botschaft auch in Zukunft lauten, dass wir dem Strukturwandel alles andere als hilflos gegenüberstehen.

IV.
Deutschland vor neuen wirtschaftlichen und gesellschaftlichen Herausforderungen

»Ist der Kapitalismus noch zu retten?« Diese Frage stellte die Polit-Talkerin Maybrit Illner im September 2008 quasi stellvertretend für unsere Nation. Ausgelöst durch die Krise auf dem amerikanischen Immobilien- und Finanzmarkt wurde von allen Seiten kräftig auf geldgierige Abzocker eingeprügelt, die erst ihre Gewinne privatisierten und anschließend ihre Verluste sozialisierten. Die konservative Kanzlerin schimpfte mit den USA, weil die Amerikaner lange von ihren Finanzmarktstrukturen profitiert hätten, die Reparaturkosten für deren Versagen aber auf die ganze Welt verteilen wollten. Der sozialdemokratische Finanzminister machte eine unverantwortliche Überhöhung eines zügellosen Renditestrebens ohne ausreichende Regulierung für die Misere verantwortlich. Alte ideologische Fronten brachen beinahe über Nacht im vereinten Kampf gegen den Klassenfeind zusammen: gegen die raffgierigen Kapitalisten. Und eine mindestens seit Mitte der neunziger Jahre gepflegte Reformrhetorik, in deren Mittelpunkt Flexibilisierung des Arbeitsmarktes, Deregulierung, weltweite Marktöffnung, Privatisierung und ein Umbau der sozialen Sicherungssysteme standen, traf auf einmal beim Publikum nicht nur auf ermüdete, sondern auf gänzlich taube Ohren. Mit aller Wucht, so schien es, schlug das Pendel der Geschichte von einer längeren Phase liberaler Marktwirtschaft in Richtung stärkerer Staatsintervention zurück. Selbst Anwandlungen mehr oder minder orthodox marxistischer Analysen und Rezepturen werden vom Mainstream der öffentlichen Meinung wenn nicht geteilt, so doch zumindest goutiert.

Strukturwandel und Globalisierung verschärfen den Standortwettbewerb

In der jüngeren Vergangenheit wog der Widerspruch zwischen lange erkannten Reformnotwendigkeiten und einer historisch geprägten Distanz der Deutschen gegenüber der Kultur eigenverantwortlicher Entscheidungen besonders schwer. Die Finanzmarktkrise des Herbstes 2008 hat das wie unter einem Brennglas verdeutlicht. Und die Rahmenbedingungen von Wirtschaft und Gesellschaft wandeln sich weiterhin rasant.

Weder stoppt die Bankenkrise den Aufstieg Chinas und Indiens, der asiatischen Tigerstaaten oder Brasiliens in die Reihe der führenden Wirtschaftsnationen der Welt – und damit auch nicht die Globalisierung als solche und ihre zunehmende internationale Arbeitsteilung. Noch hat die Bankenkrise Einfluss auf den Strukturwandel der Marktwirtschaft von einer überwiegend arbeitsintensiven zu einer überwiegend wissensintensiven Produktion. Noch hat sie irgendetwas damit zu tun, dass wir unsere Lebens- und Arbeitsweise langfristig von der sorglosen Verbrennung fossiler Ressourcen auf eine nachhaltige Energieversorgung umstellen müssen. Keine Frage: Das Platzen der US-Hypothekenblase offenbarte ein Marktversagen. Die Ursachen dieser Entwicklung hingegen waren vor allem Fälle von Staatsversagen – wozu auch die zu lange geübte Niedrigzinspolitik der US-Notenbank zählt. Ebenso fraglos ist, dass Korrekturen im Bereich etwa der Bankenaufsicht, der Bilanzierungsrichtlinien oder des Haftungsrechts vorzunehmen sind. Aber an den grundsätzlichen Herausforderungen des Wandels in Wirtschaft und Gesellschaft ändert dies nichts.

Eine ständige Anpassung an diesen Wandel ist daher nicht nur weiter dringend erforderlich, sie muss unter zunehmendem Zeitdruck stattfinden. Das ist nicht nur ein Problem für die menschliche Mentalität, die einen tief verankerten Hang zum

Langsamen, Behutsamen, Berechenbaren und Bewährten hat. Und es ist nicht allein ein Problem moderner Politik, deren komplizierte institutionelle Verflechtungen und Abstimmungsprozesse sie quasi zum Experten für Entschleunigung machen. Es ist auch ein Problem dynamischer Marktwirtschaften selbst.

Vor allem kapitalintensive Branchen brauchen eine gewisse Zeit für Strukturanpassungen. Fabriken, Maschinen und Anlagen lassen sich nicht über Nacht verlagern, austauschen oder erneuern. Mitarbeiter können und müssen ständig um- oder hinzulernen, aber auch dafür braucht es längere Fristen. Arbeitsplätze können zwar verlegt werden, aber dies bringt Konflikte und Kosten mit sich, von denen man oft nicht weiß, ob sie sich langfristig auszahlen. Gleichwohl werden den Menschen ständig hohe Anpassungsleistungen abverlangt. Kein Wunder, dass unternehmerische Fehler und Misserfolge dann erst recht Unsicherheit und Existenzangst sowie Zweifel am Funktionieren offener und freier Märkte verschärfen. Aber Strukturwandel verläuft nun einmal selten ohne Reibungsverluste, dafür häufig eruptiv und mit spürbaren Schmerzen für Unternehmen und Arbeitnehmer.

Schrumpfende Distanzen, wachsendes Wissen

Man kann diese Sorgen und Schmerzen moralisch adressieren. Dann macht man anonyme Großkonzerne, die Spekulanten an den internationalen Finanzmärkten oder die ›Heuschrecken‹, also die Investoren von Hedge-Fonds, Private-Equity-Firmen oder großen Staatsfonds für Firmenkrisen und Massenentlassungen verantwortlich. Doch unbeschadet grober Management- oder Strategiefehler, unbeschadet von phasenweiser Habgier oder Herdenmentalität an den Börsen, unbeschadet erst recht von einzelnen Korruptionsskandalen – Druck auf Wirtschaft und Gesellschaft übt der globale Wettbewerb im Wesentlichen aus zwei Gründen aus: aufgrund einer gigantischen Wissensintensivierung in allen Bereichen von Produktion und Dienstleistung sowie aufgrund dramatisch gesunkener Kosten für Logistik, Kommunikation und Transaktion in einer immer globaleren Marktwirtschaft. Die Freiheit der Individuen bricht sich im Zuge dieser Veränderungen in weit umfassenderer Weise Bahn als in den Zeiten von standardisierter Massenproduktion und Massenkonsum – und das löst einen erhöhten Anpassungsdruck aus.

Neue Technologien und – zumindest bis vor kurzem – niedrige Energie- und damit auch Transportpreise haben die Kosten der Raumüberwindung und der Kommunikation massiv verringert. Den Unternehmen fällt es daher wesentlich leichter, etablierte Anbieter auf weit entfernten Märkten unter Druck zu setzen. Das gilt für deutsche Betriebe, die weltweit Geschäfte machen. Das gilt aber auch für ausländische Unternehmen, die meist mit einfachen, günstigen Produkten auf dem deutschen Markt heimische Anbieter verdrängen. Gleichzeitig können die Unternehmen heute einfacher Teile ihrer Wertschöpfungskette ins Ausland verlagern, so dass Vorleistungen zunehmend in Niedriglohnländern erbracht werden. »Made in Germany« sind deshalb mitunter nur noch Produktentwicklung und Zusammenbau. Die enormen Entwicklungsunterschiede der miteinander konkurrierenden Volkswirtschaften erzeugen dabei eine neue Qualität des Standortwettbewerbs: Er ist schneller, härter und umfassender geworden.

Globalisierung und technischer Fortschritt treiben darüber hinaus gesamtwirtschaftliche Umwälzungen an: So verlief der Standortwettbewerb noch vor drei, vier Jahrzehnten fast ausschließlich über den Handel. Das hatte den großen Vorteil, dass Anpassungserfordernisse lediglich schleichend sichtbar wurden und zugleich nur punktuell auf die Produktionsstruktur einwirkten, aber nicht die gesamte Volkswirtschaft betrafen. In den sechziger Jahren gingen beispielsweise in der Textilindustrie massenhaft Arbeitsplätze verloren, weil die Deutschen zunehmend Kleidungsstücke kauften, die kostengünstiger im Ausland gefertigt worden waren. Wer seinen Job in der Textilindustrie verlor, hatte jedoch gute Chancen, in einer anderen Branche eine Arbeit zu finden, die seinen Qualifikationen entsprach. Heute ist das deutlich schwieriger. Die Veränderungen beschränken sich längst nicht mehr nur auf einzelne Wirtschaftszweige. Vielmehr hatte der Strukturwandel in Deutschland seit längerem und auf breiter Front zu einer massiven Abwanderung von Arbeitsplätzen mit geringen bis mittleren Qualifikationen sowie von Jobs mit einfachen Routinetätigkeiten geführt. Die Position des Weltmeisters im Warenexport konnte die deutsche Wirtschaft nur durch den Import billiger Vorleistungen erringen. Anders gewendet: Mit hohen Kosten für einfache Arbeit wäre Deutschland nie Exportchampion geworden. Zum Teil sind ein hohes Lohnniveau und eine unzureichende Lohnspreizung über einen langen Zeitraum hinweg dafür verantwortlich, dass wir kaum noch einfache Arbeit im Lande halten konnten. Den anderen Teil der Verantwortung dafür trägt ein Sozialhilfesystem, das die Illusion einer Vollabsicherung ohne eigene Anstrengung nährte.

Die Hoffnung, dass der oben skizzierte Strukturwandel revidierbar sei, ist illusorisch: Einmal exportierte Industriearbeitsplätze würden selbst bei völlig produktivitätsorientierten Löhnen für geringe und mittlere Qualifikationen zumindest kurzfristig nicht zurückkehren. Zudem wird das schon allein deshalb nicht der Fall sein, weil viele ökonomisch weniger entwickelte Länder unseren Export von Arbeitsplätzen mit geringerer Produktivität als hochgradige Chance begreifen und nutzen. Populäre Mythen von Sweatshops in der Dritten Welt, in denen Frauen und Kinder zu Hungerlöhnen ihr Dasein fristen müssen, liegen nämlich zu weiten Teilen neben der Realität. Ganze Volkswirtschaften ebenso wie ihre einzelnen Bürger profitieren merklich von der Globalisierung.

Der Internationale Währungsfonds hat der Frage, wie Globa-

lisierung auf die Entwicklung der Einkommen wirkt, 2007 eine
ausführliche Analyse gewidmet. Wir haben darauf bereits im
Einstiegskapitel Bezug genommen. Dabei zeigt sich in der Tat,
dass die Ungleichheit der Einkommensverteilung weltweit in
den vergangenen Jahrzehnten zugenommen hat. Ebenso wahr
ist aber auch, dass die durchschnittlichen Realeinkommen der
ärmsten Bevölkerungsgruppen gestiegen sind. Ungleichheit ist
relativ: Die Armen werden keineswegs ärmer, die Reichen werden nur reicher. Daran mag sich stören, wer will – die wirklich
Armen werden es vermutlich am wenigsten tun.

Hinzu kommt: Der weltweite Handel einerseits und die globalen Kapitalbewegungen andererseits haben ganz unterschiedliche Auswirkungen. Die Studie des IWF zeigt, dass der kräftig
expandierende Welthandel die Ungleichheit der Einkommen
sowohl in den Industrieländern als auch in den Entwicklungsländern mindert. Direktinvestitionen – und nichts anderes sind
ja abgewanderte Arbeitsplätze – verschärfen indes die Ungleich-
verteilung. In den Zielländern, wo die Nachfrage nach relativ
qualifizierter Arbeit steigt, und in den Ursprungsländern, wo die
Nachfrage nach gering qualifizierter Arbeit sinkt. Hier bestätigt
sich, was wir seit geraumer Zeit verspüren: Die Globalisierung
verlagert Arbeitsplätze, die in Industrieländern als gering qualifiziert gelten, in Entwicklungsländer, in denen sie zunächst als
anspruchsvoll begrüßt werden.

Deutschland ist ein Hochlohnland und ein Hochtechnologieland. Mit einfachen Massengütern sind wir deshalb schon
lange nicht mehr konkurrenzfähig auf dem Weltmarkt. Und von
Löhnen, die in Rumänien für das Zusammenschrauben von
Handys oder in Südostasien für das Nähen von Hemden und
Turnschuhen gezahlt werden, kann in Westeuropa niemand
leben. In einzelnen Branchen, etwa Teilen des konsumnahen
Dienstleistungsgewerbes, mögen deshalb an der Produktivität
orientierte Niedriglöhne im Zuge von Kombilohnmodellen auf-
gestockt werden müssen. Doch insgesamt kann ein Land mit un-

serer Wirtschaftsstruktur seine Anpassungsprobleme schlicht nicht mit Sozialpolitik, sondern einzig und allein mit Bildungspolitik lösen.

Bildung – die soziale Frage der Wissensgesellschaft

Seit Mitte der siebziger Jahre geistert immer mal wieder der Begriff der »Neuen Sozialen Frage« durch die wirtschafts- und sozialpolitischen Debatten. Entstanden vor dem Hintergrund des damals neuen Phänomens dauerhaft hoher Arbeitslosigkeit, den daraus resultierenden Krisensymptomen in den Sozialsystemen und ersten Anzeichen des demographischen Wandels, wird er heute eher unspezifisch verwendet. Einige betiteln mit dieser Überschrift noch immer die gesellschaftlichen Auswirkungen anhaltender Arbeitslosigkeit, andere sprechen unter diesem Rubrum über Rentenreform und Generationengerechtigkeit oder über Globalisierungsfolgen. Doch wenn der Begriff überhaupt Sinn machen soll, dann nur, wenn man von den wachsenden Unterschieden im Bildungsniveau als der »Neuen Sozialen Frage« des 21. Jahrhunderts spräche. Denn in der Wissensgesellschaft der Zukunft entscheiden nicht mehr Besitz, Klassen- oder Schichtenzugehörigkeit oder der Grad sozialer Absicherung über die gesellschaftliche und wirtschaftliche Stellung des Einzelnen, sondern seine Bildung. Schulversagen, fehlende berufliche Ausbildung und mangelnde Bereitschaft oder Fähigkeit zu lebenslanger Weiterbildung produzieren soziale ›Verlierer‹. Eine gute schulische und berufliche Ausbildung sowie passgenaue akademische Qualifikationen sind dagegen die Grundbedingung für wirtschaftlichen Erfolg, soziale (übrigens auch geographische) Mobilität und persönlichen Wohlstand. Bildung oder keine Bildung – das ist die Schicksalsfrage von heute.

Deutschlands Bildungssystem steht auch deswegen vor großen Herausforderungen, weil die bisherige Struktur von Bildungs- und Erwerbsbiographien ausgedient hat. Früher erlernten die Menschen im Anschluss an ihre Schulbildung einen Beruf oder studierten an einer Fachhochschule oder Universität. Mit dem Wissen, das man in den ersten zwanzig bis 25 Jahren seines Lebens erwarb, war man im Wesentlichen für ein rund vierzigjähriges Berufsleben gerüstet. Wenn der Arbeitsplatz gewechselt wurde, dann meist innerhalb der gleichen Branche, zumindest blieb aber das Qualifikationsprofil vergleichbar. Arbeitslosigkeit, so nicht in persönlichen Schicksalsschlägen begründet, war in der Regel ein vorübergehendes, konjunkturell bedingtes Problem. Heute dagegen veraltet Wissen schnell, erworbene Qualifikationen müssen häufig erneuert, mindestens erweitert werden, einmal erlernte Berufe können sich im Laufe des eigenen Erwerbslebens durchaus wandeln oder vollständig verschwinden. Die Lebensläufe sind insgesamt brüchiger geworden, ›Bastelbiographien‹ stellen längst kein Phänomen mehr dar, das nur auf Kulturschaffende, Medienleute oder Bohemiens zutrifft.

Auch künftig werden die Grundlagen einer vernünftigen Ausbildung gewiss in der Schule gelegt. Doch die Bedeutung akademischer Qualifikationen wird weiter zunehmen. Schon jetzt sucht die Wirtschaft in gleichem Maße Akademiker wie Fachkräfte, während noch vor kurzem letztere Gruppe vorne lag. Deshalb brauchen wir auch im Hochschulbereich ein duales System, das qualifizierten Arbeitnehmern ohne Abitur während ihres Berufslebens die Aufnahme eines weiterführenden Studiums erlaubt. Künftig werden mehrere Weiterbildungsphasen im Laufe des Lebens der Normalfall sein, ebenso wie familiäre und persönliche Auszeiten und Phasen der Arbeitslosigkeit. Dafür wird der erste Einstieg ins Berufsleben künftig wieder früher erfolgen müssen, und wir werden länger arbeiten.

Aus diesem Grund ist es von entscheidender Bedeutung, dass wir uns von unseren bisherigen, an klar abgegrenzten Lebensphasen orientierten Bildungsmodellen verabschieden. Lernen, Erwerb von Wissen und berufliche Qualifikation werden sich in Zukunft über die gesamte Lebensspanne erstrecken. Aufgabe der Politik wird es sein, zügig Rahmenbedingungen dafür zu schaffen. Der Bildungsgipfel von Bund und Ländern am 22. Oktober 2008 – der erste seiner Art – war dafür bei aller berechtigten Kritik ein bedeutsamer Schritt. Erstmals wurde zu allen zentralen Fragen nicht nur eine gemeinsame Position formuliert, sondern diese auch mit Handlungsauflagen gefüllt (s. Kasten S. 236). Wie weit dies trägt, bleibt freilich abzuwarten.

Man mag auf die Globalisierung schimpfen bis zur Heiserkeit. Die alte, arbeitsintensive Industriegesellschaft wird so wenig wiederkehren wie einst die Agrargesellschaft. Tatsache ist und bleibt: In der Wissensgesellschaft des 21. Jahrhunderts werden die Klügsten, also die globalen Bildungschampions, auf dem Treppchen stehen – nicht die, die am härtesten arbeiten. Auch sollte man sich bezüglich moralischer Bedenken, wir würden mit einfachen Arbeiten und niedrigeren Löhnen die Ausbeutungsstrategien eines neuen Manchester-Kapitalismus exportieren, keine Illusionen machen. Denn schon heute beschert der Boom den sogenannten Niedriglohnländern mehr Wohlstand, von dem die Menschen dort sehr wohl persönlich profitieren. Diesen wachsenden Wohlstand realisieren Chinesen, Inder oder Vietnamesen nicht nur in Form von mehr Konsum, sondern sie investieren auch mehr in ihr Bildungssystem. Nicht nur Finnland hat uns beim PISA-Test geschlagen – auch die Schüler Südkoreas oder Mexikos weisen teils deutlich bessere Resultate auf.

Ein Hochlohnland braucht hohe Bildungsstandards

In Bereichen, in denen die deutsche Wirtschaft stark ist, etwa im Maschinen-, Anlagen- und Fahrzeugbau, in der Werkstoffchemie, bei Spezial- und Hochedelstählen oder in der Umwelttechnik, da ist für die wirtschaftliche Wertschöpfung längst nicht mehr Handarbeit, sondern Kopfarbeit entscheidend. Jeder Mittelklassewagen ist heute ein Großcomputer auf vier Rädern. Jede Maschine ist im Kern eine zu Metall geronnene gigantische Anhäufung von hochspezialisiertem Ingenieurwissen. 88 Prozent der Beschäftigten in Deutschland erbringen faktisch Dienstleistungen. Ein großer Teil davon, angefangen bei Forschung und Entwicklung und nicht endend bei Beratung und Kundendienst, ist industrienah. Solche Berufe leisten einen überdurchschnittlichen Beitrag zur gesamtwirtschaftlichen Wertschöpfung, zu Wachstum und Beschäftigung. Und gerade die industrienahen Dienstleistungen werden immer wissensintensiver. Kurz: Die Arbeit der Zukunft im Hochlohnland Bundesrepublik ist im Wesentlichen Generierung, Verarbeitung und Anwendung von Wissen.

Der Widerspruch springt daher förmlich ins Auge: Während gering Qualifizierte doppelt bis dreimal so häufig arbeitslos sind wie Facharbeiter und Akademiker, suchen viele Branchen händeringend nach gut ausgebildeten Fachkräften. Deshalb könnte nichts falscher sein als der Eindruck, gegenwärtig würden Wirtschaft, Wissenschaft und Politik nur deshalb ständig über Deutschlands Defizite in der Bildungspolitik reden, weil ihnen auf die ›eigentlichen‹ Fragen, wie soziale Gerechtigkeit, die Schaffung von Arbeitsplätzen oder die Stärkung des Standortes, keine Antworten einfielen. Es ist genau umgekehrt: Bildung ist die wichtigste Antwort auf all diese Fragen. Bessere schulische Qualifikation, ständige Anpassung der beruflichen Ausbildung an den wirtschaftlichen und technologischen Wandel, zeitgemäße und flexiblere Studiengänge sowie lebenslange Weiterbildung aller Beschäftigten, kurz: ein integriertes Bildungskonzept über die gesamte Lebensspanne, das ist für ein Hochlohnland wie Deutschland der einzig gangbare Weg im globalen Wettbewerb.

Es versteht sich, dass die hierfür nötigen Reformen nicht über Nacht umgesetzt und schon gar nicht über Nacht wirken können. Aber wenn wir nicht jetzt mit der Aufholjagd gegenüber unseren europäischen Konkurrenten, aber auch gegenüber den aufstrebenden, äußerst bildungsbeflissenen Nationen Asiens beginnen, wird das Hochtechnologieland und damit das Hochlohnland Deutschland eher früher als später in die Geschichtsbücher eingehen. Die Aufgabe lautet daher, Bedingungen zu schaffen oder zu erneuern, damit unser Land seinen bislang erfolgreichen Produktivitätspfad halten kann. Und das wiederum heißt: Bürger wie Politiker sollten die Wissensintensivierung der Wertschöpfung nicht fürchten, sondern aktiv als Chance annehmen.

Lange Zeit dachte man, das deutsche Bildungssystem wäre hervorragend. Je schärfer die ideologischen Grabenkämpfe, etwa um das gegliederte Schulwesen, geführt wurden, umso einiger waren sich die Kombattanten oft insgeheim über die Überlegenheit des deutschen Gymnasiums. Und je offensichtlicher sich das Bildungsdesaster an vielen Hauptschulen abzeichnete, umso verbissener predigten die Verteidiger das überkommene Modell. Doch spätestens seit den PISA-Studien klingen viele alte bildungspolitische Glaubensbekenntnisse hohl. So glaubten wir, das deutsche Bildungssystem eröffne allen die gleichen Chancen auf ein erfolgreiches Leben. Tatsächlich ist es an dieser Aufgabe kläglich gescheitert. Fassungslos sieht die deutsche Mittelschicht Bilder von gewalttätigen Jugendlichen über den Bildschirm flimmern, die nur selten im Unterricht erscheinen, weil sie für sich selbst keine Perspektiven mehr erkennen. Viele haben ihren Lebenslauf praktisch von den Eltern geerbt. So schaffen von den Jugendlichen, deren Eltern einen Hauptschulabschluss haben, nur 14 Prozent den Sprung aufs Gymnasium, unter den Kindern von Abiturienten liegt die Quote bei 68 Prozent. Die meisten Jugendlichen aus sogenannten bildungsfernen Haushalten besuchen eine Hauptschule und haben es danach schwer, eine Ausbildung oder einen Job zu finden. Über wenige Punkte sind sich Experten daher mittlerweile so einig wie über diesen: In kaum einem Land der Welt hängt der Bildungserfolg so sehr von der sozialen Herkunft ab wie in Deutschland – einem Land, in dem die Bildungspolitik drei Jahrzehnte lang den Begriff der Chancengleichheit wie eine Monstranz vor sich hergetragen hat.

Die Wissensgesellschaft entzerrt die Lebensphasen

Die Globalisierung verändert nicht nur die Rahmenbedingungen des wirtschaftlichen Erfolgs und die Handlungsoptionen des Staates, sondern vor allem auch die Lebensbedingungen der Menschen. Früher lernten Deutsche in jungen Jahren einen Beruf, in dem sie dann ein Leben lang – meist für dasselbe Unternehmen – arbeiteten. Sie wurden hin und wieder befördert, gründeten eine Familie, kauften vielleicht ein Haus oder eine Wohnung – ihr Leben verlief in geordneten Bahnen. Der Einzelne genoss ein hohes Maß an Stabilität, das Erfahrungswissen und Institutionenbindung ermöglichte: Der Job war sicher, die Rente war sicher, man kannte seine Nachbarn und Kollegen seit vielen Jahren, der Gemüsehändler um die Ecke grüßte einen mit Namen. Der amerikanische Soziologe Richard Sennett sah darin ein Kennzeichen des sozialen Kapitalismus und nannte das Phänomen »Gabe der organisierten Zeit«. Auch wenn es sich vielfach um eine künstliche und labile Stabilität handelte, so erzeugte sie doch ein Gefühl der Sicherheit und damit eine Entlastung im Alltag.

Auf diese Stabilität können sich die Bundesbürger immer weniger verlassen. Selbst Unternehmen, die einst lebenslange Jobsicherheit versprachen, machen mittlerweile mit Arbeitsplatzabbau Schlagzeilen. Wer seine Arbeit behalten will, muss sich ein Leben lang weiterbilden, um mit dem Tempo der technologischen Entwicklung Schritt zu halten. Gradlinige Karrieren gibt es heute kaum mehr. Orts- und Jobwechsel gehören in der Wissensgesellschaft für viele Arbeitnehmer dazu.

Während solche ökonomisch bedingten Prozesse schnell voranschreiten, hinken weite Teile der Bevölkerung diesen Veränderungen hinterher, und zwar vor allem auf mentaler Ebene. Manche begeistert der Wandel zwar, viele verunsichert er jedoch. Denn »Wirklichkeit und Verlässlichkeit der Welt beruhen darauf, dass die uns umgebenden Dinge eine größere Dauerhaftigkeit haben als die Tätigkeit, die sie hervorbrachte«, so die Philosophin Hannah Arendt. Ohne Gewissheit über die Beständigkeit bestimmter Handlungs- und Verhaltensorientierungen tun wir Menschen uns im Alltag schwer. Um uns zurechtzufinden, bedarf es der Zuverlässigkeit konstituierender Lebensbedingungen.

Zugleich zwingt der rasche wirtschaftliche und technologische Wandel die Menschen, sich immer öfter an neue Tätigkeitsprofile und Arbeitsprozesse, an neue Firmen, neue Teams, Geschäftspartner oder Wohnorte zu gewöhnen. Nicht nur, dass Vertrauen als elementare Handlungsbedingung in freiheitlichen Gesellschaften heute unter erschwerten Bedingungen entsteht, da Vertrauen ein gewisses Maß an Routine und Wiederholung voraussetzt. Nicht nur, dass in Zeiten rasanten Wandels kommerzielle und soziale Abmachungen aufwendiger werden und in Form von Leistungen für Anwälte, Notare oder Berater auch manche Transaktionskosten in die Höhe treiben. Und nicht nur, dass der globale Wettbewerb den Menschen ein ungleich höheres Maß an Orientierungsleistungen abverlangt. Vor allem zwingt er sie zu lebenslangem Neu- und Weiterlernen. Und das wiederum heißt: Menschen müssen nicht nur mehr lernen, sondern das Lernen selbst immer wieder neu erlernen.

Während Arbeitnehmer mit geringen Qualifikationen Gefahr laufen, langfristig von der wirtschaftlichen Entwicklung abgekoppelt zu werden, bringt der Standortwettbewerb zugleich Gewinner hervor. Denn offene Grenzen eröffnen sowohl den Unternehmen als auch hochqualifizierten, mobilen Menschen neue Freiräume. Fach- und Führungskräfte wandern mittlerweile doppelt so häufig aus wie Arbeiter und einfache Angestellte. Staatlicher Zwang, sozialer Druck oder Umzugskosten hindern die Menschen heute kaum mehr daran, ihre Heimat zu verlassen. Der leidige Konflikt zwischen Arbeit und Kapital ist damit obsolet geworden.

Die neuen gesellschaftlichen Fronten orientieren sich an der Mobilität, denn die Freiheit der Mobilen beschränkt die Freiheit der Immobilen. So verschlechtern sich durch den Weggang gut ausgebildeter Fachkräfte beispielsweise die Jobaussichten der restlichen Bevölkerung. Denn wenn die Unternehmen infolge des Fachkräftemangels weniger innovative Produkte entwickeln können, dann benötigen sie auch weniger Arbeitskräfte mit mittlerer und geringerer Qualifikation, die die Produkte herstellen, verpacken und verkaufen. All dies verstärkt die ökonomischen Polarisierungstendenzen in unserem Land.

Wer Chancen hat, ergreift sie auch

Grundsätzlich hat Deutschland den Strukturwandel von der Industrie- zur Dienstleistungsgesellschaft bislang sehr gut gemeistert. Daher müssten weder die Wirtschaft noch die Bürger Globalisierung und Standortwettbewerb fürchten. Vielmehr gilt es, die Chancen dieses Wandels zu erkennen und zu nutzen.

Leider ist die Stimmung jedoch seit Jahren weit schlechter als die Lage. Klagegesänge und Proteste sollten aber nicht darüber hinwegtäuschen, dass sich die meisten Menschen sehr gut auf den Wandel eingestellt haben. Viele nutzen die Möglichkeiten offener Grenzen und Märkte und finden in anderen Regionen und Ländern neue berufliche Perspektiven. 2006 ist die Bundesrepublik seit Jahrzehnten erstmals wieder zum Auswanderungsland geworden. Auch die innerdeutschen Bevölkerungsbewegungen belegen deutlich, dass die Menschen mutig und flexibel sind. Ob sie es gern sind, sei dahingestellt. Doch die übergroße Mehrheit wartet nicht mehr darauf, dass der Wohlstand zu ihr kommt, sondern geht dahin, wo sie ihn findet.

Zudem liegt in Deutschland nicht nur die Anzahl der Erwerbstätigen insgesamt so hoch wie nie zuvor, auch die der Selbstständigen und Freiberufler stieg deutlich und kontinuierlich an – in den letzten vier Jahren allein von rund 4,1 auf fast 4,5 Millionen. Zwar ging die Anzahl der Unternehmensgründungen laut Gründungsmonitor 2008 der Kreditanstalt für Wiederaufbau (KfW) 2007 mit 860 000 auf den niedrigsten Stand seit 2000 zurück. Aber nur, weil sich dank guter Konjunktur doch wieder viele der potentiell Gründungswilligen für eine Festanstellung entschieden haben. Und nur noch ein knappes Sechstel der Firmengründer kam im Jahr 2007 aus der Arbeitslosigkeit. Außerdem schaffen in Deutschland Gründer pro Jahr immer noch über 450 000 vollzeitäquivalente Stellen, im Schnitt sind das 1,9 Jobs je neugegründetem Unternehmen.

Eine schrumpfende und alternde Bevölkerung stellt den Generationenvertrag in Frage

Neben dem permanenten Strukturwandel und einer enormen Wissensintensivierung stellen demographische Veränderungen unsere Gesellschaft vor große Herausforderungen. Sinkende Geburtenraten und höhere Lebenserwartungen führen in den meisten Industrienationen zu einer immer kleiner und älter werdenden Gesellschaft. Allein im Jahr 2006 sank die Anzahl der Bundesbürger um 130 000 Menschen. Die Schere zwischen der Anzahl der Todesfälle und der der Geburten wird sich in den nächsten Jahren auf bis zu 400 000 per anno öffnen. Zugleich steigt die durchschnittliche Lebenserwartung weiter an. Beide Trends sind seit langem vergleichsweise stabil – ebenso stabil übrigens wie die Anzahl der Auswanderer.

Die Netto-Wanderung geht in Deutschland hauptsächlich deshalb zurück, weil die Anzahl der Zuwanderer tendenziell sinkt. 1992 wies die Bundesrepublik noch einen positiven Wanderungssaldo von über 780 000 Personen auf. Bis zum Jahr 2002 zogen (außer 1998) pro Jahr 200 000 bis 300 000 mehr Menschen nach Deutschland, als gleichzeitig das Land verließen. Und noch 2005 wanderten knapp 80 000 Menschen mehr zu als ab. Im ersten Quartal 2006 wies die Bundesrepublik dann erstmals einen negativen Wanderungssaldo auf, aufs ganze Jahr gerechnet blieb ein mageres Plus von 22 000, 2007 eines von knapp 44 000.

Derzeit zählt Deutschland rund 82,2 Millionen Einwohner. Ging man bislang davon aus, dass es im Jahr 2050 gut 74 Millionen sein würden, deuten neuere Berechnungen des Statistischen Bundesamtes auf einen stärkeren Rückgang der Bevölkerungszahl hin – im ungünstigsten Fall auf 68,7 Millionen Menschen. Gegenüber heute wäre das ein Minus von fast 17 Prozent. Die günstigste Prognose entspräche dem Bevölkerungsstand von 1962.

Freilich verliert das Gespenst der aussterbenden Deutschen viel von seinem Schecken, wenn man sich daran erinnert, dass Deutschland zur Zeit des Wirtschaftswunders auch nicht mehr als 75 Millionen Einwohner zählte. Zudem werden selbst bei einer Bevölkerung von nur 75 Millionen hierzulande 210 Menschen je Quadratkilometer leben, ein Drittel mehr als in China, dem Land aller Zukunftshoffnungen. Allerdings tröstet dieser Hinweis nur dann, wenn sich die Bevölkerung ab Mitte des Jahrhunderts stabilisiert, sich die Geburtenhäufigkeit also wieder erhöht. Die Voraussetzungen für eine solche Entwicklung sind jedoch gegenwärtig nicht zu erkennen.

Generell ist die absolute Bevölkerungsentwicklung eines Landes im Zeitalter der Globalisierung weniger wichtig als früher. Solange es in Asien, Afrika und Lateinamerika schnell wachsende Bevölkerungen gibt, was noch eine ganze Weile der Fall sein wird, können in einer hocharbeitsteiligen Weltwirtschaft ›Ausländer‹ an die Stelle der ›Inländer‹ treten. Damit ist nicht einmal vorrangig das für viele Deutsche unerwünschte Szenario von mehr Zuwanderung gemeint. Denn anstatt Güter und Dienstleistungen an Deutsche zu verkaufen, können die Produkte genauso gut nach China exportiert werden. Die Ersparnisse müssen nicht hier, sondern können irgendwo in den schnell wachsenden Weltregionen angelegt werden. Anstatt im Ruhrgebiet oder im Osten Deutschlands zu investieren, kann das eigene Kapital in Südostasien hohe Renditen erzielen. Je offener Deutschland in dieser Hinsicht sein wird und je stärker es sich in die globale Wirtschaft integriert, desto besser werden die ökonomischen Folgen einer schrumpfenden Bevölkerung zu verkraften sein.

Gleichwohl: Den demographischen Wandel als gegeben und unveränderbar hinzunehmen wäre ebenso falsch wie fahrlässig. Man mag geringe Geburtenraten als Ausdruck individueller Entscheidungen und Verhaltensänderungen sehen – und damit schlicht als Rahmenbedingung begreifen. Der Funktionswandel der Familie, ein verändertes Rollenverständnis in Beziehungen sowie die Individualisierung der Gesellschaft sind zudem epochale gesellschaftliche Trends, die kaum einer politischen Steuerung zugänglich sind. Allerdings können freiheitliche Ordnungen nur funktionieren, wenn es eine gewisse demographische Stabilität gibt. Ansonsten sind die Freiheitschancen integrativ ungleich verteilt. Das heißt: Nachwachsende Generationen laufen ständig Gefahr, weniger Möglichkeiten zu haben und schwerere Lasten tragen zu müssen als ihre Ahnen.

Auch wenn der skizzierte demographische Wandel ein – unterschiedlich stark ausgeprägter – Langzeittrend in allen Industrienationen ist, so ist die Politik keineswegs völlig einflusslos. Natürlich kann das Kabinett nicht einfach per Verordnung oder mit Sozialtransfers eine Renaissance des Kinderkriegens auslösen. Aber auch das heute wirksame generative Verhalten war und ist nicht zwangsläufig unabhängig von politischen Rahmenbedingungen zustande gekommen. Der Blick auf andere Länder vergleichbarer ökonomischer Entwicklung und kultureller Prägung zeigt, dass es jenseits des globalen Trends sinkender Geburtenraten deutliche Differenzierungen gibt. So weisen zwar viele europäische Gesellschaften Geburtenraten auf, die unterhalb des bestandserhaltenden Niveaus liegen, doch bei keinem Land hielten sich die Raten so lange so niedrig wie in Deutschland.

Die Rente ist sicher – aber nicht automatisch

Dass die Bevölkerungszahl schrumpft, ist für unsere Rente nicht so entscheidend. Entscheidend ist, dass in schrumpfenden Gesellschaften die Anzahl der Menschen im erwerbsfähigen Alter zurückgeht, die der Rentner dagegen steigt. Die Folge: Immer weniger Erwerbstätige sind für die Alterseinkommen von immer mehr Ruheständlern verantwortlich. Wichtigster Indikator für die Alterung einer Gesellschaft ist der sogenannte Altersquotient (AQ), der das Verhältnis von Personen im Rentenalter zur erwerbsfähigen Bevölkerung ausdrückt. Je älter eine Gesellschaft wird, das heißt, je weniger Erwerbsfähige einem Rentner oder einer Rentnerin gegenüberstehen, desto höher ist der AQ.

Legt man ein durchschnittliches Renteneintrittsalter von sechzig Jahren zugrunde und definiert die erwerbstätige Bevölkerung als 20- bis 59-jährig, kommt man laut Berechnungen des Statistischen Bundesamtes für das Jahr 1995 auf einen AQ von 0,37, für 1999 von 0,41 und für 2001 von 0,44. Für das Jahr 2020 könnte dieser Wert bei 0,55 liegen, für 2030 bei 0,71 und für 2050 gar bei 0,78. Sprich: 2020 finanzieren zwei Erwerbstätige eine Rente, 2050 wären es nur noch knapp eineinhalb. Diese Entwicklung vollzieht sich nicht nur in Deutschland, sie kann mehr oder weniger stark ausgeprägt in allen OECD-Ländern beobachtet werden. Die Faustregel lautet, dass sich der Anteil der Rentnerinnen und Rentner an der aktiven Bevölkerung in den nächsten vierzig Jahren im OECD-Raum etwa verdoppeln dürfte.

Das offensichtlichste Problem entsteht dabei für unser bislang nach dem Umlageprinzip funktionierendes Rentensystem. Anders als bei kapitalgedeckten Verfahren sorgen die Erwerbstätigen während ihrer Erwerbsphase hier nicht für ihre eigene Rente vor, sondern finanzieren durch eine direkte Umlage die aktuellen Rentnerinnen und Rentner. Änderungen in der Alterspyramide schlagen bei diesem System sofort durch: Sinken die Geburtenzahlen, gibt es weniger Erwerbstätige, um die nötigen Transferzahlungen aufzubringen. Gleichzeitig steigen aufgrund einer höheren Lebenserwartung die Rentenbezugszeiten, also die Kosten der Alterssicherung. Dies führt unmittelbar zu höheren Rentenbeiträgen und damit zu geringeren Nettolöhnen bei den Erwerbstätigen.

Insofern macht der demographische Wandel Anpassungen der Alterssicherungssysteme erforderlich. Allerdings ist jegliche Rhetorik der Radikalreformer hier verfehlt. Denn die Antworten sind weder einfach noch eindeutig. Wohl wird eine alternde Gesellschaft sich nicht mehr allein auf das existierende Umlageverfahren verlassen können. Doch während in der Vergangenheit relativ einseitig die Vorteile kapitalgedeckter Vorsorgesysteme hervorgehoben wurden, mahnen die enormen Vermögensverluste als Folge der Finanzmarktkrise eher zur Vorsicht. Ebenso verursachen massive Änderungen im privaten Sparverhalten gewichtige volkswirtschaftliche Konsequenzen: Wenn eine alternde Bevölkerung weniger spart, weil mehr Rentnerinnen und Rentner auch mehr konsumieren, dann dürften die realen Zinsen ansteigen. Das schüfe einerseits zwar für die Jüngeren neue Anreize zur privaten Ersparnisbildung, ergo zur ›Übernahme‹ der Sparanlagen der Älteren. Andererseits würde der Zinsanstieg aber auch die Investitionstätigkeit negativ beeinflussen, was wiederum das langfristige Wachstum beeinträchtigte.

Es ist schwierig, exakte Prognosen bezüglich der ökonomischen Folgewirkungen verschiedener Modelle der Rentenfinanzierung zu treffen. Doch bei aller gebotenen Vorsicht lässt sich sagen: Weder ein reines Umlagesystem noch eine kapitalgedeckte Rente sind demographisch und ökonomisch neutral. Daher sind nach heutigem Kenntnisstand Mischsysteme, die sowohl umlagefinanzierte wie kapitalgedeckte Elemente enthalten, die beste Lösung. Ein gutes Beispiel dafür ist das Mehrsäulenmodell der Schweiz, das auf einer eher bescheidenen umlagenfinanzierten staatlichen Grundrente, einer kapitalgedeckten betrieblichen Altersversorgung und privater Vorsorge ruht. Gegenüber Veränderungen der Altersstruktur, die in der Schweiz prinzipiell ähnlich verlaufen wie in Deutschland, erweist es sich bis jetzt als relativ beständig.

Bei aller Kritik an oft mangelnder Reformbereitschaft in Deutschland darf man doch feststellen, dass die Politik hierzulande am komplexen System der umlagefinanzierten Rente gearbeitet hat, etwa an der Frage des Renteneintrittsalters oder der Berücksichtigung eines demographischen Faktors in der Rentenformel. Gleichwohl wird es eine wesentliche politische Gestaltungsaufgabe bleiben, den Menschen die Entscheidung für Kinder wieder zu erleichtern und so die demographische Balance langfristig zurückzugewinnen.

Kein Zweifel darf allerdings daran bestehen, dass schon heute, da der Anteil der erwerbstätigen Bevölkerung noch relativ hoch ist, stärkere Anreize zur privaten Ersparnisbildung geschaffen werden müssen. Sollte das Umlageverfahren in seiner gegenwärtigen Form – nämlich in Form einer Rente, die den größten Teil des einmal erworbenen Lebensstandards sichert – beibehalten werden, dann braucht es eine stärkere demographische Komponente. Diese könnte zum Beispiel darin bestehen, die Rentenbezüge positiv oder die Rentenbeiträge negativ von der Anzahl eigener Kinder abhängig zu machen. So würde man langfristig eher auf die Ursachen statt auf die Folgen des Wandels in der Altersstruktur einwirken. Einfach formuliert: Wer mehr Kinder hat, der zahlt weniger Beiträge oder bekommt später eine höhere Rente.

Warum wir später älter werden

1900 lag die durchschnittliche Lebenserwartung eines Mannes in Deutschland bei mageren 44,8 Jahren, die einer Frau bei 48,3 Jahren. Als 1957 das Umlageverfahren bei der Rente eingeführt wurde, hatten Frauen eine durchschnittliche Lebenserwartung von etwa 72, Männer von 67 Jahren. Seitdem ist eine Scherenbewegung zu beobachten: Das tatsächliche Rentenalter wurde schrittweise gesenkt, die Lebenserwartung stieg hingegen kontinuierlich an. Heute liegt sie bei Frauen im Schnitt bei 81 beziehungsweise bei Männern bei 75 Jahren und wird bis 2050 voraussichtlich auf zirka 86 und 81 Jahre ansteigen. Während früher durchschnittliche Lebenserwartung und Rentenalter nicht weit auseinanderlagen, erleben Rentner und vor allem Rentnerinnen ihren Ruhestand heute noch 15 bis zwanzig Jahre lang. Allein daraus ergibt sich eigentlich die Notwendigkeit, das Rentenalter anzuheben.

Unsere traditionelle Sicht auf die Lebensphasen des Menschen entstammt zum großen Teil noch der Agrargesellschaft und konnte in einer überwiegend arbeitsintensiven Industriegesellschaft leidlich ungeprüft fortbestehen. Spätestens zur Wissensgesellschaft des 21. Jahrhunderts passt sie nicht mehr. Dafür sind die seit Jahrzehnten zu beobachtenden Verschiebungen zu dramatisch, und sie sind mittelfristig auch nur sehr begrenzt umkehrbar. Einerseits benötigen Jugendliche immer mehr Zeit für ihre Ausbildung und treten später ins Arbeitsleben sein. Andererseits müssen Erwerbstätige lebenslang weiter lernen und werden dem Arbeitsmarkt immer wieder temporär entzogen. Da ist es nur konsequent, das über ein ganzes Leben angeeignete Humankapital länger zu nutzen. Und dies ist nicht etwa ein Nachteil, sondern ein großer Vorteil für den Einzelnen: Denn die Erhöhung der Lebensarbeitszeit durch Bildung erhöht auch seine individuelle Rendite und schafft damit zusätzliche Anreize zur Fort- und Weiterbildung.

Eine andere, politische und gesellschaftliche Frage ist natürlich, ob eine Ausweitung der Lebensarbeitszeit überhaupt erwünscht ist. Doch um es deutlich zu sagen: Länger zu leben ist einer der ältesten Träume der Menschheit – und dass wir immer älter werden, ist folglich ein Glücksfall und kein Problem, erst recht keine therapiebedürftige Krankheit. Die Gesellschaft muss sich allerdings auf diesen Umbruch einstellen, statt ihn apokalyptisch als »Methusalem-Komplott« auszumalen und zu beklagen. Eine Grundvoraussetzung für diese mentale Anpassung ist ein neues Bild vom ›Alter‹ und von der Leistungsfähigkeit älterer Menschen. Es ist eben nicht nur »länger tot, wer früher stirbt«. Wer länger lebt, der wird auch länger einen aktiven Beitrag zur Gesellschaft leisten, nein, nicht müssen, sondern können und dürfen. Und was das Wichtigste ist: Er wird es auch wollen.

Zu lange haben Vorstellungen von einer attraktiven Frühverrentung sowie von Lohn- und Gehaltsprofilen, die an das Lebensalter gebunden sind – zusammen mit Leistungserwartungen, die offenbar mit zunehmendem Alter der Mitarbeiter abflachen –, die gegenteilige Situation heraufbeschworen: Menschen werden oft schon mit fünfzig oder 55 Jahren aus dem Erwerbsleben abgeschoben. Die in der Gerontologie bereits vor über zwanzig Jahren aufgegebene These von den Defiziten des Alters wirkt in den Unternehmen leider bis heute nach.

Der Druck veränderter Umstände lässt immerhin erkennen, dass sich dies langsam, aber zunehmend ändert. Ein empfindlicher Mangel an Fachkräften ist oft das erste Alarmsignal, das ein Unternehmen aufwachen und ältere Experten reaktivieren lässt. Außerdem erkennen viele Firmen allmählich, welch fatale Folgen der systematische Verzicht auf Berufs- und Lebenserfahrung von Mitarbeitern sowie ihre damit verbundene größere soziale Kompetenz für den Geschäftserfolg haben kann. Gerade viele Banken machen bereits seit der Jahrtausendwende schlechte Erfahrungen mit jenem Jugendwahn, in dessen Windschatten sie zuvor lange und gründlich den Vorruhestand gefördert hatten.

Und nur ganz nebenbei: Die Finanzmarktkrise hat wohl nicht zuletzt auch etwas damit zu tun, dass in den letzten 15 bis zwanzig Jahren oft ganze Jahrgänge von Hochschulabsolventen mit ihrem Diplom eine Eintrittskarte in die heiligen Hallen von Investment-Banken und -Abteilungen lösten – wo sie sich fortan der Illusion hingaben, vom finanzmathematisch einigermaßen ausgeschlafenen Studenten umweglos zum »Master of the Universe« aufsteigen zu können. De facto wurde so drastisch bewiesen, dass jugendliche Risikobereitschaft keineswegs nur positive Konsequenzen hat.

Fazit: Um ältere Menschen wieder stärker in den Arbeitsmarkt zu integrieren, sind einige Korrekturen der bisherigen Politik notwendig. Ein erster vernünftiger Schritt ist die Heraufsetzung des Rentenalters auf 67. Um aber zu erreichen, dass auch faktisch mehr Menschen länger arbeiten, braucht es zudem ein grundsätzliches Umdenken in den Unternehmen. Dazu gehören etwa Stellen mit kürzeren und flexibleren Arbeitszeiten, mehr Teilzeitarbeit, Job Sharing und andere Formen der individuellen Arbeitszeitregelung und Arbeitsorganisation. Dazu gehört auch eine altersspezifische Weiterbildung, die zu einer erhöhten Produktivität und verbesserten Mobilität älterer Arbeitskräfte beiträgt. In diesem Zusammenhang ist deutlich mehr Eigeninitiative gefragt: Denn gegenwärtig ist die Nachfrage nach Weiterbildungsmaßnahmen bei älteren Erwerbstätigen leider besonders niedrig.

Grundsätzlich gilt: Politik wie Unternehmen müssen weg von einer rein situativen und hin zu einer am gesamten Lebenszyklus der Menschen orientierten Strategie. Entscheidend für die wirtschaftliche Leistungskraft Deutschlands wird sein, die Potentiale der Älteren wie der Jungen voll auszuschöpfen. Einen Verzicht auf Leistung und Erfahrung der Menschen über sechzig kann sich das Land ebenso wenig leisten wie Bildungsversagen bei Kindern und Jugendlichen oder überlange Ausbildungszeiten bei jungen Erwachsenen. Deutsche müssen nicht nur früher in das Erwerbsleben starten und dieses später beenden, sondern auch in die Lage versetzt werden, währenddessen mehr zu erwirtschaften.

Oberflächlich betrachtet lässt sich ökonomisch leicht argumentieren, wieso alternde Gesellschaften tendenziell weniger innovationsfreudig sind: Innovation wertet einmal erworbene Qualifikationen und Fachwissen ab. Entgegen landläufiger Vorurteile ist es jedoch keineswegs zwingend, dass der rasche technologische Fortschritt das herkömmliche Wissen und Können der über 50-Jährigen besonders schnell entwertet. Gerade der Strukturwandel vom Industrie- zum Dienstleistungszeitalter bietet älteren Menschen gute Möglichkeiten, sich in die Arbeitswelt zu integrieren. Denn in Zukunft werden soziale Kompetenzen, Kommunikations- und Teamfähigkeiten, Erfahrung und Geduld immer wichtiger werden. Und dies sind Faktoren, die in der Regel mit zunehmendem Alter nicht schlechter werden.

Vom Ende vergleichbarer Lebensverhältnisse

Die vielleicht wichtigste Folge des demographischen Wandels können wir zwar schon beobachten, in ihren Konsequenzen wird sie freilich noch nicht hinreichend beachtet: Veränderungen in der Bevölkerungsstruktur vollziehen sich in verschiedenen Regionen sehr unterschiedlich. Zunächst einmal führt das in der räumlichen Besiedelungsdichte zu bedeutenden Abweichungen. Gegenwärtig lassen sich Wanderungsbewegungen von ländlichen Gebieten in Ballungsräume beobachten. Insbesondere die Wanderungen von jüngeren Menschen aus den neuen in die alten Bundesländer halten weiter an. All das wird langfristig dazu führen, dass ländliche Gebiete stärker altern und stärker entvölkert werden als Ballungsräume. Nach Berechnungen des Statistischen Bundesamtes werden die Bundesländer Sachsen-Anhalt und Brandenburg am stärksten davon betroffen sein und bis 2050 zirka dreißig Prozent ihrer Bevölkerung verlieren. Hingegen kann Bayern, vor allem der Ballungsraum München, im selben Zeitraum von einem Bevölkerungswachstum von knapp einem Prozent und Hamburg gar von 3,3 Prozent ausgehen.

Infolge unterschiedlicher demographischer Entwicklung werden die Kosten für eine Basis-Infrastruktur in ländlichen Gebieten pro Kopf überdurchschnittlich stärker ansteigen als in Ballungsräumen – jedenfalls wenn man an der politischen Vorgabe landesweit gleichwertiger Lebensbedingungen festhalten will. Ein dichtes Netz aus Schulen, Behörden, Jugendklubs oder Verkehrsangeboten wird sich in diesen Regionen jedoch kaum mehr lohnen. Und manches wird so oder so teurer: Weil beispielsweise der Wasserverbrauch sinkt, müssen die Versorger künftig die Rohre öfter durchspülen, um Keime und Schmutz zu verhindern. Die steigenden Kosten für solche Maßnahmen werden immer weniger Verbraucher tragen müssen.

Mit einem Wort: Die regionalen Disparitäten werden in Zukunft zunehmen. Neben Boomregionen wie der Metropolregion Hamburg, dem südwestlichen Niedersachen, dem Köln-Aachener und dem Stuttgarter Raum oder Oberbayern werden Landstriche mit teils dramatisch schrumpfender Bevölkerungsdichte stehen. Neben fast dem gesamten Osten Deutschlands werden dies vor allem das Ruhrgebiet, das Saarland und die südlichen Teile von Rheinland Pfalz sowie Nordbayern sein. Unterschiedliche demographische Entwicklungen werden unweigerlich zu einem ausgeprägten regionalen Wohlstandsgefälle führen, gegen das keine Strukturpolitik oder Gewerbeförderung alter Machart etwas wird ausrichten können. Die Globalisierung ist lediglich die erste Dimension der Arbeitsteilung gewesen, eine Regionalisierung mit ausgeprägten und scharfen Abbruchkanten wird die zweite sein. Und auch hier ist ein Gleichheitsversprechen nichts als ein hilfloser Abwehrzauber.

Statt sich Illusionen über die Möglichkeit der Beibehaltung

oder Wiederherstellung gleicher Lebensverhältnisse überall in Deutschland zu machen, wären Politik wie Gesellschaft gut beraten, den Tatsachen ins Auge zu blicken. Sehr vereinfacht, aber deutlich gesagt: Nicht überall in einem Land müssen gleich viele Menschen leben. Wer entschlossen ist, in einer geographisch, demographisch oder ökonomisch weniger begünstigten Gegend zu leben, hat keine Garantie, dass man dort auf vergleichbare Leistungen wie in den Ballungsräumen zurückgreifen und einen ihnen vergleichbaren Lebensstandard haben kann. Anders formuliert: Das Leben auf dem Lande mag sehr viele Vorteile bieten. Ortsnahe Großkliniken mit Rundumversorgung, ein dichtes Nahverkehrsnetz, ein breites Kulturangebot und freie Jobwahl gehören sicher nicht dazu.

Für die Politik auf nationaler, regionaler und kommunaler Ebene folgt daraus, dass sie letztlich fruchtlose Strategien der Angleichung von Lebensverhältnissen zugunsten von Strategien der Anbindung aufgeben muss. In vielen Gegenden wird das bedeuten, die Verkehrsanbindungen an die Ballungsräume zu verbessern und moderne Kommunikationssysteme sicherzustellen. In anderen, eine Infrastruktur zur Grundversorgung in größeren, aber dünner besiedelten Räumen zu schaffen – nach dem Motto: Lieber ein größeres, besseres Krankenhaus in der Mitte als drei kleine über den Landkreis verteilt. In nicht wenigen Gegenden wird aber auch radikal zurück- und abgebaut werden. Hier sollten den Menschen Chancen eröffnet und Wege geebnet werden, um buchstäblich wegzukommen.

Produktivität schlägt Demographie

Im Prinzip ist es eine Banalität, dass weniger Menschen tendenziell auch weniger erwirtschaften. Freilich lassen sich hier mit absoluten Zahlen sehr schnell Horrorszenarien hochrechnen, die aber ebenso schnell wieder in sich zusammenfallen, wenn man die wichtigsten Daten zur wirtschaftlichen Leistung pro Kopf erfasst. Weniger banal sind allerdings für sich genommen die Auswirkungen einer älter werdenden Bevölkerung auf die Struktur des Arbeitsmarktes. Denn wenn das durchschnittliche Alter der Erwerbstätigen steigt, damit ihre Ausbildung immer weiter zurückliegt und lebenslanges Lernen nur eine Hoffnung, aber keine Realität ist, führt dies tendenziell zu einer ungedeckten Nachfrage nach Hochqualifizierten bei gleichzeitigem Überangebot weniger Qualifizierter. Alternde Gesellschaften sind zudem in aller Regel weniger innovationsfreudig. Hinzu kommt, dass der Zeithorizont, innerhalb dessen sich eine Investition rechnen muss, kürzer und somit die Jahresrendite höher sein muss. In einer alternden Gesellschaft dürfte deswegen die Bereitschaft zu Mobilität, Flexibilität und strukturellem Wandel eher geringer sein. Entsprechend negativ wären die Auswirkungen auf das wirtschaftliche Wachstum.

Gleichzeitig gilt, dass eine wachsende Produktivität demographische Entwicklungen aufwiegen oder sogar mehr als wettmachen kann. Noch einmal: Im Kern geht es nicht darum, dass die Bevölkerung in Deutschland spürbar sinkt. Vielmehr geht es beim demographischen Wandel um Fragen der Anpassung, genauer gesagt: um eine Verbesserung der Rahmenbedingungen für die vollständige Ausschöpfung von Produktivitätsreserven. Menschen und ihre Qualifikationen sind die zentralen Triebfedern einer expandierenden Ökonomie. Ohne die Einbeziehung all jener, die etwas leisten können und meist auch leisten wollen, schrumpft nicht nur die Bevölkerung, sondern auch ihre Chance auf Wohlstand. Das ist mit einem Anspruch von Generationengerechtigkeit nicht vereinbar, der den üblichen Blick auf die Erwerbstätigen sowie die Rentner weitet und die Jungen sowie noch Ungeborenen einbezieht.

Daraus folgt: Bestehende Regelungen müssen immer auch auf den Prüfstand ihrer demographischen Wirkungen. So beeinflussen staatlich definierte Zeitmuster, etwa für die schulische und universitäre Bildung oder das Rentenalter, die Lebensplanung eines jeden Menschen. Daran wird deutlich, dass der Staat auch bezüglich individueller Entscheidungen, etwa für bestimmte Familienformen sowie für beziehungsweise gegen Kinder, alles andere als neutral ist. Kaum ein anderes Land sieht zum Beispiel für Menschen mit Hochschulabschluss ein so enges Zeitfenster für die zentralen Lebensentscheidungen über Partnerschaft, Kinder und Beruf vor – in der Regel zwischen 28 und 34 Jahren.

Die Ausweitung der Generationengerechtigkeit auf die noch Ungeborenen dreht eine bislang vorherrschende Perspektive um, aus der lediglich mehr Kinder zur Stabilisierung unserer Sozialversicherung gefordert werden. In der Folge sollte die Politik daher nicht darauf zielen, bestimmte Lebensentwürfe zu sanktionieren, sondern darauf, dass Paare eine wirkliche Wahl zwischen verschiedenen Familienmodellen haben. Dies erfordert eine neue Struktur der finanziellen Dimension der Familienpolitik, wie sie etwa mit dem Elterngeld begonnen wurde. Die Familien- und Kinderkomponenten im Steuerrecht müssen neu austariert werden. Ebenso ist eine Entzerrung der allzu kurzen Zeitspanne für die Familienplanung nötig, vor allem durch offenere Zeitmuster im Bildungssystem. Motto: Früher mit dem Lernen beginnen, früher abschließen, lebenslang in offenen Modulen weiterlernen. Und es erfordert natürlich eine umfassende und qualitativ hochwertigere Betreuungsinfrastruktur ebenso wie Unternehmen, die in der Vereinbarkeit von Familie und Beruf nicht ein Problem privater Selbstverwirklichung, sondern einen entscheidenden Faktor wirtschaftlicher Prosperität erkennen. In einer Gesellschaft des immer längeren Lebens muss Familienpolitik in eine umfassende Politik der Lebenslagen überführt werden.

Nur wenn eine solche Politik gelingt, können in Zukunft die aus demographischen Gründen steigenden Sozialabgaben pro Kopf aus dem Produktivitätszuwachs erbracht werden. Wie empfänglich eine alternde Gesellschaft tatsächlich für Innovationen und technologischen Fortschritt ist, wird erst die Zukunft zeigen können. Der künftige Verlauf der Produktivitätsentwicklung wird jedoch wesentlich durch die Humankapitalbildung in einer Volkswirtschaft bestimmt werden. Im Rahmen der Internationalisierung der Märkte findet gegenwärtig eine Verlagerung der arbeitsintensiven Produktion in Niedriglohnländer statt. Tätigkeiten, die eine hohe Qualifikation benötigen, werden jedoch höchstwahrscheinlich weiterhin in den entwickelten Industrieländern ausgeführt werden. So ist zwischen 1975 und 2000 die Beschäftigung von Hochqualifizierten um 180 Prozent gestiegen. In modernen Volkswirtschaften ist deshalb die permanente Qualifikation der Erwerbstätigen ein Faktor von größter Bedeutung. Studien der OECD schätzen, dass aktuell mehr als die Hälfte des Bruttoinlandsprodukts ihrer Mitgliedsländer durch Humankapital generiert wird. Sprich: Die Kenntnisse und Fähigkeiten der Menschen sind zunehmend wichtiger als die materiellen Werte der Waren.

Die Beschäftigungsquote von Frauen erhöhen

Eine der wichtigsten ›stillen Reserven‹, durch die sich die Effekte des demographischen Wandels zumindest teilweise kompensieren lassen, sind Frauen. Zwar ist mit dem strukturellen Wandel vom Industrie- zum Dienstleistungssektor die Erwerbsbeteiligung von Frauen in Deutschland gewachsen. Sie ist jedoch weiterhin deutlich geringer als bei Männern und lag 2005 in der Gruppe der 15- bis unter 65-Jährigen bei 66,8 Prozent, bei den Männern dagegen bei 80,4 Prozent. Auch liegt die durchschnittliche Wochenarbeitszeit bei Frauen deutlich unter der von Männern, da Frauen häufiger einer Teilzeitbeschäftigung nachgehen. Während 2004 nur 6,3 Prozent der erwerbstätigen Männer eine Teilzeitarbeit hatten, lag der Anteil bei den Frauen bei 37 Prozent. Nach internationalen Maßstäben, vor allem im Vergleich mit den skandinavischen Ländern, liegt die Erwerbstätigkeit von Frauen in Deutschland damit weit zurück. Besonders stark sind die unterschiedlichen Erwerbsquoten von Männern und Frauen übrigens im Alter von zwanzig bis 45 und damit in der entscheidenden Familien-, aber auch beruflichen Einstiegsphase ausgeprägt. Auch wenn die »Vätermonate« beim reformierten Elterngeld hier ein erstes Umdenken bei einer wachsenden Anzahl von Männern erkennen lassen, steht in Deutschland eine Abkehr von traditionellen Rollen- und Familienmodellen wohl noch aus.

Dabei sollte an einem Anstieg der Erwerbsbeteiligung der Frauen schon deshalb kein Weg vorbei führen, weil von der Bildungsexpansion der letzten Dekaden vor allem die Frauen profitiert haben. Keine frühere Frauengeneration war auch nur annähernd so gut ausgebildet wie die heutige. In den letzten dreißig Jahren haben sich die Frauen bei der beruflichen Qualifikation den Männern statistisch immer weiter angenähert. Der Anteil der Frauen mit Berufsabschluss ist von zirka vierzig Prozent auf annähernd sechzig Prozent gestiegen, der mit Hoch- oder Fachhochschulabschluss von nahezu null auf über zehn Prozent. Lediglich dreißig Prozent der Frauen verfügen auch heute noch über keinen Berufsabschluss. Das sind halb so viele wie noch vor dreißig Jahren. Qualitativ haben Frauen die Männer bei den Schulabschlüssen mittlerweile überholt: In den Realschulen und Gymnasien stellen sie schon jetzt eine deutliche Mehrheit. Auf lange Sicht werden sie im Schnitt wohl besser ausgebildet sein als Männer. Und damit wird ein Verzicht auf eine spätere Nutzung ihres erworbenen Humankapitals nicht nur für die Frauen selbst, sondern auch für die Gesellschaft immer kostspieliger. Die Erwerbsquote von Frauen deutlich zu erhöhen ist eine Frage der gesellschaftlichen Gleichberechtigung, aber noch viel mehr eine Frage der wirtschaftlichen Vernunft. Dazu müssen allerdings auch die immer noch bestehenden Lohndifferenzen zwischen Frauen und Männern abgebaut werden. In Deutschland bestand 2006 noch ein effektiver Unterschied zwischen den Stundenlöhnen von Frauen und Männern von 15 Prozent. Berücksichtigt man zusätzlich die Wirkung der durch Kinder bedingten Erwerbsunterbrechungen, reduziert sich die Lohnlücke auf sechs Prozent. Dies zeigt, wie wichtig familienpolitische Maßnahmen sind, die für Väter und Mütter gleiche Anreize setzen und zugleich eine schnelle Rückkehr ins Erwerbsleben fördern. Das Elterngeld ist auch unter diesen Aspekten bedeutsam.

Migration und Individualisierung verlangen nach neuen Gesellschaftsmodellen

Historisch gesehen ist Migration gewiss kein neues Phänomen. Klassische Einwanderungsländer wie die USA, Kanada, Australien oder auch Argentinien leben seit rund 200 Jahren mit immer neuen Strömen von Immigranten, die sie in Wirtschaft und Gesellschaft integrieren müssen. Auch dort lief Immigration selten konfliktfrei ab, langfristig aber haben diese Staaten, allesamt frühe Abspaltungen von Imperien, von ihr profitiert.

Leider vergessen wir oft, dass auch Deutschland in der ersten Phase seiner Industrialisierung quasi ein Einwanderungsland war. Denn im späten 19. Jahrhundert zogen aus den preußischen Gebieten des geteilten Polen Hunderttausende ins Ruhrgebiet. In vielen Zentren von Kohle und Stahl stellten polnische Arbeiter und ihre Familien damals über ein Drittel, in manchen Gemeinden gar die Mehrheit der Bevölkerung.

Und doch sind die Wanderbewegungen in der globalisierten Welt von heute in ihren Ausmaßen und ihrer Vielfalt von neuer Qualität. Wirtschaft und Gesellschaft in Deutschland geraten auch an diesem Punkt unter massiven Veränderungsdruck. Die Zuwanderung von Menschen aus verschiedenen Kulturkreisen, neuerdings auch die verstärkte Abwanderung von Menschen aus Deutschland, ist dabei nur ein Aspekt. In einem weiteren Sinne umfasst das Phänomen globaler Migration nämlich auch die Wanderung von Geld beziehungsweise Kapital und von Wissen über nationale Grenzen hinaus. Und es berührt in einem ökonomisch durchaus präzisen Sinne das gesamte Thema der sozialen Integration. Ein- und auswandern können Bürger heutzutage nämlich nicht nur über geographische, sondern auch über wirtschaftliche und soziale Grenzen: Sie entscheiden, sehr allgemein gesagt, wo sie selbst dazugehören wollen und wo nicht. Und sie entscheiden, wer insgesamt dazugehören soll oder nicht. Aber was ist das ›Fremde‹ und was ist das ›Eigene‹ in einem Zeitalter, in dem sich die Wirtschaft globalisiert, die Gesellschaft individualisiert und die Politik internationalisiert?

Um mit dem Offensichtlichsten zu beginnen: Auf dem Felde der klassischen Einwanderungspolitik blickt die Bundesrepublik auf eine rund fünfzigjährige Geschichte der Irrtümer und Versäumnisse zurück, deren Folgen erst seit wenigen Jahren allgemein erkannt wurden und nun verspätet und mühevoll korrigiert werden müssen. Bereits 1955 kam es zum ersten Anwerbeabkommen mit Italien. Und spätestens 1973, als angesichts der heraufziehenden Öl- und Wirtschaftskrise ein Anwerbestopp verhängt wurde, hätten Gesellschaft und Politik erkennen müssen, dass die fälschlicherweise als ›Gastarbeiter‹ apostrophierten Arbeitnehmer aus Süd- und Südosteuropa eben keine Gäste auf Zeit waren, sondern neue Bürger dieses Landes wurden. Das Gleiche gilt übrigens umgekehrt: Auch viele Zuwanderer haben allzu lange an der Illusion festgehalten, eines näheren oder ferneren Tages in ihre Heimat zurückkehren zu können. Heute besitzen hierzulande knapp 7,3 Millionen Menschen einen fremden Pass. Zählt man alle in Deutschland lebenden Menschen mit mindestens einem nichtdeutschen Elternteil hinzu, dann hat sogar ein Fünftel der Wohnbevölkerung in Deutschland einen sogenannten ›Migrationshintergrund‹. Die offizielle

Erkenntnis, dass Deutschland ein Einwanderungsland ist, musste allerdings bis 2006 auf sich warten lassen, als die ›Ausländerbeauftragte‹ der Bundesregierung, Maria Böhmer, erstmals den jahrzehntelangen Angstbegriff der Konservativen verwendete. Wollte man die Grundirrtümer deutscher Einwanderungspolitik auf eine Formel bringen, dann könnte man sagen: Während rechts der Mitte dramatisch unterschätzt wurde, welche beträchtliche Anzahl von Menschen hier auf Dauer eine neue Heimat finden würde, wurden links der Mitte Wille und Fähigkeit von Zuwanderern und deutscher Mehrheitsgesellschaft zur sozialen Integration dramatisch überschätzt. Migrationsskeptiker – wohl wissend, dass Ausländer in Deutschland lange Nettozahler waren – polemisierten gegen eine »Zuwanderung in die Sozialsysteme«, riefen gerne, dass »das Boot voll« sei, und schreckten stellenweise nicht einmal vor der Mobilisierung rassistischer Vorurteile zurück. Multikulti-Enthusiasten leugneten dafür unter Hinweis auf die bereichernde Kraft kultureller Vielfalt allzu lange, dass zunehmende Heterogenität die Formulierung und Durchsetzung homogener Regeln in einer Gesellschaft erschwert. Dabei ist den meisten bekannt, dass Deutschland aufgrund des demographischen Wandels langfristig auf Zuwanderung angewiesen ist. Die Frage ist denn auch längst nicht mehr, ob wir Einwanderung wollen, sondern unter welchen Bedingungen wir sie ermöglichen, organisieren, ja fördern sollen.

Auch im Zeitalter der Globalisierung bleibt es eines der konstitutiven Rechte von Nationalstaaten, über Zugehörigkeit oder Nichtzugehörigkeit zu ihrer politischen und damit auch zu ihrer sozialen Gemeinschaft zu entscheiden. Aufenthalts-, Niederlassungs- und Einwanderungsrecht legen fest, wer unter welchen Bedingungen an den Rechten und Pflichten der deutschen Gesellschaft teilhat. Das ist, wie alle diesbezüglichen Debatten zeigen, nicht nur eine normative, sondern auch eine höchst emotionale Frage.

Das makroökonomische Kalkül:
die Theorie der Klubs

Um jedoch auch analytisch zu verstehen, wie Gesellschaften das Problem von Dazugehörigkeit und Ausschluss lösen, ist die ökonomische Theorie der Klubs hilfreich, wie sie zuerst James Buchanan und Paul Samuelson formuliert haben. Klubs stehen vor derselben Herausforderung wie alle Gemeinschaften: Sie müssen eine – nicht unbedingt materielle – Leistung produzieren, die so attraktiv ist, dass ihre Mitglieder bereit sind, dafür eine Gegenleistung zu erbringen. Während im Falle ganzer Gesellschaften die Frage von Zugehörigkeit oder Ausschluss allzu existentiell für kühle Betrachtungen ist, lässt sie sich anhand des Klubmodells emotionsfreier beleuchten. Denn dass der Zutritt zu einem Klub verwehrt, man aus ihm austreten oder sogar ausgeschlossen werden kann, dürfte eher wenige Menschen schrecken.

Ein Klub ist dadurch definiert, dass er ein bestimmtes Gemeinschafts- oder Klubgut anbietet. Nehmen wir als Beispiel einen Tennisklub: Er bietet seinen Mitgliedern Zugang zur Nutzung von Tennisplätzen, die jeder Einzelne sich nicht leisten könnte, ferner eine Reihe immaterieller Klubgüter, etwa sportliche Anerkennung bei Turnieren oder ein reges Sozialleben. Die wichtigste Grundbedingung für das Überleben des Klubs: Die Summe der individuellen Leistungen seiner Mitglieder – etwa Aufnahmegebühren, Beiträge oder ehrenamtliche Mitarbeit – muss genügen, um sämtliche Kosten für die Bereitstellung und Pflege des Gemeinschaftsguts zu decken. Andernfalls verarmt der Klub, und seine Mitglieder stehen ohne Tennisplätze, Turnierpokale und Teamgeist da.

Ökonomisch formuliert lautet daher die Aufnahmeregel eines Klubs: Der Grenznutzen neuer Mitglieder muss größer sein als ihre Grenzkosten oder zumindest gleich. Dabei könnte für einen Tennisklub der Nutzen eines Mitglieds auch darin bestehen, dass es sich um einen herausragenden Tennisspieler handelt, der dem Verein Renommee und damit weitere Mitglieder bringt. Einem solchen Spieler könnte man sogar Beiträge und Gebühren erlassen oder einen teuren Trainer an die Seite stellen. Sein überwiegend immaterieller Beitrag zum Klubgut würde die nötigen materiellen Zusatzleistungen der übrigen Mitglieder mehr als ausgleichen.

Nun durchlaufen Klubgüter allerdings eine Metamorphose. Zunächst sind sie öffentliche Güter, die von jedem Einzelnen genutzt werden können, ohne dass der Nutzen der anderen dadurch spürbar geschmälert würde. So kommen im Tennisklub etwa alle Mitglieder in den Genuss des gesellschaftlichen Glanzes der jährlichen Vereinsfeste oder könnten sich über die Meisterschaft eines Top-Spielers freuen. In ebensolcher Weise haben die Mitglieder einer Gesellschaft Anteil an öffentlichen Gütern wie Frieden, Rechtssicherheit, Verkehrsampeln oder dem Fernsehprogramm. In unserem Tennisklub hätte zunächst wohl auch jedes Mitglied unbeschränkten Zugang zu den Plätzen des Vereins.

Allerdings findet hier der Übergang von konkurrenzfrei verfügbaren öffentlichen zu vornehmlich privat genutzten Gütern statt. Denn zu bestimmten Zeiten, etwa abends oder an Wochenenden, wollen mehr Klubmitglieder Tennis spielen, als Plätze zur Verfügung stehen. Es kommt folglich zu Verdrängungseffekten, Warteschlangen oder Staus, kurz: zur erhöhten Nachfrage nach einem Klubgut. Nicht anders bei gesamtgesellschaftlichen öffentlichen Gütern wie dem Bahn- oder Straßenverkehr, der Energieversorgung, dem Gesundheitswesen, bei Museen oder Stadtparks – auch hier können nicht alle gleichzeitig beliebig zugreifen.

Deshalb bedarf es zusätzlicher Regelungen. Wer Tennis spielen will, muss rechtzeitig einen Platz reservieren. Nach 18 Uhr und an Wochenenden muss eine zusätzliche oder eine höhere Platzmiete entrichtet werden. Ebenso sind Bahntickets teurer, wenn man zu den Stoßzeiten fahren will, und deutlich billiger, wenn man langfristig reserviert. Bei großen Ausstellungen kontingentiert das Museum die Karten nach Zeiten, während Käufer von teuren VIP-Tickets jederzeit und ohne zu warten eingelassen werden.

Solange Alt- und Neumitglieder eines Klubs um das Klubgut nicht konkurrieren müssen, liegen die Grenzkosten neuer Mitglieder bei null. Mehr noch: Jeder weitere Beitrag, sei es in Form von Geld oder anderen Leistungen, vermindert die Lasten aller. Solange also das Klubgut nicht knapp ist, ist es in jedem Fall besser, mehr Mitglieder aufzunehmen. Nicht anders bei anderen öffentlichen Gütern: Der Grenznutzen zusätzlicher Steuerzahler kann zum Beispiel ihre Grenzkosten als zusätzliche Nutzer von Straßen und Schulen leicht überwiegen.

Das deutsche Gesundheitssystem erlebt zurzeit das Gegenteil: Aufgrund des demographischen Wandels nimmt die Anzahl der aktiven Beitragszahler tendenziell ab, während Anzahl und Leistungsansprüche aller bisherigen Versicherten tendenziell steigen. Auch die Aufnahme neuer Mitglieder in den ›Klub der Versicherten‹, etwa von Selbständigen oder Beamten, ist nicht per se eine Lösung. Denn ihre zusätzlichen Beiträge generieren eher früher als später zusätzliche Nachfrage nach Leistungen.

Ebenso kann Zuwanderung die Probleme der Sozialsysteme sowohl verschärfen wie auch entspannen. Ausländische Arbeitnehmer sind bislang eindeutig Nettozahler in der Renten- und Krankenversicherung gewesen. Doch sobald die erste Generation von Einwanderern verstärkt ins Rentenalter eintritt, wird sich das ändern. Und wenn zugleich ausländische Jugendliche doppelt so häufig wie deutsche ohne Hauptschulabschluss die Schule verlassen, dann fehlen bei den Ausländern der dritten Generation der beruflich qualifizierte Nachwuchs und die verlässlichen Beitragszahler.

Moralische Gesichtspunkte wie die Frage des politischen Asyls für einen Moment außen vor gelassen, geht es also darum, eine grundsätzlich erwünschte Einwanderung ökonomisch und sozial vernünftig zu steuern. Anders gesagt: Die Bundesrepublik muss im globalen Wettbewerb endlich lernen, aktiv um junge, engagierte und qualifizierte Einwanderer zu werben. Dann wird auch transparenter, welche Regeln und Restriktionen gegenläufig und welche nachvollziehbar sind.

Ganze Gesellschaften funktionieren im Prinzip nicht anders als Klubs. Sie müssen Klubgüter produzieren, die den Wünschen der Mitglieder entsprechen, und die exklusiv von ihnen genutzt und von deren Nutzung andere ausgeschlossen werden können. Neue Mitglieder werden nur aufgenommen, wenn deren materieller oder immaterieller Leistungsbeitrag zum Klub ihre anteiligen Kosten für die Bereitstellung des Klubgutes mindestens decken. Wer mehr Grenzkosten verursacht als Leistungen erbringt, bleibt ein ›Fremder‹. Durch diese nüchterne Brille gesehen, ist das Problem, wer zu einer Gesellschaft dazugehört und wer nicht, lediglich eine Frage der Optimierung von Inklusion und Exklusion.

Zugleich müssen sich Alt- und Neumitglieder eines jeden Klubs der Tatsache bewusst sein, dass eine Reihe von Faktoren ihr soziales Zusammenleben prägt, die nicht unmittelbar mit dem Klubgut zu tun haben. Auch im Tennisverein wird ja nicht einfach nur Tennis gespielt. Wer zum Beispiel findet, dass sich dieser Sport für Frauen nicht ziemt, der wird sich in einem gemischten Klub schwertun, zumal wenn dessen beste Spielerinnen und Spieler im gemischten Doppel reüssieren. Ein neu hinzugekommener Spitzenspieler wird dem Image des Vereins zwar guttun – aber die bisherigen Platzhirsche könnten auch um ihren Vereinspokal fürchten. Ebenso könnten neue Mitglieder die Raucherquote verändern, Vegetarier eine Anpassung der Speisekarte des Vereinsheims fordern oder eine größere Gruppe jugendlicher Tenniscracks die Kleiderordnung beim Jahresball ins Wanken bringen.

In all diesen Fällen stellen neue Mitglieder das gewohnte Vereinsleben, die formellen wie informellen Klubregeln und die eingespielten internen Machtverhältnisse auf den Prüfstand. Auch hier muss der Klub, ähnlich wie bei der ›ökonomischen‹ Optimierung seiner Mitgliederstruktur, ein ausgewogenes Verhältnis zwischen der Bewahrung von Bewährtem und notwendigen Veränderung finden. Ist der Pächter des Vereinsheims nicht zugleich Ehrenpräsident der Metzgerinnung, dann werden zwei fleischlose Gerichte sicher schnell den Weg auf die Wochenkarte finden. Andererseits wären die Neumitglieder schlecht beraten, wenn sie als Erstes versuchten, den Kassenwart zu stürzen. Und ganz gewiss wird ein moderner Tennisklub keinerlei Zugeständnisse in der Frage weiblicher Mitglieder und ihrer Rechte machen. Doch ob nun mehr im Sinne der alten oder der neuen Klubmitglieder – eine regelmäßige Prüfung und Reform der Regeln sind selten zu umgehen.

Das mikroökonomische Kalkül: Gehen oder Bleiben?

Gesellschaftlicher Konsens und sozialer Zusammenhalt in Deutschland werden nicht nur von ›außen‹ in Frage gestellt. Zugleich werden die Bürger auch von sich aus unabhängiger in ihren Erwägungen und Entscheidungen. So ist gerade für die höher qualifizierten, flexiblen und mobilen Leistungsträger der Gesellschaft eine zeitweise oder dauerhafte Auswanderung zur akzeptablen Option geworden. Vor allem die Wohlhabenden können ihren Lebensmittelpunkt relativ problemlos verlegen – oder auch nur ihr Vermögen über beliebige Grenzen transferieren. Wissenschaftler gehen in die USA, Ärzte finden leicht eine besser bezahlte Stelle in Schweden, Handwerker werden in Österreich oder der Schweiz händeringend gesucht, Sportstars unterhalten Apartments und Konten in Monaco. Und Unternehmen, die mit preissensiblen Waren auf hart umkämpften

Märkten konkurrieren, können neben Arbeitsplätzen unter Umständen auch die ökologischen oder sozialen Folgelasten ihres Geschäfts exportieren. Chemieunfälle, Kinderarbeit, fehlende Gewerkschaftsfreiheit finden dann anderswo statt – was die Konsumenten zwar ahnen, aber häufig verdrängen. So eröffnet heutzutage der Standortwettbewerb den Unternehmen und den Leistungsträgern der Gesellschaft neben vielen positiven Chancen auch die Chance zur Moralarbitrage. Anders gesagt: Standortbindung und Standortverantwortung sind in ein Ungleichgewicht geraten.

Der Grund für eine erhöhte Auswandererquote liegt in der wohl wesentlichsten Bedingung der Globalisierung: Die räumlichen und zeitlichen Distanzen haben sich radikal verkleinert. Neue und preiswerte Transport- und Kommunikationsleistungen haben die Mobilitätskosten des Einzelnen ebenso nachhaltig gesenkt wie die Transaktionskosten für Waren, Dienstleistungen und Kapital. Innerhalb der EU können sich Staatsbürger frei bewegen und überall problemlos niederlassen, politische Wanderungskosten entfallen. Seit Einführung des Euro gehören die Währungsrisiken des innereuropäischen Handels – und damit ein erheblicher Teil der Transaktionskosten von Unternehmen – der Vergangenheit an. Und da sich schließlich auch soziale Bindungen und einst festgefügte Loyalitäten gegenüber Familie und persönlichem Umfeld, noch stärker aber gegenüber gesellschaftlichen Großmilieus wie Kommunen, Kirchen, Verbänden, Parteien, Firmen oder Nationen im Zuge der Individualisierung stark gelockert haben, sinkt zudem der soziale und emotionale Preis für eine Abwanderung.

In dem Maße, wie ihre ökonomischen Möglichkeiten gewachsen und politische Beschränkungen entfallen sind, suchen sich viele Bürger ihre Wahlheimat heute ebenso aus wie jene Wahlverwandtschaften und Identifikationsgruppen, die ihren individuellen Wünschen am besten entsprechen. Wo früher die Zugehörigkeit zu einer Gemeinschaft durch den Zufall der Geburt oder gar durch politische oder soziale Zwänge bestimmt wurde, ist sie immer häufiger das Ergebnis selbstbestimmter Entscheidungen. Kulturelle oder subkulturelle Milieus, funktionale Beziehungsnetze, Bürgerinitiativen oder global agierende Organisationen wie Greenpeace, Amnesty International oder Ärzte ohne Grenzen werden wichtiger als traditionelle Bezugssysteme. All diesen Bindungen ist gemeinsam, dass sie eher problemorientiert, zeitlich befristet und aus stärker persönlichen Entscheidungskalkülen eingegangen werden. So hat es zum Beispiel überhaupt nichts Anrüchiges, wenn ein Arzt sich auf Basis moralischer Erwägungen dafür entscheidet, ein Jahr in einem Bürgerkriegsgebiet zu arbeiten – und darin zugleich Vorteile für seine berufliche Karriere sieht.

Ob Menschen bleiben oder gehen, ob sie ihre traditionellen Bindungen bewahren oder neue Beziehungen eingehen: Meist wird ihre Entscheidung zumindest intuitiv einem mikroökonomischen Optimierungskalkül folgen: Sie wählen jene Alternative, die unter Einschluss aller Transaktions- und Transportkosten den höheren Netto-Gegenwartswert verspricht. Also wandern sie, ob nun geographisch oder sozial, dahin, wo sie meinen, sich am besten ›selbst verwirklichen‹, das höchste Einkommen erzielen oder am glücklichsten leben zu können.

Daraus folgt umgekehrt: Je kostengünstiger und einfacher ein Ausstieg aus einer sozialen Bindung ist und je vielversprechender die mögliche Alternative, desto mehr muss auf der Gegenseite getan werden, um nicht tatsächlich einen Ausstieg von ›Klubmitgliedern‹ zu provozieren. Wer die Besten in der Firma, in der Gruppe, in der Region oder im Lande halten will, muss ihnen gegebenenfalls ein besseres Angebot machen. Anders gesagt: Anreize verhindern Emigration – und begünstigen unter Umständen Immigration.

Die Renaissance des Gemeinsinns

Gleich einem Klub müssen Gesellschaften ein attraktives Gemeinschaftsgut anbieten, um Mitglieder anzuziehen und an sich zu binden. Solange neue Mitglieder die alten nicht in ihrer Teilhabe am Gemeinschaftsgut beschränken, ihr Grenznutzen also größer ist als ihre Grenzkosten, werden neue Teilnehmer aufgenommen. Das ist das makroökonomische Kalkül. Andererseits wählen Menschen heute kühl und rational jene gesellschaftlichen Bindungen, von denen sie sich den höchsten individuellen Nutzen versprechen, und für den sie aus ihrer Sicht möglichst wenig ›bezahlen‹ müssen. Menschen bleiben oder gehen, je nachdem, wo sich ihnen die bessere Perspektive bietet. Das ist das mikroökonomische Kalkül.

Rationale, im weiteren Sinne ökonomische Überlegungen haben zwar großen Einfluss auf das Verhalten von Individuen und Gemeinschaften, doch selbstredend folgen beide auch anderen Motiven. Vor allem für das Bleiben – besser gesagt: gegen das Gehen – entscheiden sich viele Menschen auch dann, wenn ihre Lebensumstände sie der mikroökonomischen Berechnung zufolge eigentlich zum Gehen drängen müssten. Stattdessen engagieren sie sich und versuchen, das Gemeinschaftsgut so zu verändern, dass sich langfristig die Entscheidung zum Bleiben als richtig herausstellt. Loyalität zum Heimatland, zur Region, zur Firma oder zu einer sozialen Bezugsgruppe wird dann zu einer rationalen mikroökonomischen Verhaltensweise, wenn loyales Verhalten durch Zunahme des Gemeinschaftsgutes belohnt wird. Vereinfacht gesagt: Die Menschen bleiben nicht nur, weil nichtökonomische Bindungen sie halten, sondern weil sie auf eine bessere Zukunft hoffen, auf die gemeinsame Fähigkeit zur Problemlösung und zur Gestaltung. Und dafür sind sie dann auch bereit, sich aktiv einzusetzen.

Der von allen Mitgliedern einer Gesellschaft nutzbare Bestand an Gemeinschaftsgütern lässt sich auch als Sozialkapital beschreiben. Sozialkapital ist das zentrale gesellschaftliche Bindemittel jenseits von Wirtschaft und Recht. Hier zählt nicht vorrangig das, was gesetzlich erlaubt oder ökonomisch möglich ist, sondern das, was gesellschaftlich akzeptiert wird: informelle Normen, die weder aufgeschrieben noch ständig ausgesprochen werden. Wird der Müll getrennt? Was wird in gelben Säcken und was in welcher Tonne entsorgt? Wann siezt man sich und wann geht man zum Du über? In welcher Form und welchem Ausmaß ist Älteren Respekt entgegenzubringen? Wie reden, handeln und streiten Nachbarn miteinander? Wann darf man Hilfe erwarten oder sollte sie dem anderen anbieten? Beim Sozialkapital einer Gemeinschaft geht es um Vertrauen, Gemeinsinn und Gemeinwohl, letztlich um die historisch gewachsene und dadurch pfad-, raum- und zeitabhängige Trennung des ›Fremden‹ vom ›Eigenen‹.

Sozialkapital hilft, die Transaktionskosten zu senken. Transaktionskosten sind das ökonomische Äquivalent zur Reibung in der Technik. Bei Maschinen helfen Schmiermittel. Eine Gesellschaft muss auf die Einhaltung gemeinsamer Normen vertrauen können, um das wirtschaftliche Gefüge zu ölen. Es ist eben anders, als Lenin glaubte: Wer Kontrolle sät, wird Misstrauen ernten. Am Schluss bleibt ein nicht mehr zu finanzierender Kontrollapparat, bei dem alle alles überwachen. In einer offenen Gesellschaft ist Kontrolle zwar gut, aber Vertrauen besser! Und was der Verlust an Vertrauen bedeuten kann, erleben wir derzeit als Folge der Finanzmarktkrise.

Was für die Wirtschaft insgesamt gilt, das gilt auch im Kleinen. Je mehr Menschen sich an informelle Normen halten, desto reibungsloser funktioniert die Ökonomie. Vertrauen erleichtert die Zusammenarbeit und das Zusammenleben. Man kennt sich, künftige Handlungen sind berechenbar. Es muss nicht jedes Mal viel Aufwand betrieben werden, um zuverlässige Informationen über das Verhalten in bestimmten Situationen zu erhalten. Vielmehr kann auf Erfahrungen aus der Vergangenheit aufgebaut werden. Wir helfen Nachbarn, weil sie auch uns helfen würden. Die Strategie des »Wie du mir, so ich dir« bewährt sich auch und gerade im Alltag. Je freiwilliger ein Mensch etwas tut, für das er weder durch staatlichen Zwang verpflichtet noch ökonomisch direkt entschädigt wird, desto größer der Nutzen für die Gemeinschaft. Das durch die Einhaltung von Normen aufgebaute Sozialkapital sorgt dafür, dass die Dinge im Fluss sind und es bleiben, auch wenn unbekannte Veränderungen Unsicherheiten erzeugen. Und das Sozialkapital einer Gesellschaft wird dann besonders wichtig, wenn Markt und Staat gleichermaßen versagen.

An dieser Stelle schließt sich der Kreis von mikro- und makroökonomischem Kalkül und dem Konzept der Loyalität: Ist der Bestand an Sozialkapital einer Gesellschaft groß genug, lohnt sich für den Einzelnen loyales Verhalten. Er wird bleiben und in die Mehrung des Sozialkapitals investieren. Doch wer oder was sorgt in einer individualisierten Gesellschaft und einer globalisierten Wirtschaft für den Erhalt und Ausbau des Gemeinschaftsgutes namens Sozialkapital? Wer oder was bietet jene Emotionalität, die dem modernen Menschen zunehmend abhanden kommt? Wer oder was ersetzt die ideelle Klammer, die in früheren Zeiten Religion und Kirche, später ein nationales Bewusstsein für breite Teile der Bevölkerung bildete? Was schafft in ebenso auf- wie abgeklärten Gesellschaften das für eine Gemeinschaft so entscheidende Wir-Gefühl jenseits von Markt und Staat? Sind es überregionale Notlagen wie etwa die Oderflut 2005? Sind es Großevents wie eine Fußball-WM oder ein Papstbesuch? Bildet sich breiteres politisches Bewusstsein als eine Art Quersumme aus den wichtigsten Talkshows? Was garantiert den sozialen Zusammenhalt der Gesellschaft jenseits individueller Interessen? Was geschieht, wenn sich die Gutverdienenden, Vermögenden und Leistungsfähigen immer weniger für das Gemeinwohl verantwortlich fühlen? Wenn schneller Gewinn oder kurzfristige Wahlgeschenke an die Generation von heute wichtiger werden als das Pflanzen von Apfelbäumchen?

Was, wenn jüngere Menschen die schweren ökonomischen Lasten ablehnen, die ihnen von Eltern und Großeltern mehr oder weniger ungefragt hinterlassen werden?

Jede Gesellschaft braucht ein Gefühl der Gemeinsamkeit – ein Klubgut, das nur Mitgliedern, nicht aber Außenseitern zugutekommt. Keine Gesellschaft kann langfristig überleben, wenn sie ihre Gemeinschaftsgüter allen kostenlos zugänglich macht. Kostenfreiheit würde dafür sorgen, dass die Gemeinschaftsgüter zu stark genutzt würden und zu wenig für ihren Erhalt geschähe. Die Folge: Es käme zu einer ›Überfischung‹, einem Raubbau an den Gemeinschaftsgütern, dem früher oder später das gesamte gemeinschaftliche Vermögen zum Opfer fiele. Nur wenn für die Gemeinschaftsgüter ein Gegenwert erbracht werden muss, wird mit ihnen sorgsam umgegangen und sind Menschen bereit, sich in Vereinen, Parteien oder Gemeinden für das gemeinsame Wohl zu engagieren. Andererseits dürfen Gemeinschaftsgüter auch nicht unerschwinglich sein. Muss für weniges (zu) viel geleistet werden, droht ein Mitgliederschwund. Die besten Spieler wechseln den Verein, Kirchen bleiben leer, leistungsstärkere Familien ziehen in andere Städte, Steuerzahler verlassen das Land.

Wird die Grenze zwischen dem Fremden und dem Eigenen zu eng gezogen, dann wird aus Sozialkapital rasch Filz, der Vetternwirtschaft Vorschub leistet. Kartelle und Protektionismus sind eine häufige Folge. In der Summe können strukturelle Veränderungen, Dynamik und damit das Wirtschaftswachstum eines Landes leiden. Zu wenig Gemeinsinn wiederum schwächt den inneren Zusammenhalt. Dann werden Menschen zu leicht versucht, eine Abwanderung den geringsten Widerständen und Hindernissen vorzuziehen. Anstatt Probleme und Konflikte zu lösen, verlassen Unzufriedene, Benachteiligte oder (zu) stark durch Steuern und Abgaben Belastete, aber auch politische Oppositionelle die Gemeinschaft.

Damit Gemeinsinn weder Vision bleibt noch zur bloßen Vetternwirtschaft verkommt und so seine Bindungskraft verliert, müssen Konflikte über das Zusammenleben erkannt, ausgehalten und ausgetragen werden. Das schließt Diffamierung aus und fordert Offenheit ein. Normative Unklarheiten sind vielfach zu erkennen: Welches Menschenbild leitet uns? Welches Maß an Verantwortung – für uns selbst und gegenüber anderen – bewerten wir als Zutrauen oder sehen es als Zumutung an? Welche Rolle des Staates halten wir für angemessen? Wie soll der öffentliche Raum gestaltet sein, in dem wir uns unter den Bedingungen der Globalisierung, der Wissensintensivierung und der Individualisierung begegnen? Diese Fragen können weder mit dem Hinweis auf eine bestimmte historische Situation noch mit reinem Wunschdenken geklärt werden. Wir müssen um die Antworten ringen, so wie in diesem Buch um Lösungen gerungen wird.

Das Dilemma der Marktwirtschaft, die nicht nach individueller Moral fragt, sie aber dennoch benötigt, muss aufgelöst werden. Sie kann zwar mit Gaunern besser überleben als andere Systeme, weil der Wettbewerb solches Verhalten zwar nicht bestraft, aber schnell offenlegt. Auf Gewissen und Moral des Einzelnen kann sie freilich nicht verzichten. »Man gibt«, so Helmuth Plessner, ein Hauptvertreter der philosophischen Anthropologie, »den Menschen kein gutes Gewissen, wenn man ihnen sagt, dass sie überhaupt keines zu haben brauchen«. Verantwortung als Prinzip der marktwirtschaftlichen Ordnung ist wegen seiner sozialethischen Dimension zugleich ein Appell an das Gewissen des Einzelnen. Ein Prinzip, das jeden – egal in welcher wirtschaftlichen Position er sich befindet – zur Rechenschaft zieht und dazu auffordert, die Folgen seines Handelns zu bedenken. Ohne dies wird es nicht gehen.

Ein richtiges Maß an Gemeinsinn wiederum verhindert, dass in einer individualisierten Gesellschaft und einer globalisierten Wirtschaft Menschen ihre gemeinsamen Bindungen allzu rasch aufgeben. Dieses richtige Maß ist somit für das langfristige Überleben einer Gesellschaft unabdingbar. In leichter Abwandlung eines Zitats von Bundespräsident Köhler lässt sich formulieren: »Gemeinsinn und Weltoffenheit sind keine Gegensätze. Sie bedingen einander. Nur wer sich achtet, achtet auch andere«.

V.
Die Freiheit braucht einen starken Staat

Die wirtschaftspolitische Entwicklung der letzten zwanzig bis
25 Jahre ist in der öffentlichen Diskussion unter einem relativ
schmalen Begriffsrepertoire verschlagwortet worden: Das Auf-
rücken vieler ehemaliger Schwellen- und Entwicklungsländer
in die Reihe wirtschaftlich bedeutender Nationen, die enorme
Ausweitung des Welthandels, Strukturwandel und Verlagerung
einer großen Anzahl von Arbeitsplätzen in Niedriglohnländer,
weltweite Migrationsbewegungen, die wachsende Komplexität
und Verflechtung der internationalen Finanzmärkte – all das
und einiges mehr wurde mit dem Sammelbegriff ›Globalisierung‹ belegt. Da viele dieser Entwicklungen den Menschen undurchschaubar erscheinen, nicht wenige sie mit wachsenden
Risiken für Arbeit, Lebensplanung und persönlichen wie gesellschaftlichen Wohlstand verbinden, und da schließlich auch die
Politik immer öfter Kontrollverlust signalisiert, ist ›Globalisierung‹ für viele zu einem Negativbegriff geworden.

Die zweite wirtschafts- und sozialpolitische Begriffskeule der
Gegenwart heißt ›Neoliberalismus‹. Dass es sich bei diesem Wort
ursprünglich um die Selbstetikettierung einer Gruppe heraus-
ragender Denker und Ökonomen handelte, die seit den späten
dreißiger Jahren des vorigen Jahrhunderts gemeinsam nach ge-
sellschafts- und wirtschaftspolitischen Alternativen zu Faschismus und Stalinismus suchten, interessiert heute kaum noch jemanden. Unter anderem der amerikanische Publizist Walter
Lippmann, die Philosophen Karl Popper und Raymond Aron
sowie die Ökonomen Ludwig von Mises, Friedrich August von

Hayek, Walter Eucken und Wilhelm Röpke hatten sich erstmals im August 1938 in Paris getroffen, um über die Grundlinien eines zeitgemäßen politischen Liberalismus und einer auf breiten Wohlstand zielenden marktwirtschaftlichen Ordnung zu diskutieren.

Der Dreisatz moderner Ordnungspolitik: Wettbewerb sichern, Teilnahmechancen eröffnen, Marktversagen korrigieren

Schon damals kam es unter diesen wirklichen Neoliberalen rasch zu grundlegenden Kontroversen über die Rolle des Staates in Wirtschaft und Gesellschaft. So plädierten etwa Hayek und von Mises für einen Minimalstaat, der sich auf innere und äußere Sicherheit sowie rechtliche Rahmenbedingungen für die Wirtschaft konzentrieren sollte. Eucken und Röpke, die theoretischen Väter der Sozialen Marktwirtschaft, befanden dagegen, dass der Staat mehr Verantwortung und Aufgaben übernehmen sollte, als lediglich Banküberfälle zu verhindern und das Bürgerliche Gesetzbuch auf dem neuesten Stand zu halten. Und schon 1932 hatte der später aus Deutschland emigrierte Sozialwissenschaftler und Ökonom Alexander Rüstow in einem Vortrag formuliert, die Garantie der Marktfreiheit und eines fairen Wettbewerbs mit gleichen Spielregeln für alle erfordere »einen starken Staat, der über den Gruppen, über den Interessen steht, einen Staat, der sich aus der Verstrickung mit den Wirtschaftsinteressen, wenn er in sie hineingeraten ist, wieder herauslöst«.

Die Ordnung der Freiheit, so auch unsere These, braucht sehr wohl einen starken Staat. Die Frage ist einerseits, auf welchen Feldern der Staat seine wahren Stärken zugunsten des gesamtgesellschaftlichen Wohls am besten und am effektivsten ausspielen kann. Und wo anderseits ein über die Maßen kontrollierender und in die Wirtschaft eingreifender Staat das Gemeinwohl am Ende eher behindert, wenn nicht gar verhindert, wo er also besser auf die Selbstbestimmung der Menschen und auf die Selbstregelungskräfte des Marktes vertrauen sollte.

Anstatt sich mit diesen zentralen Fragen zu beschäftigen, lieferten sich in den letzten Jahrzehnten in Deutschland eifernde Befürworter, verzagte Verteidiger und mehr oder minder offene Gegner einer freiheitlichen Wirtschaftsordnung ritualisierte Grabenkämpfe um die immer gleichen abgestandenen Worthülsen. Die ›Neoliberalen‹ predigten ausdauernd aus dem Katechismus von Staatsversagen, Deregulierung und Privatisierung – und schafften es schließlich sogar, aus dem einstigen Heilsbegriff ›Reform‹ für viele eine Drohung zu machen. Die Verteidiger des Rheinischen Kapitalismus sangen dafür unverdrossen Choräle aus dem Gesangbuch der ›sozialen Gerechtigkeit‹ gegen die in ihren Augen kalte Logik der Marktradikalen. In der jüngeren Vergangenheit war sogar eine Renaissance des orthodoxen Marxismus zu beobachten, die sich etwa in dem offenen Ruf nach einer umfassenden und dauerhaften Verstaatlichung von Banken oder Schlüsselindustrien äußerte.

Wo die einen die schöpferischen – und eben deshalb manchmal zerstörerischen – Kräfte freier Waren- und Finanzmärkte priesen, da sahen die anderen bloß Niedriglöhne, Billigwaren und gierige Spekulanten. Wenn fromme Marktwirtschaftler ›Deregulierung‹ riefen, hörten die Zweifler und die vom Glauben Abgefallenen lediglich die Forderungen nach Steuersenkungen für Besserverdienende und Abschaffung des Kündigungsschutzes. Und wo die einen auf einen Rückzug des Staates aus vielen Bereichen der Wirtschaft drängten, warnten die anderen, damit würden die letzten sozialwirtschaftlichen Reservate im Wohnungswesen, der Wasserversorgung oder der Verkehrsbetriebe den Dividendengeiern zum Fraß vorgeworfen.

Nicht alle in diesen Debatten aufgeworfenen Fragen sind per se unangebracht. Aber beide Seiten haben sie durch ewige, auch in mediale Endlosschleifen beförderte Wiederholung an einen toten Punkt gebracht. Die Realität wird aus den sterilen Polemiken inzwischen weitgehend ausgeblendet, neue Argumente werden kaum noch vorgebracht, Fakten, die komplizierter sind als die simple Logik der erwähnten Schlagwörter, sind nicht mehr zugelassen.

Staat oder Markt – diesen Scheinwiderspruch länger zu kultivieren ist unseres Erachtens völlig fruchtlos. Nur die Starken, da hat der SPD-Vorsitzende Franz Müntefering recht, können es sich leisten, auf den Staat zu verzichten. Aber: Ein wirklich starker Staat – und das heißt: ein an den richtigen Stellen starker Staat – sollte seine Bürger nicht entmündigen, sondern ihnen Chancen der Teilhabe einräumen und schädliche Ballungen politischer, gesellschaftlicher und wirtschaftlicher Machtmonopole begrenzen. In Wahrheit geht es also darum, die richtigen und notwendigen Aufgaben eines starken, freiheitlichen Staates von falschen, oft genug hilflosen und letztlich schädlichen Anmaßungen zu trennen.

Selbstverständlich ist es die erste Aufgabe des Staates, die Freiheit jedes Einzelnen vor angemaßter Macht – vor Staatsmacht wie vor Marktmacht – und möglicher Willkür anderer zu schützen. Ohne den Rahmen des Rechtsstaates kann der Einzelne sich im Streben nach dem eigenen Glück nicht frei entfalten. Zugleich muss aber der wahrhaft starke Staat auf mündige Bürger setzen und ihre individuellen Freiheitsrechte sowie ihre demokratische Teilhabe auf allen Ebenen bestmöglich garantieren und fördern. Erst auf dieser rechtsstaatlichen und freiheitlichen Grundlage wirkt der Dreisatz moderner Ordnungspolitik. Unsere These: Der Staat wurde in Deutschland seit den siebziger Jahren des vorigen Jahrhunderts am falschen Ende aufgeblasen – gestärkt wurden in erster Linie Institutionen und Leistungen zur ›sozialen Sicherung‹, die die Folgen möglichen Marktversagens nachträglich korrigieren und kompensieren sollten. Natürlich ist es grundsätzlich richtig, negative soziale Folgen des Wettbewerbs zu korrigieren. Diese Aufgabe sollte immer klarer Bestandteil moderner Ordnungspolitik sein. Aber nicht, indem der Staat die vielberufenen »sozial Schwachen« für eventuelle Härten des Marktgeschehens quasi finanziell entschädigt, sondern indem er jedem, der zeitweise oder auf Dauer von Lebens-, Arbeits- und Erwerbschancen ausgeschlossen ist, Rückwege und Brücken in die gesellschaftliche und wirtschaftliche Teilhabe baut. Außerdem sollte diese Herausforderung nicht an erster oder einziger Stelle stehen, sondern an dritter.

Zunächst wäre es darauf angekommen, durch eine vorausschauende Setzung der richtigen Rahmenbedingungen den freien Wettbewerb wirklich zu sichern, das heißt Märkte offen und einmal errungene Marktpositionen bestreitbar zu halten; und zweitens durch eine mindestens ebenso vorausschauende Bildungspolitik allen Bürgern eine faire Chance auf Teilnahme an der Gesellschaft und am Wettbewerb einzuräumen.

Mit einem Satz: Statt für faire Zugangs- und Erwerbsmöglichkeiten aller Menschen auf offenen Märkten zu sorgen, versuchten Staat und Politik, eine möglichst hohe Gleichheit von Lebensbedingungen – notfalls auch gegen den wirtschaftlichen und gesellschaftlichen Wandel – herzustellen. Nicht den Rahmenbedingungen einer freien und sozialen Marktwirtschaft wurde die größte Aufmerksamkeit geschenkt, sondern der permanenten Korrektur ihrer Resultate. Noch zugespitzter: Statt Chancen zu eröffnen, wurde Geld verteilt.

Die sichtbare Hand: der Sozialstaat als Retter vor den Risiken falscher Entscheidungen

Über Jahrzehnte galt unser System der sozialen Sicherung vielen als Garant für Wohlstand und als Gegenentwurf zum angeblich sozial kalten Wirtschaftssystem angelsächsischer Prägung. Über Jahrzehnte haben die Bundesregierungen für immer neue Wohltaten gesorgt: Im Jahr 1970 erhielt jeder Einwohner Sozialleistungen in Höhe von durchschnittlich 3913 Euro. Im Jahr 2003 waren es preisbereinigt mit durchschnittlich 8416 Euro schon mehr als doppelt so viel. Den Bundesbürgern wurde mit dieser Politik suggeriert, der Staat könne sich in jeder Lebenslage um sie kümmern. Die deutsche Gesellschaft kennzeichnet daher ein schleichender, aber stetiger Übergang von privatem zu kollektivem Verantwortungsdenken. Die wenigsten Menschen hierzulande haben selbst ausreichend vorgesorgt. Zwar lassen sich viele unnütze Versicherungen gegen den Verlust ihres Reisegepäcks oder den Bruch von Handys, Brillen oder Fensterscheiben aufschwatzen. Doch wenn es um schwer kalkulierbare Risiken wie Krankheit oder Erwerbsunfähigkeit geht, erst recht, wenn es sich um die Sicherung des Lebensstandards im Alter handelt, sehen die meisten vor allem den Staat in der Pflicht. Zugleich verlieren traditionelle Fürsorgesysteme und Auffangnetze wie die Familie oder die Gemeinde an Bedeutung. Stichworte sind hier Individualisierung, Wertewandel und zunehmende soziale wie geographische Mobilität.

Die Folge: ein böses Erwachen für viele Bundesbürger. Erschrocken müssen sie feststellen, dass der Staat sich übernommen hat, Finanzpolitik sowie Sozialpolitik überstrapaziert wurden. Das Vertrauen in die unbegrenzte Leistungsfähigkeit des Staates und seine Sicherheitsgarantien ist daher dramatisch geschrumpft. Über achtzig Prozent der Bundesbürger zweifeln beispielsweise an der Sicherheit ihrer Rente. In dieser Situation hat die große Mehrheit zwar eingesehen, dass Reformen nötig sind. Wenn es aber ans Eingemachte geht, werden konkrete Veränderungen oft abgelehnt. Jeder Ansatz sozialpolitischer Reformen ruft reflexartig den Hinweis hervor, dass damit ein Abbau des Sozialstaates betrieben würde. So wird das historisch Überkommene zum Maß der Dinge verklärt. Veränderungen werden gar als Angriff auf die Demokratie gewertet. Dabei gilt, was der Präsident des Bundesverfassungsgerichts, Hans-Jürgen Papier, so formulierte:»Der Sozialstaat der Gegenwart ist nicht die Verwirklichung eines in der Verfassung vorgegebenen oder vorgeschriebenen Modells. Auf demselben Weg, auf dem er entstanden und gewachsen ist, kann er fortentwickelt, geändert, angepasst und grundsätzlich auch wieder zurückgebaut werden.« Für viele ist allerdings schon der bloße Gedanke skandalös.

Zugleich wissen die Menschen, dass sich der Sozialstaat überhoben hat. Und doch haben sie Angst davor, dass sich der Staat zurückzieht. In diesem Dilemma zeigt sich das widersprüchliche Verhältnis der deutschen Gesellschaft zur Freiheit: In ihrem privaten Alltag genießen Bundesbürger, dass sie frei wählen können, für wen sie arbeiten, was sie einkaufen oder wohin sie reisen. Dass Freiheit aber auch bedeutet, unter Umständen die falsche Wahl zu treffen und dafür die Konsequenzen tragen zu müssen – das wollen viele nicht akzeptieren. Schnell fühlen sie sich dann überfordert und rufen allzu oft nach der schützenden Hand des Staates.

Die Skepsis gegenüber eigenverantwortlichen Entscheidungen und marktwirtschaftlichen Ergebnissen ist nicht neu. Vielmehr lassen sich solche Einstellungen weit in die Geschichte zurückverfolgen. Der österreichische Wirtschaftswissenschaftler Ludwig von Mises stellte bereits 1927 fest:»Der Hass gegen den Liberalismus ist das Einzige, in dem sich die Deutschen einig sind.« An der Ablehnung der marktwirtschaftlichen Ordnung hat das Konzept der Sozialen Marktwirtschaft nicht wirklich etwas geändert. Die Erfahrung in den sechziger und siebziger

Jahren, dass ein grundsätzlich über Märkte gesteuertes Wirtschaftssystem in höchstem Maße erfolgreich ist, wenn es um die Schaffung individuellen Wohlstands und die Gewährung sozialen Ausgleichs geht, hat unser Denken nicht langfristig geprägt. Und auch die jüngere Erfahrung der achtziger Jahre, als es gelang, Investitionen und Beschäftigung nachhaltig zu beleben, den Staatshaushalt zu sanieren und die Abgabenlast zu mindern, hat an der Skepsis der Deutschen gegenüber der Marktwirtschaft nichts geändert. Wohl haben das Trauma des Nationalsozialismus und die sich anschließende beispiellose gesellschaftliche und kulturelle Liberalisierung der Nachkriegsjahrzehnte den Bundesbürgern altdeutsche Obrigkeitshörigkeit sowie eine früher fast kultische Verehrung von ›Recht und Ordnung‹ ausgetrieben. Aber wenn es um die Garantie von Wohlstand und weitgehender sozialer Gleichheit geht, ist ihnen ihre traditionelle Staatsgläubigkeit vielfach erhalten geblieben.

Wenn heute zwischen der juristischen Zuständigkeit des Nationalstaates und seiner faktischen Kompetenz in bestimmten Politikfeldern eine wachsende Lücke klafft, dann muss dieser Prozess gerade die Deutschen besonders beunruhigen. Und tatsächlich greift eine wachsende Angst vor der Ohnmacht des Staates um sich. Der nüchterne Blick auf die Chancen der Freiheit ist dadurch für viele getrübt. Dass der Staat gerade dort unter Druck gerät, wo er am Markt und an langfristigen Gesellschaftstrends vorbei handelt, wo er ohne vernünftige Begründung kollektive Lösungen über die individuellen Entscheidungen stellt, das wird leichtfertig ignoriert.

Die Politik muss sich aus selbstgeschaffenen Systemzwängen befreien

Wenn das Vertrauen der Bürger in die Handlungsfähigkeit des Staates schwindet und zugleich ihr Misstrauen gegenüber Markt und Wettbewerb zunimmt, ist die Politik umso mehr gefragt: Sie muss klare Regeln setzen. Sie muss den Bundesbürgern Mut machen und den Einzelnen davon überzeugen, dass sich ein Engagement in der Gesellschaft lohnt und jeder seine Chance bekommt. Vor allem aber muss sie eine Idee anbieten, die die Menschen eint und damit den Gemeinsinn stärkt. All dies schaffen die politischen Akteure derzeit nicht. Die Wirtschaftspolitik agiert nur noch im kurzatmigen Rhythmus des Tagesgeschäfts, ohne Vision, ohne Gesamtkonzept. Aus der Not geborene Einzelmaßnahmen ergeben keine Wirtschaftspolitik aus einem Guss. Dabei ist der Wille, die offensichtlichen Probleme zu lösen, durchaus vorhanden. Was fehlt, ist das weithin akzeptierte Grundverständnis über die ökonomische und gesellschaftliche Zukunft dieses Landes.

Weil sich die Politik in unzähligen kurzfristigen Reparaturmaßnahmen verstrickt, verliert sie zunehmend das Vertrauen in ihre eigene Handlungsfähigkeit. Bei allen politischen Parteien ist dieser Zweifel mit Händen greifbar. Auf innere Überzeugung trifft man nur noch selten. Damit büßt die Politik die Fähigkeit ein, Menschen für sich zu gewinnen. Die Bürger spüren, dass Politiker selbst nicht mehr an die Wirksamkeit von Programmen und längerfristig ausgerichteten Strategien glauben. Sie zweifeln daher zutiefst an der Gestaltungskraft der Politik und werden darin durch das politische Tagesgeschäft immer wieder bestätigt.

Verstärkt wird die fatalistische Grundhaltung der Menschen gegenüber der Politik durch Konstruktionsfehler des politischen Systems selbst, die lange nicht wirklich sichtbar waren, seit vielen Jahren aber schwere Blockaden erzeugen. Über Jahrzehnte ist in Deutschland ein Gewirr aus Zuständigkeiten, verworrenen Finanzströmen und kaum nachvollziehbaren politischen Kompromissen entstanden. Das kann mal ganz amüsant sein, wie im Fall der Mehrwertsteuer: Wer beispielsweise eine Kreuzung aus Esel und Pferd kauft, der zahlt sieben Prozent Mehrwertsteuer. Wer sich dagegen für einen gewöhnlichen Esel begeistert, der muss den vollen Satz von 19 Prozent an den Fiskus abführen. Nein, wir sprechen hier nicht in Metaphern, der Gesetzgeber besteuert Maultier und Esel tatsächlich unterschiedlich. Warum, das wissen wohl nur die Beamten im Finanzministerium.

Meistens ist das Gewirr aus Vorschriften, Bürokratien und Finanzkanälen jedoch alles andere als lustig. Welches System welche Umverteilungsleistungen im Einzelnen erbringt, kann heute im Grunde keiner mehr nachvollziehen. Selbst innerhalb klar abgegrenzter Politikbereiche haben Experten ihre liebe Mühe. So klagte der Sachverständigenrat zur Begutachtung der gesamtwirtschaftlichen Entwicklung in seinem Jahresgutachten 2005: »Die Umverteilungsströme in der Gesetzlichen Krankenversicherung sind vielfältig, teilweise gegenläufig und äußerst intransparent.« Andere Regelungen behindern die schnelle Lösung von Problemen. Für den Hochwasserschutz etwa sind die Länder zuständig. Wenn sich jedoch ein Land weigert, seine Flussufer zu fluten, dann drohen anderen Bundesländern unnötig große Schäden. Hier müsste eigentlich der Bund ein Machtwort sprechen dürfen, um die gesamtwirtschaftlichen Schäden so klein wie möglich zu halten. Aber dem schiebt die föderale Gewaltenteilung einen Riegel vor.

In diesem Durcheinander aus Regelungen und Geldströmen haben die Bundesbürger längst den Überblick verloren. Sie können politische Verantwortung nicht mehr klar zuordnen. Und was noch schlimmer ist: Die Teilung von Verantwortung zwischen den verschiedenen Ebenen staatlicher Hoheitsrechte und den einzelnen Akteuren funktioniert auch nicht mehr. Das politische System wirkt daher oftmals wie gelähmt. Auch nach der ersten Stufe der Föderalismusreform erleben wir immer noch taktische Blockaden statt konstruktiver Debatten über die strategischen Ziele von Staat und Gesellschaft.

Ohne Zweifel sind Reparaturarbeiten am Gebäude von Staat, Verwaltung und Sozialsystemen notwendig. Doch gelingen können sie nur, wenn die Akteure sich aus der Eigenlogik des Politbetriebs befreien, die dem Bürger weder nachvollziehbar erscheint noch ihn in seinen Interessen, Bedürfnissen und Entscheidungen ernst nimmt. Neben allen praktischen Reformen braucht Deutschland daher im Grunde so etwas wie einen neuen Gesellschaftsvertrag. Dieser muss uns vor Augen führen, welche Freiheiten und Chancen wir besitzen. Er muss aber auch zeigen, welche Verantwortung daraus resultiert. Gleichzeitig muss definiert werden, welche Aufgaben der Staat übernehmen soll, weil er sie besser als der Einzelne lösen kann, und für welche Bereiche jeder selbst zuständig ist, weil er sie besser erfüllen kann als der Staat. Wenn es gelingt, diese Trennung der Zuständigkeiten schlüssig aus gemeinsamen Wertevereinbarungen abzuleiten, dann wird ein erneuerter Gesellschaftsvertrag Freiheitsrechte und staatliches Handeln wiederum legitimieren. Dieser müsste der Politik als Orientierungsrahmen im Tagesgeschäft dienen. Und den Bürgern würde er gleichzeitig verdeutlichen, dass sie Teil dieser Gesellschaft sind – mit Rechten und Pflichten gegenüber dem Staat und der Gemeinschaft.

Ansätze zu einer programmatischen Perspektive für unser Land, die versuchen, an historische Vorbilder anzuknüpfen, führen leider oft in die Irre. Lässt man eine selbsterklärte Linke außen vor, bei der nackter, bisweilen sogar offen reaktionärer Populismus herrscht, so regiert bis weit in die linke Mitte eine altbundesrepublikanische Sozialromantik, die manchmal hilflos, manchmal ratlos nach Rückwegen in die vermeintlich sicheren Verhältnisse der siebziger und achtziger Jahre sucht. Rechts der Mitte erliegt man dagegen der Versuchung, die von niemandem bestrittene Erfolgsgeschichte des Wirtschaftswunders der fünfziger und sechziger Jahre fortschreiben zu wollen. Doch so sympathisch etwa das Projekt einer ›Neuen Sozialen Marktwirtschaft‹ auch klingen mag, so verkehrt wäre es, zu tun, als ob Deutschland einfach zu den damaligen Verhältnissen zurückkehren müsste, und schon würde sich das nächste Wirtschaftswunder ereignen. So groß die Verdienste von Ludwig Erhard um die Währungsstabilisierung und die Rückkehr zur Friedenswirtschaft auch sind: Es gelang damals nicht, die Wirtschaftsordnung grundlegend neu zu gestalten. Dies erweist sich jetzt als schwerwiegende Bürde. Denn der Regulierungsrahmen der neugegründeten Bundesrepublik resultierte aus den ständisch geprägten Gesetzen und Institutionen der dreißiger Jahre. Er war ein Reflex auf die dramatischen Verwerfungen der Weltwirtschaftskrise nach 1929 und hat dem Staat große Verantwortung übertragen. Ausdruck der Versäumnisse der fünfziger Jahre ist, dass das Grundgesetz in Fragen der Wirtschaftsordnung offen bleibt. Jetzt geht es erstmals in der deutschen Geschichte darum, eine konsequent freiheitliche Wirtschaftsverfassung zu etablieren.

Die Grundlagen der Ordnungspolitik

Die Grundlagen eines neuen Gesellschaftsvertrags liefert unserer Meinung nach immer noch jene Konzeption von Ordnungspolitik, die eine liberale Tradition einst aus der Perspektive der Nationalökonomie formuliert hat. Freilich gilt es, diese unvermindert gültigen Prinzipien im Hinblick auf die neuen Herausforderungen einer globalen Wirtschaft konsequent weiterzudenken.

Ordnungspolitik in der Tradition von Walter Eucken verfolgt die Absicht, ökonomische Entwicklungen sachlich und zeitlich im Zusammenhang zu sehen, Widersprüche beim wirtschaftspolitischen Handeln zu vermeiden sowie durch kluges Tun und

Unterlassen dauerhaft Wohlstand zu sichern. So verstanden, legt Ordnungspolitik auch die moralischen Grundsätze fest, an denen wirtschaftliches Handeln ausgerichtet werden kann. Zugleich gibt sie Orientierung bei der Frage nach der Aufteilung von Verantwortung und Kompetenz zwischen Bürger und Staat sowie zwischen den Gesellschaftsmitgliedern.

Ausgangspunkt aller gesellschaftlichen Steuerungsüberlegungen ist das Individuum: Jeder Bürger soll die größtmögliche Freiheit erhalten, Entscheidungen zu treffen. Ordnungspolitik ist also kein wertfreier Begriff, keine Worthülse, wie Kritiker zuweilen unterstellen. Vielmehr ist die Gewährung von Freiheit ihr entscheidendes ethisches Postulat. Mit anderen Worten: Ordnungspolitik unterstellt, dass Menschen weitgehend selbst in der Lage sind, richtige Entscheidungen zu treffen. Daher trägt sie im Wesentlichen Sorge, dass ihnen dazu auch faktisch die nötigen Freiräume gelassen werden. Im Gegenzug dazu vertraut eine konsequente Ordnungspolitik darauf, dass mündige Bürger die Verantwortung für ihr Handeln so weit wie möglich selbst übernehmen. Für das Gleichgewicht eines jeden freiheitlichen Systems sind beide Seiten essentiell. Denn wer für die Folgen seines Handelns nicht geradestehen muss, der wird sehr schnell die Freiheit der anderen einschränken und sie ausbeuten. Das eigentliche Kennzeichen des ordnungspolitischen Denkens ist somit eine selbstverantwortete Freiheit.

Die Regeln der Ordnung können nur aus einem Kanon von normativen Grundüberzeugungen abgleitet werden. Gerade deswegen verspricht dieses Fundament zugleich eine normative Entlastung im Alltag. Der Einzelne muss sich nicht mehr so sehr über die Motive seines Handelns den Kopf zerbrechen. Gesinnungsethik, bei der die Absicht mehr zählt als das Ergebnis, wird verdrängt durch Verantwortungsethik. Das heißt: Moral entsteht in der Ordnungspolitik aus der Erkenntnis, Verantwortung für sein Tun und Lassen übernehmen zu müssen. Und das heißt wiederum: Es genügt nicht, gerecht handeln zu wollen. Das Ergebnis muss gerecht sein. Nicht der hehre Gedanke oder der Weg zählt, sondern das tatsächlich erreichte Ziel. Das erfordert eine klare Trennung in generelle Ordnungsregeln auf der einen sowie spezifische Verhaltens- und Ergebnisnormen auf der anderen Seite.

Freiheit zwischen Determinismus und Verantwortung

Wenn wir über Verhaltensnormen sprechen, dann können wir dies nicht angemessen tun, ohne zu fragen, wie viel Willens- und Handlungsfreiheit dem Einzelnen zugesprochen werden kann. Nur, wenn dies in erheblichem Maße der Fall ist, macht es überhaupt Sinn, moralphilosophische Reflexionen anzustellen. Wir müssen nach der Gerechtigkeit in der Ordnung der Freiheit fragen, wenn wir das Versprechen der Gerechtigkeit gehaltvoll und konsistent beschreiben wollen.

In der Moralphilosophie hat die Frage nach Determinismus und Indeterminismus eine lange und tiefgehende Diskussion ausgelöst. Bei Aristoteles finden wir in der »Nikomachischen Ethik« eine Auseinandersetzung mit freiwilligen und unfreiwilligen Handlungen sowie den dafür angemessenen moralischen Urteilen. Gottfried Wilhelm Leibniz und Christian Wolff formulierten im frühen 18. Jahrhundert den »Satz vom Grund« und argumentierten im Sinne der Bedingtheit, während David Hume durch die Differenzierung von Ursache und Wirkung für eine weichere Form des Determinismus eintrat. Darauf Bezug nehmend, konstruierte Immanuel Kant den Gegensatz zwischen Freiheit und Determinismus als Antinomie. Der Widerspruch zwischen dem für seine Zeit typischen Denken in Kausalitätsketten und der Notwendigkeit des freien Willens als moralische Instanz wurde bei ihm aufgelöst, indem er den Menschen sowohl als Geistwesen wie auch als Körperwesen deutete und durch ein

»zugleich« verband. Der Mensch ist sowohl ein autonomes, von Rationalität geleitetes Wesen als auch eines, das den Naturbedingungen unterliegt.

»Wir sind«, so schreibt der Philosoph Wilhelm Vossenkuhl, »als Einzelne weder die Quellen unseres eigenen Daseins noch die Bedingungen unserer Freiheit. Es wäre unsinnig zu meinen, wir existierten in der Welt als autonome Individuen. ... Wir können uns ... weder für unsere Freiheit noch für unsere Verantwortung entscheiden, gegen beides aber schon.« So gilt, dass die Freiheit, von der unsere Gesellschafts- und Wirtschaftsordnung jederzeit von neuem ihren Ausgang nimmt, zunächst dem Einzelnen gewährt und weniger Ausdruck seiner Anstrengung ist. Damit verschieben sich zugleich die Gewichte: Der potentiell mächtige Akteur, der alles aus freien Stücken tut und im Griff hat, mutiert zu einem zur Bescheidenheit gezwungenen Sachverwalter begrenzter Möglichkeiten und mit beschränkter Haftung.

In der neurobiologischen Hirnforschung wurde in den letzten Jahren die Basis für einen neuen Determinismus gelegt. So ließen sich die Entscheidungen der Menschen und ihr Handeln nahezu restlos auf Ursachen zurückführen, die mit den Mitteln naturwissenschaftlicher Beschreibung fast ohne Lücke rekonstruiert werden können. Prominente Hirnforscher vertreten deshalb die These, dass es Willensfreiheit nicht gebe. Da jeder Entscheidung und Handlung ein »Bereitschaftspotential« vorausgehe, sei diese durch neuronale Ereignisse im Gehirn determiniert. Dagegen ist – letztlich in der Tradition von Kant – argumentiert worden, dass es immerhin freie Entscheidungen infolge eines Überlegens und Abwägens von Gründen seien, so dass »sich neuronale Determiniertheit und Freiheit keineswegs aus(-schließen)«.

Was bedeutet dies für die Adressierung ethischer Anforderungen, wie sie sich mit Verantwortung und Verantwortungsfähigkeit verbinden? In jedem Fall sollte gelten, dass der Einzelne eine geschmeidige Exkulpation daraus nicht ableiten kann. Zwar handeln wir stets unter Bedingungen, die wir weithin nicht selbst beeinflussen können. Das gilt für unsere individuellen Fähigkeiten, insoweit sie erblich bestimmt sind, und das gilt für die gesellschaftlichen Strukturen, die wir allenfalls mitgestalten können. Unsere Verantwortung entspricht zumindest den Anpassungsleistungen, die wir unter diesen Voraussetzungen erbringen. Da es aber keinen plumpen, ausschließenden Determinismus im individuellen Handeln gibt, bestehen darüber hinaus immer wieder Möglichkeiten der bewussten Gestaltung und Intervention. »Wir sind«, so noch einmal Vossenkuhl, »die Ursache für etwas, was ohne unser Zutun nicht geschehen wäre und vielleicht nicht hätte geschehen sollen.« Insofern ist Freiheit »die Kraft, den eigenen Spielraum des Handelns durch selbstgewählte Möglichkeiten, durch Fähigkeiten und Vermögen, die wir uns im Laufe des Lebens aneignen, zu erweitern«. Wir haben die Freiheit der Wahl und der Gestaltung.

Dieser Hinweis ist von großer Bedeutung, weil damit die Freiheit durch zumindest teilautonome, verantwortungsfähige Individuen ausgefüllt wird. Wäre es anders, würden wir den leichten Weg gehen und uns als Opfer von Vorbestimmungen sowie externen Bedingungen sehen, dann müsste die Gerechtigkeit ihr Versprechen vor allem, wenn nicht ausschließlich auf die Kompensation dieser Fremdbestimmtheit richten. Ein Gerechtigkeitskonzept, das den Einzelnen fordert, sein Leistungsvermögen und seinen Leistungswillen berücksichtigt, wäre dann nicht tragfähig. Leider erkennen wir allenthalben, dass die Ausrede der Pseudofremdbestimmtheit zum gängigen Muster gesellschaftlich relevanten Verhaltens gehört: Wir haben uns im öffentlichen Diskurs daran gewöhnt, dass Hartz-IV-Empfänger nur Opferstatus beanspruchen können und deshalb keine Eigenverantwortung tragen. Daran, dass Bankmanager sich als Opfer fremder Strukturen sehen und kaum Handlungsfreiräume für sich erkennen, müssen wir uns derzeit wohl gewöhnen. Und daran, dass der Anleger eine eigene Verantwortung zu Recht negiert

und der Konsument seine Steuerungswirkung für das Marktsystem zu Recht leugnet, besteht in Öffentlichkeit und Politik
ohnehin kein Zweifel.

Die Leichtfertigkeit, mit der öffentlich dem Determinismus
das Wort geredet und die These vom freiheits-, weil verantwor-
tungsfähigen Individuum abgelehnt wird, steht wohl in einem
engen Konnex mit der aus erhöhter Komplexität der Lebenswelt
verbundenen Überforderung und Verunsicherung des Einzelnen. Tatsächlich kann man daran nicht vorbei. Wir hatten unter
Bezug auf Hannah Arendt und Ralf Dahrendorf an früherer Stelle diesen Zusammenhang beleuchtet. Doch so bedeutsam dieser
Befund ist, weil er auf anthropologische Voraussetzungen für das
Individuum in der Freiheitsgesellschaft verweist, so kann er doch
die Befreiung des Einzelnen aus seiner gesellschaftlich verankerten Verantwortung nicht begründen. Denn dies würde andernfalls bedeuten, dass steigende Komplexität, deren technische Voraussetzungen wir beherrschen, einen automatischen Anspruch
an kollektive Sorge begründen würde. Anders gewendet: Der
technische und der politisch-regulatorische Fortschritt würden
das Prinzip Verantwortung bedrohen. Doch wo niemand Verantwortung zu tragen vermag, wird am Ende auch niemand auf
Dauer in Freiheit leben können. Erst diese Einsicht fundiert
Überlegungen zu allgemeinen Ordnungs- und Verfahrensregeln.
Denn die Ordnung der Freiheit – wie sie sich in den von Walter
Eucken entworfenen Grundsätzen Ausdruck verschafft – benötigt auch eine individualethische Perspektive.

Konstituierende und regulierende Prinzipien

Walter Eucken hat in seinem Konzept von Ordnungspolitik zwischen konstituierenden und regulierenden Prinzipien unterschieden. Die konstituierenden Prinzipien liefern einen übergeordneten Orientierungs- und Bezugsrahmen und bieten auf

diese Weise der Politik die Chance, nicht nur punktuell zu reagieren, sondern von der großen Linie her zu agieren. Sie zeigen der Gesellschaft eine generelle Richtung, das Ziel sowie den Weg zum Ziel. Sie verhindern, dass in schwierigen Zeiten die langfristige Orientierung verlorengeht, und sie ermöglichen, Abweichungen vom Weg aufzudecken sowie zielführende Korrekturen von Fehlentwicklungen zu unterscheiden.

Eucken hat sieben konstituierende Prinzipien definiert: offene Märkte, freie Preisbildung, Geldwertstabilität, Privateigentum, Vertragsfreiheit und volle Haftung der wirtschaftlichen Akteure für ihr Tun und Lassen sowie eine stetige und vorhersehbare Wirtschaftspolitik. Nur so können Unternehmer, Konsumenten und Sparer ihre individuellen Entscheidungen verlässlich planen. Die konstituierenden Prinzipien verlangen, dass eine Regierung auch dann am eingeschlagenen Kurs im Sinne dieser Ziele festhält, wenn einzelne starke Interessengruppen politischen Druck in andere Richtungen ausüben.

Mit anderen Worten: Die konstituierenden Prinzipien gelten zu jeder Zeit. Sie sind im Grunde das Fundament und gleichzeitig die Wände des Gebäudes einer wettbewerbsorientierten Wirtschaftsordnung. Da aber auch in solide gezimmerten Häusern die Menschen gelegentlich miteinander streiten oder mal erkranken und längst nicht alles glattläuft, braucht jede Wirtschaftsordnung laut Eucken zudem regulierende Prinzipien. Diese sollen die etablierte Wirtschaftsordnung wirtschaftlich und sozial funktionsfähig halten – also bestimmte Marktprozesse und Marktergebnisse korrigieren. Dazu zählt etwa, dass der Staat in einem angemessenen Rahmen Einkommen umverteilt und unvermeidbare, da »natürliche« Monopole, zum Beispiel auf den Energiemärkten, kontrolliert.

Der Unterschied von konstituierenden und regulierenden Prinzipien macht deutlich, dass einerseits unverrückbare, zeitunabhängige Ordnungsprinzipien definiert werden müssen und andererseits Regeln notwendig sind, denen erst eine zeitgemäße Interpretation Wirkungskraft verleiht. Ordnungspolitik ist somit kein Konzept – wie vielfach unterstellt wird –, aus dem lediglich ein statisches Gerüst an Regeln folgt. Vielmehr gilt: Ordnung ist nicht, Ordnung wird. Der Gegensatz zwischen spontaner Ordnung ›von unten‹ und konstruierter Ordnung ›von oben‹ lässt sich entsprechend leicht auflösen. Die Vertreter dieser Ordnungspolitik sind sich darüber im Klaren, dass Verträge und Rahmenordnungen wie das Grundgesetz zwangsläufig unvollständig sind, weil sich vieles immer wieder verändert. Neue Probleme wie Umweltverschmutzung, knapper werdende Energieressourcen oder Terrorismus tauchen auf. Gleichzeitig entwickeln sich die Einstellungen der Bürger weiter. Starre Vorschriften würden daher unweigerlich in Widerspruch zu den Überzeugungen der Menschen und den Herausforderungen der Gegenwart geraten. Deshalb müssen Institutionen – beispielsweise Gesetze – innerhalb der konstituierenden Prinzipien ständig an die neuen Situationen angepasst werden.

Doch selbst dann lässt sich längst nicht alles regeln. Eine Gesellschaft braucht daher das Vertrauen, dass gemeinsame Normen jenseits von Angebot und Nachfrage, aber auch jenseits gesetzlicher Regelungen eingehalten werden. Es darf nicht darum gehen, was ökonomisch möglich oder gesetzlich erlaubt ist, sondern darum, was gesellschaftlich akzeptiert ist. Und es geht um informelle Normen, die eben gerade nicht in Gesetzestexten formuliert noch sonst wie aufgeschrieben werden können. Je mehr Menschen sich an diese informellen Normen halten, desto reibungsloser funktioniert auch die Ökonomie. Solche Richtwerte werden gern abschätzig als ›Sekundärtugenden‹ bezeichnet – zu Unrecht. Denn hier geht es nicht um starre, gar autoritäre Verhaltensnormen, sondern um Haltungen. Man weiß, was sich gehört. Man hält sich eigenverantwortlich an Regeln und Umgangsformen, die es möglich machen, sich aufeinander zu verlassen. Menschen wissen um den Wert sozialer Einbindung, von Gemeinschaft, Erziehung und Traditionen – ohne diese blindlings zu akzeptieren. Vertrauen ermöglicht Zusammenarbeit und Zusammenleben. Künftige Handlungen werden berechenbarer. Aus dem individuellen Nutzen informeller Vertrauensverhältnisse entsteht auch ein Nutzen für die Gemeinschaft. Die unvermeidbare Unvollständigkeit von Verträgen und expliziten Regelwerken macht Vertrauen unabdingbar.

Partizipationsgerechtigkeit statt Verteilungsgerechtigkeit

Was folgt aus diesen Überlegungen für die Wirtschaftspolitik? Zunächst: Die Wirtschaftsordnung, in der die Freiheit des Menschen am besten zum Ausdruck kommt, ist die Marktwirtschaft. Sie ist ein offenes ökonomisches System, in dem jeder mitmachen darf und soll. Das setzt voraus, dass alle die gleichen Chancen erhalten, tatsächlich am Wirtschaftsleben teilnehmen zu können. Ob diese Partizipationsgerechtigkeit in der deutschen Gesellschaft besteht, muss angesichts der bereits beschriebenen sozialen Spaltungstendenzen kritisch hinterfragt werden.

Sozialethisch ist Gerechtigkeit eine Norm, die sich nicht zuerst an den einzelnen Menschen wendet, sondern an die Gestaltung gesellschaftlicher und politischer Systeme. Handlungs- und Verfahrensregeln auf Basis einer gesellschaftlichen Vereinbarung, einem Gesellschaftsvertrag, sollen klären, wie die Voraussetzungen sowohl für eine aktive Teilnahme am politischen Diskurs als auch am ökonomischen Tausch geschaffen werden können. Die Verteilung knapper Güter ist dafür ebenso bedeutsam wie die sozialer Privilegien und fundierter Ansprüche an die Gemeinschaft. Das Miteinander auf vertraglicher Basis erfordert – gerade in der Demokratie – den Grundsatz der Gegenseitigkeit, der Symmetrie. Der deutsche Philosoph Robert

Spaemann hat einen Begriff von Gerechtigkeit geprägt, der unterschiedliche theoriegeschichtliche Stränge verbindet:

»*Gerechtigkeit ist die Anerkennung einer fundamentalen Symmetrie in den Beziehungen der Menschen, und zwar dort, wo es um die Verteilung knapper Güter geht. Diese Symmetrie besteht nicht in einfacher Gleichheit aller, sondern darin, dass Asymmetrien der Rechtfertigung bedürfen. Die Rechtfertigung aber muss von der Art sein, dass jeder, der selbst bereit ist, gerecht zu denken, dieser Asymmetrie zustimmen kann. Wo ein Mensch diskriminierenden Maßnahmen unterworfen wird, die ihm selbst gegenüber gar nicht gerechtfertigt werden und auch gar nicht gerechtfertigt werden können, ... da ist jene fundamentale Symmetrie verletzt, ohne die es keine Gerechtigkeit gibt. Gerechtigkeit heißt nicht, dass jeder das Gleiche bekommt oder das Gleiche leisten muss. Es heißt, dass der Maßstab bei der Verteilung von Lasten und Entschädigungen, wie immer er aussehen mag, nicht von vorneherein zugunsten bestimmter Personen oder Personengruppen entworfen und bei der Anwendung nicht zugunsten oder zuungunsten bestimmter Personen manipuliert wird. Darum wird Justitia mit einer Binde vor den Augen dargestellt. Gerechtigkeit heißt immer auch: Unparteilichkeit.*«

Wir finden in dieser Begriffsklärung Anklänge an Aristoteles mit seiner Unterscheidung in verteilende und ausgleichende Gerechtigkeit sowie an die Gerechtigkeitstheorie des späten zwanzigsten Jahrhunderts, vor allem von John Rawls mit der Garantie der Grundfreiheiten und dem Gedanken hinnehmbarer Ungleichheit (Differenzprinzip). Chancenungleichheit sei danach nur hinnehmbar, wenn die dadurch möglichen Kooperationsgewinne gesamtgesellschaftlich bedeutsam seien und eine Lagebesserung auch für die Benachteiligten ermögliche. Nobelpreisträger Amartya Sen, Professor der Wirtschaftswissenschaften in Harvard, hat darauf hingewiesen, dass dem ein Konzept grundsätzlicher persönlicher Fähigkeiten und deren Realisierung hinzuzufügen ist. Gerechtigkeit bedeutet damit die gleiche Chance, eine möglichst umfangreiche Palette an persönlichen Fähigkeiten erwerben zu können. Diese Überlegungen stehen auf den ersten Blick durchaus nicht im Einklang mit manchen Konzepten marktwirtschaftlicher Ordnung, die diese nahezu ausschließlich von ihren Wirkungen zu begründen und ethisch zu legitimieren suchen.

Wenn man aber diese Gedanken aufnimmt, dann erscheint es attraktiv, Gerechtigkeit als Befähigung zum gelingenden Leben im gesellschaftlichen Kontext zu bestimmen. Staatliche Systeme und Instrumente hätten dem dann durch eine faire Verteilung der Grundgüter des Lebens, durch eine Kompensation nicht zu verantwortender Mangellagen und eine grundsätzliche Offenheit für den Wiedereinstieg zu entsprechen. Gerechtigkeit wird damit in die Perspektive des Lebensverlaufs gestellt und muss die Bedeutung von Pfadabhängigkeit beachten. Wenn das Bildungssystem es nicht schafft, fundamentale Asymmetrien auszugleichen, dann potenziert sich die Verantwortung der Gemeinschaft für den Einzelnen. Wenn es glückt, was für die deutsche Realität so nicht gilt, dann entlastet es die Gemeinschaft im Lebensverlauf und stärkt die Mitverantwortung des Einzelnen.

Das damit angesprochene Thema Bildung muss aber nicht nur die Chancen der materiellen Teilnahme erfassen, sondern ebenso die Befähigung zur Selbstregulierung und zur Demokratie, letztlich zur Freiheit. Der Mensch als grundsätzlich freiheitsfähiges Wesen wird dann auf einer wirksamen Sozialisation aufbauen. Gerechtigkeit in diesem Sinne kann wenig mit selbsterklärten Opfern und dem Opferstatus als gesellschaftlich anerkannter Position anfangen. Gerechtigkeit in diesem Sinne verlangt mehr vom Einzelnen, und zwar ein Leben lang. Das ist freilich nicht das, was jene Montagsdemonstranten im Sinne hatten, als sie gegen die Arbeitsmarkt- und Sozialreformen der rot-grünen Bundesregierung auf die Straße gingen. Aber erst dann, wenn die traditionelle Sozialpolitik diesem Gerechtigkeitsverständnis wirklich und in der Breite der Instrumente folgt, können auch die gesellschaftlichen Debatten an Ernsthaftigkeit und Tiefgang gewinnen, die sich derzeit um die Ursachen wie die Folgen der Finanzmarktkrise ranken. Denn die leicht und mit großem Vorwurf adressierte Verantwortung bleibt wirkungslos, wenn es nicht ein gesellschaftliches Verständnis dafür gibt, dass Freiheit, Verantwortung und Gerechtigkeit nur aufeinander bezogen einen konsistenten Rahmen für die Regelwerke bilden. Nur dann wird in der Öffentlichkeit und der Politik das Verständnis für die ›Verlierer‹ nicht mit dem Unverständnis für die Gewinner des marktwirtschaftlichen Systems verbunden sein, so wie wir es derzeit – nicht ohne berechtigten Grund – erleben.

Wenn immer mehr Menschen Probleme hätten, eine Arbeit zu finden, sich selbst gegen Risiken abzusichern, soziale Kontakte aufzubauen oder sich etwa gesund zu ernähren, dann nähme die Zugangsgerechtigkeit zwangläufig ab. Zudem muss sichergestellt werden, dass alle Bürger prinzipiell die gleichen Möglichkeiten haben, Einrichtungen wie etwa Schulen und Universitäten zu nutzen. Erst durch diese Partizipationsgerechtigkeit gewinnt die individuelle Verantwortung ihre Begründung. Denn der Einzelne kann nur verantwortlich handeln, wenn er über die nötige Bildung verfügt, um die Folgen seines Handelns in einer zunehmend komplexen und sich schnell verändernden Welt einzuschätzen.

Liberale Ordnungspolitik sah sich in den letzten Jahren oftmals der Kritik ausgesetzt, sie vergesse die ›Verlierer‹ des Wettbewerbs. Erfolg im Wettbewerb resultiere im Marktsystem aus Eigennutz. Misserfolg könne demgegenüber aus moralisch begründbarem abweichenden Verhalten folgen. Deshalb ließe sich das Prinzip der Freiheit in der Markwirtschaft ethisch kaum ausreichend rechtfertigen. Richtig ist: Jede Wirtschaftsordnung muss sich auch der Frage stellen, wie es den ›Verlierern‹ ergeht. Eine freiheitliche Ordnungspolitik möchte die ›Verlierer‹ nicht außen vor lassen, kann sie jedoch auch nicht vollständig für ihren Verlust entschädigen. Vielmehr müssen sie die Verantwortung für ihr Handeln selbst übernehmen. Dennoch kümmert sich eine vernünftige Ordnungspolitik auch um ›Verlierer‹: Sie stellt sicher, dass jeder immer wieder eine faire neue Chance zum Wiederaufstieg bekommt. Wer abstürzt, der wird nicht für den Rest seines Lebens mit Almosen abgespeist, sondern in die Lage versetzt, sich wieder hochzuarbeiten. Die Gemeinschaft trägt also die Verantwortung dafür, dass fehlende Partizipationschancen nicht festgeschrieben, sondern neu eröffnet werden. Nur wenn das gelingt, kann Marktwirtschaft funktionieren. Und nur dann wird sie effizient sein, da alle vorhandenen Ressourcen zum Einsatz kommen. Eine wettbewerbsorientierte Marktwirtschaft, die auf Dauer zu viele Bürger zurückließe, wäre nicht nur in einem moralischen Sinne ungerecht. Sie wäre ökonomisch auch nicht wettbewerbsfähig.

Dennoch eröffnet das Prinzip der Partizipationsgerechtigkeit noch weitere ethische Dimensionen. Zuallererst schafft es die Basis für eine richtig verstandene Verantwortungsethik: Weil der Einzelne neue Chancen erhält, ist es auch gerecht, dass man ihm die Verantwortung für sein Handeln überträgt. Diese Haftung für das eigene Tun ist – wie betont – elementar für das Funktionieren der freiheitlichen Ordnung. Wüsste man beispielsweise nicht, dass ein Internethändler gesetzlich verpflichtet ist, bezahlte Ware tatsächlich zu verschicken, würde man nie etwas online bestellen. Diese Verantwortung ist die Voraussetzung dafür, dass Menschen in Freiheit miteinander leben können, ohne dass der Staat in jeden einzelnen Vertrag eingreift.

Wohin es führen kann, wenn das Haftungsprinzip nicht wirkt und eine Ethik der Verantwortung nicht trägt, zeigt die aktuelle Finanzmarktkrise. Durch Übernahme von beziehungsweise Bürgschaften für Schulden privater Banken oder Fonds durch den Staat werden Verantwortung und Haftung fälschlicherweise getrennt. Ein solcher ›Bail-out‹ (Rettungsaktion) sozialisiert, da haben linke Kritiker einmal recht, die Folgen privater Fehlentscheidungen. Genau deshalb sagte aber auch der gewiss nicht linke US-Finanzminister Henry Paulson: »Ich hasse, was ich tue, aber es gibt keine Alternative.« Sprich: Hielte man das Haftungsprinzip in einer Liquiditätskrise solchen Ausmaßes uneingeschränkt hoch, dann bräche das Finanz- und Kreditsystem insgesamt zusammen, und damit quasi der Blutkreislauf der Marktwirtschaft. Seine Entscheidung lässt sich somit unter der Rubrik »Außergewöhnliche Situationen erfordern außergewöhnliche Maßnahmen« verbuchen. Tatsächlich wurde das Haftungsprinzip hier viel früher ausgehebelt, nämlich zu einem Zeitpunkt, da man es noch leicht hätte geltend machen können: als in den USA damit begonnen wurde, Menschen Hypothekenkredite einzuräumen, deren wirtschaftliche Situation das objektiv nicht hätte erlauben dürfen, und die für ihr Risiko folglich niemals wirklich hätten haften können. Jene, die diese Risiken bündelten und ohne nachvollziehbare Bewertungen sowie mit ungedeckten Schecks im System weiterreichten, haben dann die Illusion akkumuliert, dass niemand hierfür Verantwortung trage. Gaukelt man den Menschen zu lange vor, es gebe etwas umsonst, und diese geben sich der Phantasie eines »free lunch« auch noch bereitwillig hin, dann muss irgendwann die gesamte Gesellschaft die Zeche zahlen. Leider nützt es nichts, verbranntem Geld hinterherzuweinen. Worauf es ankommt, ist jetzt zweierlei: das System zu stabilisieren – und aus den Gründen für das Versagen Lehren für die Zukunft zu ziehen.

Allein Partizipationsgerechtigkeit bildet die Basis für eine Leistungsgerechtigkeit. Letztere impliziert ein Gerechtigkeitsverständnis, das die erbrachte und im Markt bewertete Leistung zum Maß der Verteilung macht. Gerecht ist das Marktergebnis deshalb, weil alle Marktteilnehmer freiwillig Verträge abschließen. Auf einem einwandfrei funktionierenden Markt kommen daher Abmachungen zustande, die beide Vertragspartner besser stellen. Ein Konkurs beispielsweise ist für die Beteiligten schmerzhaft, aber – so hart das klingen mag – nicht ungerecht. Denn das Unternehmen hat seine Produkte selbst ausgewählt und freiwillig zu einem bestimmten Preis angeboten. Ungerecht sind Marktergebnisse dann, wenn sie auf Betrug beruhen. Leistungsgerechtigkeit setzt daher voraus, dass die Menschen ihre Verträge einhalten, nicht stehlen oder betrügen.

Eine diesen Grundsätzen folgende Wirtschaftsordnung sichert – analog der politischen Freiheitsordnung – die Gewaltenteilung. Marktwirtschaft als ein System der Gewaltenteilung erfordert, dass jeder in allen Geschäftsbereichen ein Unternehmen gründen kann und dabei nicht von großen Konkurrenten mit unlauteren Mitteln vom Spielfeld gedrängt wird. Die Märkte müssen also offen und bestreitbar sein. Entstehende Marktmacht muss unerbittlich immer wieder unter Konkurrenz- und Wettbewerbsdruck gesetzt werden. Die Sicherung des Wettbewerbs ist eine gesellschaftliche Aufgabe. Sie erfordert eine prophylaktische Strategie, die schon die Entstehung von wirtschaftlicher Macht behindert.

Wo der Staat stark sein muss

Wie viel Freiheit muss der Einzelne haben? Wie viel Freiheit darf der Staat einschränken? Diese Fragen sind für den dauerhaften Erfolg einer Gesellschaft von zentraler Bedeutung. Verantwortung und Kompetenz müssen systematisch und ethisch fundiert verteilt werden. Walter Eucken, der 1891 geboren wurde, war geprägt vom »Zeitalter der gesellschaftlichen und wirtschaftlichen Misserfolge«. Zunächst erlebte er, wie grenzenloses Laissez-faire und Minimalstaatsideologie die Risiken einer Selbstzerstörung marktwirtschaftlicher Ordnung durch Vermachtung ignorierte. Später musste er mit ansehen, wie kommunistische und nationalsozialistische Machtbestrebungen die Steuerungskraft freiheitlicher Ordnungssysteme ausschalteten und auch wirtschaftlich zerstörten. Bei der Frage, wo die Grenze zwischen der Freiheitsverpflichtung des Staates und der Freiheitsberechtigung der Bürger zu ziehen ist, rekurriert die Ordnungspolitik auf die ethischen Prinzipien, die unmittelbar aus der Grundsatzentscheidung für die freiheitliche Wirtschaftsordnung folgen.

Ein Staat hat die Aufgabe, die Freiheit des Bürgers zu sichern und Beschränkungen zu minimieren. Das gilt für alle Teilbereiche des Lebens und die entsprechenden Ordnungen – Staat, Recht, Gesellschaft, Kultur, Wissenschaft und Wirtschaft. In einigen Bereichen muss der Staat allerdings in die Freiheit der Menschen eingreifen dürfen: Jeder mündige und kompetente Bürger muss zunächst selbst dafür sorgen, dass er dauerhaft am gesellschaftlichen und wirtschaftlichen Leben teilnehmen kann. Arbeitnehmer beispielsweise sind aufgerufen, sich weiterzubilden, um mit der technologischen Entwicklung in ihrem Beruf Schritt zu halten. Ansonsten stünde es um ihre Arbeitsmarktchancen schlecht. Darüber hinaus wird von den Bürgern erwartet, dass sie sich selbst gegen individuelle Risiken absichern. Nur bei Menschen, die nicht in der Lage sind, diese beiden Aufgaben zu erfüllen, muss der Staat treuhänderisch für eine angemessene Erstausstattung mit Chancen sorgen. Kinder zum Beispiel können in jungen Jahren noch nicht verstehen, wie wichtig eine gute Ausbildung ist. Daher hat der Staat das Recht, sie zum Schulbesuch zu verpflichten.

Wenn Bürger – aus welchen Gründen auch immer – im Wirtschaftsleben scheitern, bedarf es angemessener Strukturen, damit sie eine weitere Chance erhalten und nutzen. Das Insolvenzrecht etwa muss jedem die Möglichkeit geben, sich zu entschulden, so dass er nach einiger Zeit finanziell wieder auf eigenen Beinen stehen kann. Ein weiteres Beispiel ist die soziale Grundsicherung für Arbeitsuchende, die sie effektiv fördert und fordert. Stets bewegt sich staatliche Kompensation dabei in einem Spannungsfeld: Auf der einen Seite darf sie den Menschen die Verantwortung nicht vollständig abnehmen, ansonsten würden die Bürger einen Konkurs beispielsweise zu leichtfertig in Kauf nehmen. Auf der anderen Seite dürfen die Sanktionen aber auch nicht derart rigide sein, dass sie den Betroffenen die Zukunft verbauen.

Die Menschen müssen für ihr Handeln haften wollen und haften können. Wo das nicht der Fall ist, da muss letztlich der Staat eingreifen. Geht beispielsweise beim Fußballspielen auf dem Hof mal eine Scheibe zu Bruch, können die Kinder den Schaden nicht bezahlen. Daher schreibt das Gesetz vor, dass Eltern für ihre Sprösslinge haften. Auch im Straßenverkehr erreichen die Schäden schnell Summen, die der normale Bürger nicht aus eigener Tasche begleichen kann. Die obligatorische Kfz-Haftpflichtversicherung ist deshalb ebenfalls ein berechtigter Eingriff in die Freiheit der Bürger.

Leistungsgerechtigkeit setzt Leistungsfähigkeit voraus. Die Gemeinschaft muss daher subsidiäre Auffanglösungen schaffen, wenn jemand zeitweilig in Not gerät oder dauerhaft aufgrund persönlicher Umstände nicht leistungsfähig ist. Ein Beispiel ist die Grundsicherung, ein anderes die Pflicht zur Absicherung des Pflegerisikos. Auch hier gilt es zu vermeiden, dass gutgemeinte Regelungen zu Fehlanreizen führen, eigene Vorkehrungen gemindert werden und sich die Bereitschaft der Steuerzahler zur Finanzierungsbeteiligung reduziert.

Arbeitsteilung und -tausch sind Motoren einer funktionsfähigen Marktwirtschaft. Sie erfordern sittliche Vertragsinhalte und Vertragstreue. Der Staat hat die straf- und zivilrechtlich relevanten Restriktionen und Sanktionen zu definieren. Hierbei gilt: Der Gesetzgeber muss im Auge behalten, welche Kosten den Bürgern und Unternehmen durch die Rechtssetzung entstehen.

Aus der Struktur einer freiheitlichen Wirtschaftsordnung wird ersichtlich, dass ethische Anforderungen gleichermaßen an den Gesetzgeber, den Unternehmer und den Arbeitnehmer zu richten sind. Gelingt dies nicht, entsteht ein moralisches Ungleichgewicht, das einer Gruppe Ausbeutungsstrategien ermöglicht. Unternehmen dürften beispielsweise versucht sein, natürliche Ressourcen nach Belieben auszunutzen oder Verbraucher zu betrügen, wenn sie für ihr Handeln nicht haften müssten. Arbeitnehmer könnten sich in die soziale Hängematte fallen lassen, solange Selbstverantwortung nicht eingefordert wird. Und der Staat schließlich wird seine Bürger immer mehr zur Kasse bitten, wenn die staatlichen Organe nicht die Kraft haben, die Ausbeutungsstrategien von Subventions- und Transferempfängern zu verhindern und Machtpositionen bestreitbar zu machen. Manche dieser Entwicklungen lassen sich in Deutschland seit einiger Zeit beobachten. Von einem mutigen Subventionsabbau beispielsweise ist kaum noch etwas zu sehen. Im Gegenteil: Die Große Koalition hat sich schon bei Amtsbeginn entschlossen, den Haushalt überwiegend über die Einnahmeseite zu konsolidieren und die Steuern zu erhöhen. Eine gute konjunkturelle Entwicklung und die damit einhergehenden ›normalen‹ Steuermehreinnahmen kamen ihr zusätzlich zu Hilfe. Gleichzeitig hat sie im Zuge der Gesundheitsreform dem Druck der gut organisierten Interessenvertreter nachgegeben – zu Lasten der Beitragszahler. Solche Entwicklungen zeigen deutlich, wie sehr das Verantwortungsbewusstsein in unserer Gesellschaft verlorengegangen ist.

Auch jenseits der fünf oben aufgeführten Bereiche ist die Gemeinschaft immer dort gefordert, wo individuelles Handeln negative gesellschaftliche Folgewirkungen hat, die erst mit Verzögerung sichtbar werden, dann aber möglicherweise irreversibel sind. Dazu gehört vor allem der demographische Wandel: Heute sind geringe Geburtenzahlen und Alterung für die Gesellschaft noch kein allzu dramatisches Problem. Nachkommenden Generationen drohen jedoch große Belastungen. Eine reine Umlagefinanzierung in den Sozialversicherungen wird kaum mehr funktionieren. Zudem könnten Fachkräfte rar werden, wie im letzten Aufschwung bereits deutlich spürbar – um nur zwei Beispiele zu nennen. Mit anderen Worten: Wenn die Gesellschaft nicht handelt, hätten nachfolgende Generationen geringere Chancen, in Wohlstand zu leben, als wir. Chancengerechtigkeit zwischen den Generationen wäre nicht mehr gegeben.

Hier sollte der Staat in der Familien- und Zuwanderungspolitik gegensteuern, indem er das Hauptaugenmerk darauf richtet, Zeitbezüge individueller Entscheidungen und gesellschaftlicher Rahmenbedingungen nicht noch weiter auseinanderdriften zu lassen. So gälte es etwa, wie bereits erläutert, die in Relation zur Familienphase extrem engen Zeitfenster des deutschen Bildungssystems zu öffnen. Auch die Familienkomponenten im Steuer- und Sozialrecht gehören unter die demographische Lupe genommen. Und die Unternehmen wären besser beraten, wenn sie anstelle allzu kurzfristiger Personalpolitik eine strategische Perspektive entwickelten, die gesamte Lebenszyklen von Mitarbeitern ebenso im Blick hat wie die Voraussetzungen für eine hinreichende Vereinbarkeit von Beruf und Familie. Gleichzeitig muss die Politik darauf achten, die intellektuellen Ressourcen der Gesellschaft zu sichern, damit die Menschen auch künftig mit innovativen Produkten ein angemessenes Wohlstandniveau erwirtschaften können.

Intergenerative Chancengerechtigkeit setzt zudem voraus, dass jede Altersgruppe mit den natürlichen Ressourcen schonend umgeht – das Gebot ›Du sollst nicht stehlen‹, gilt auch gegenüber künftigen Generationen. Hier ist der Staat ebenfalls gefordert. Er muss dafür sorgen, dass wir unseren Kindern und Enkeln eine Umwelt hinterlassen, in der sie die Chance haben, genauso gesund zu leben und erfolgreich wirtschaften zu können wie wir heute.

Prinzipien liberaler Ordnungspolitik

Die bisherigen Überlegungen lassen sich zu einem Leitbild ver-
dichten: Eine offene Gesellschaft und funktionsfähige Märkte
schaffen und sichern – im Zusammenspiel mit der Partizipationsgerechtigkeit – die Freiheit der Bürger. Auf dieser Grundlage
lässt sich von sechs prinzipiellen Aufträgen eines ordnungspolitisch orientierten Staates sprechen, die zugleich so etwas wie
die Leitlinien eines neuen Gesellschaftsvertrages sein könnten
und die Eucken'schen Prinzipien weiterentwickeln und ergänzen:

**Effektive Wettbewerbspolitik zur Sicherung funktionsfähiger
Märkte**
Die Entstehung wirtschaftlicher Machtzentren ist – ganz im
Sinne Euckens – mit hoher Kraft und Effizienz offener und bestreitbarer Märkte zu bekämpfen. Diese Form der Wettbewerbssicherung leistet zugleich einen wichtigen Beitrag zur dauerhaften Chancen- und Partizipationsgerechtigkeit. Offene Märkte
zu garantieren und wirtschaftliche Macht zu begrenzen bedarf
gerade in Zeiten des globalen Standortwettbewerbs eines internationalen Ansatzes. Die WTO und die Tochterorganisationen
der UN sollten stetig das Ziel verfolgen, Märkte zu öffnen und
Marktmacht zu verhindern. Das gilt nicht nur für Güter. Es gilt
auch für die Öffnung der Arbeits-, Kapital- und Finanzmärkte.
Das hilft nicht nur den höher entwickelten Ländern. Freihandel,
Freizügigkeit für Arbeitskräfte und frei bewegliches Kapital helfen gerade auch den weniger entwickelten Ländern, in ihrem
Aufholprozess schneller voranzukommen.

Konstanz und Berechenbarkeit der Wirtschaftspolitik
Eigenverantwortliche Entscheidungen lassen sich am besten
treffen, wenn die Menschen einschätzen können, wie sich Rahmenbedingungen über einen längeren Zeitraum entwickeln

werden. Dieses Vertrauen auf die Zukunft muss die Politik mit Konstanz und Verlässlichkeit schaffen.

Partizipationschancen für alle
Diese Forderung ist sowohl aus Gerechtigkeits- als auch aus Effizienzgründen zentral. Verbesserte Chancen der Teilhabe für alle Bürger fordert zunächst das Bildungssystem sowie die Wettbewerbspolitik und erst in zweiter Linie – subsidiär und nachsteuernd – das Sozialsystem.

Subsidiarität bei der Grundsicherung
Das Leistungsversprechen der Gesellschaft muss für den Einzelnen verlässlich und einschätzbar sein, und zwar sowohl im Hinblick auf Förderungen wie auch auf Forderungen. Es darf kein Zweifel daran bestehen, dass die Menschen sich mit einem Erwerbseinkommen immer besser stellen als allein mit staatlichen Transfers.

Langfristige Stabilität mit Blick auf Bevölkerung und natürliche Ressourcen
Es gibt auch eine Gerechtigkeit zwischen den Generationen. Sie ist in drei Zusammenhängen von besonderer Bedeutung: in der Finanzpolitik, in der Umweltpolitik und bei der demographischen Entwicklung. Ein erweitertes Verständnis von Nachhaltigkeit muss diesen Dreiklang berücksichtigen.

Kongruente Verantwortungs- und Kompetenzverteilung zwischen Staat und Individuum sowie zwischen den staatlichen Ebenen
Klarheit und Konsistenz garantieren, dass sowohl die Bürger als auch die staatlichen Organe dauerhaft handlungsfähig bleiben. Damit werden die elementaren Voraussetzungen für eine Vertrauenskultur als Funktionsbedingung der freiheitlichen Ordnung geschaffen.

In einer sich immer rascher verändernden Lebenswelt sind wir skeptisch, was die Möglichkeiten des Staates anbetrifft, der Tendenz zur Beschleunigung zu folgen. Im Gegenteil: Bei den Entscheidungen der Menschen und den Entwicklungen der Märkte wird ein Staat niemals hinterherkommen – und muss es auch nicht. Jeder Versuch einer Beschleunigung des politischen Systems, zumal im hochgradig komplexen Mehrebenensystem der Bundesrepublik Deutschland und der Europäischen Union, ist unrealistisch und letztlich zum Scheitern verurteilt. Die Schlussfolgerung daraus ist: Der Kompetenzvorteil des Staates und der Politik liegt gerade in der *Entschleunigung*. Deshalb muss sich ein ordnungspolitisch starker Staat dort positionieren, wo er mit seinen verlangsamten Strukturen und Entscheidungsprozessen der Dynamik freier und offener Märkte verlässliche Rahmenbedingungen geben kann, die nicht bei jedem heftigeren Windstoß des globalen Wettbewerbs gleich in sich zusammenfallen.

Ein stabiler, kompetenter Staat im Sinne der Ordnungspolitik ist stark, weil er schlank ist. Das gibt ihm die Möglichkeit, auf der Basis fester Prinzipien schnell und flexibel auf Veränderungen in der Gesellschaft und auf den Märkten zu reagieren. In diesem Sinne verstanden ist er deshalb auch weit mehr als der Nachtwächterstaat des Manchester-Liberalismus, der mit seinen Trivialorientierungen die Sicherheit der Bürger nach außen und nach innen sowie die Herrschaft des Rechts zu garantieren versucht. Seine Rolle ist eine dreifache:

- Als Wettbewerb sichernder starker Staat schafft er die Rahmenbedingungen für offene, jederzeit bestreitbare Märkte, und zwar einschließlich der sogenannten Faktormärkte für Boden, Arbeit und Kapital, heute sicher auch der Märkte für Wissen und Information. Hier sind die wichtigsten Politikfelder das Kartellrecht, das Haftungs- und Insolvenzrecht, die Wettbewerbspolitik und eine möglichst marktnahe Infrastrukturpolitik.

- Als Wettbewerb ermöglichender starker Staat sorgt er für faire Partizipationschancen aller Bürger beziehungsweise Marktteilnehmer. Das zentrale Politikfeld ist hier die Bildungspolitik.
- Als Wettbewerb korrigierender starker Staat greift er da ein, wo freie Märkte entweder prinzipiell nicht funktionieren oder wo sie gelegentlich versagen. Dazu gehört, dass der Staat im Rahmen anreizkompatibler Systeme sozialer Sicherung jenen neue Chancen zum Wiederaufstieg einräumt, die durch Schicksal, durch eigene oder durch fremde Fehlentscheidungen auf dem freien Markt gescheitert sind. Das wichtigste Politikfeld ist hier die Sozialpolitik.

Der Punkt ist: Diese Rollen kann ein starker Staat im Sinne liberaler Ordnungspolitik nur in genau dieser Reihenfolge ausfüllen. Wenn er zunächst vernünftige Rahmenbedingungen für einen fairen Wettbewerb gesetzt hat, wenn er sodann seinen Bürgern faire Chancen zur Teilnahme am Wettbewerb eröffnet, dann kann er auch mit guten Gründen eventuelle Risiken und Nebenwirkungen des freien Wettbewerbs kurieren. Kehren sich, wie in Deutschland lange der Fall, die Prioritäten um, dann bringt ein überbordender Sozialstaat früher oder später die Quellen zum Versiegen, aus denen er sich speist: jenen gesellschaftlichen Wohlstand und jenen finanziellen Reichtum, die einzig aus Arbeit und unternehmerischem Risiko, und das heißt: aus den freien, manchmal auch fehlbaren Entscheidungen des Einzelnen entspringen können.

VI.
Mehr Wohlstand für alle: Sicherung offener Märkte für Waren, Arbeit und Kapital

Lange Jahre schien der Streit zwischen Markt- und Staatswirtschaft entschieden. Der Kollaps des real existierenden Sozialismus, das Auseinanderbrechen des überdehnten sowjetischen Imperiums und der Fall des Eisernen Vorhangs, der Europa über vierzig Jahre getrennt hatte, waren mehr als eindrückliche Belege für die Überlegenheit freier Märkte. Der Kapitalismus ging als klarer Gewinner aus dem Wettstreit mit dem Kommunismus hervor. Vier Jahrzehnte unterschiedlicher Ideologien hatten im Westen Deutschlands mehr oder weniger Wohlstand für alle und im Osten Mangel für die meisten gebracht. Die freie Marktwirtschaft hatte die zentrale Planwirtschaft klar besiegt.

Danach mussten viele Deutsche argwöhnisch bis skeptisch miterleben, wie Märkte dereguliert und Staatsbetriebe privatisiert wurden. Ob bei Telefon, Post, Verkehr, Energie und zaghaft auch bei der Bahn, im Bildungs- oder im Gesundheitswesen – überall war der Staat auf dem Rückzug aus der allgemeinen Daseinsvorsorge. Oft konnte oder wollte die Bevölkerung nicht wahrnehmen, wie die Alltagsversorgung dank dieser Deregulierungen besser oder zumindest billiger wurde. Zudem überlagerten sich positive und weniger erfolgreiche Entwicklungen, die jedoch bei objektiver Betrachtung weder etwas mit dem Zurückweichen des Staates noch etwas miteinander zu tun hatten. So hat man zum Beispiel längst verdrängt, welche Unsummen ein Telefonat zwischen Hamburg und München noch vor 15 Jahren verschlang – heute feilscht man beim Minutenpreis um die zweite Nachkommastelle. Stattdessen denkt jeder an den

Boom und Absturz der T-Aktie, die sich Anfang 2008 gerade mal auf dem Niveau ihres Ausgabekurses von 1996 bewegte. Unbenommen der Tatsache, dass die Deregulierung des Energiemarktes weniger glücklich verläuft als die der Telekommunikationsmärkte: Ein drastischer Anstieg bei Strom- und Gaspreisen ist nicht primär Folgewirkung der Marktliberalisierung, sondern des allmählich absehbaren Versiegens billiger Öl- und Gasquellen. Und während man sich über jede Verspätung bei der Deutschen Bahn ausgiebig erregt, vergessen wir, dass die Züge in der Regel pünktlich und schnell sind. Außerdem bieten private Anbieter in manchen Regionen inzwischen exzellenten Service auf nahen und mittleren Strecken – und leiten damit womöglich eine Renaissance der Bahn ein.

Bei vielen Menschen dominiert das Gefühl, früher sei alles besser oder zumindest gerechter gewesen. Briefkästen sind abgebaut worden, Poststellen wurden geschlossen, Bahnhöfe vereinsamten, um am Schalter eine Fahrkarte zu kaufen, war sogar kurz eine Zusatzgebühr geplant. Auch beim Arzt, an der Universität und selbst bei staatlichen Stellen muss ein Eigenbeitrag geleistet werden. Das war es nicht, was die Menschen in West- und Ostdeutschland von der Marktwirtschaft erwartet haben. So richtig warm wurden die Deutschen nicht mit Deregulierung und Privatisierung. Viele misstrauen der unsichtbaren Hand des Marktes bis heute, obwohl sie es war, die in Deutschland für den rasant wachsenden Wohlstand in der Nachkriegszeit verantwortlich war. Aus Ostdeutschland kommt die Kritik an einer angeblich kalten neoliberalen Marktgläubigkeit von immer noch vage links schlagenden Herzen. Zu schnell wurde vergessen, wie sehr im Sozialismus der Staat zur raffenden Hand der Mächtigen wurde, die mit mehr oder weniger Gewalt ihre Staatsangehörigen enteigneten. Dafür wird die Verleumdung ordnungspolitischer Positionen ebenso in Kauf genommen wie eine Verdrängung der historischen Wurzeln unseres Regulierungsrahmens, die tief in die Entwicklungen des 20. Jahrhunderts zurückreichen.

Staatsversagen und Finanzmarktkrise

Als sei das alles nicht genug, fegte dann im Herbst 2008 eine tsunamiartige Pleitewelle über die Finanzmärkte. Die Wall Street, das Herz des Kapitalismus, stand kurz vor dem Infarkt, wie Sandburgen wurden die lange bejubelten amerikanischen Investmentbanken weggespült. Der weltgrößte Direktversicherer AIG rang um seine Existenz, die einst führende US-Sparkasse Washington Mutual fiel dem Orkan zum Opfer, und auch in Europa wackelten etliche Institute. Zum Zeitpunkt dieser Niederschrift ist noch offen, wie weit Nachbeben in den nächsten Monaten weitere Banken einstürzen und unter die aufgespannten staatlichen Rettungsschirme flüchten lassen. Am Ende bleiben eine historisch beispiellose Verstaatlichung des amerikanischen Finanzwesens und ein Bündel staatlicher Garantien von weltweit rund 1,5 Billionen Dollar, mit denen eine ›Kernschmelze‹ des globalen Finanzsystems gerade noch verhindert werden konnte.

Es gibt nichts schönzureden: Die Verstaatlichung privater Risiken und die gigantischen, letztlich durch den Steuerzahler finanzierten und mit der Gießkanne über Banken und Versicherungen ausgegossenen Staatshilfen sind eine Bankrotterklärung für die Marktwirtschaft. Die öffentlichen Befreiungsschläge zugunsten notleidender Bürgschaften und fauler Kreditverträge umgehen nämlich die wichtigste Grundregel für eigenverantwortliches Handeln auf freien Märkten: dass Verantwortung und Haftung untrennbar miteinander verbunden sein müssen. So wie im Herbst 2008 kann Marktwirtschaft nicht funktionieren. Nicht, wenn man ernst nimmt, was im neoliberalen Lehrbuch steht.

Richtig ist aber auch: Das Marktversagen von heute ist die Folge des Staatsversagens von gestern. Eine extrem expansive Geldpolitik der US-Notenbank in der Ära des lange übertrieben glorifizierten Alan Greenspan sorgte mit Niedrigzinsen für allzu viel Liquidität auf den Finanzmärkten. Erst diese über Jahre anhaltende Geldschwemme setzte für Finanzmarktakteure den Anreiz, die Eigenkapitalrendite durch steigende Fremdfinanzierung hochzuhebeln (Leverage). Sie machte die US-Immobilienblase möglich und befeuerte die Spekulation auf immer weiter steigende Hauspreise mit billigen Hypothekenkrediten. Es war vor allem die Politik, welche Freddie Mac und Fannie Mae, die beiden nun kollabierten staatsnahen US-Hypothekenbanken, nutzten, um den Hypothekenmarkt zu beleben. Auch die ebenfalls mit billig geliehenem Geld finanzierten und immer riskanteren Kreditpakete der Investment-Jongleure in New York waren in dieser Menge und Form nur möglich aufgrund eines mehr oder minder totalen Versagens einer US-Finanzmarktaufsicht, die den undurchsichtigen Ratings privater, von den Banken finanzierter Agenturen vertraute.

Politik und Bevölkerung haben weltweit das Vertrauen in das freie Spiel der Marktkräfte, in die innovative Kraft des Wettbewerbs und die moralische Integrität von Managern und Aufsichtsbehörden verloren. Nun wird das Pendel der Geschichte zurückschlagen, der Staat kehrt zurück. Nicht nur in Form der Vereinigten Staatsbanken von Amerika. Überall werden es liberale Stimmen schwer haben, sich Gehör zu verschaffen. Überall wird es den Kritikern der Marktwirtschaft leichtfallen, die Öffentlichkeit zu mobilisieren und die in den letzten Jahren befreiten Märkte wieder an die staatliche Kandare zu legen.

Doch die Rückkehr des Staates und eine Re-Regulierung der Märkte müssen nicht das Ende der Marktwirtschaft bedeuten. Denn Staat und Markt sind längst nicht die unversöhnlichen Gegensätze, zu denen sie immer wieder gemacht werden. Im Gegenteil: Ein freier Markt bedarf eines starken Staates. Ohne Staat kann zwar jeder machen, was er will. Ohne Staat ist der Einzelne jedoch ohnmächtig, wenn er seine Freiheit gegenüber anderen durchzusetzen versucht. Nur ein starker Staat kann die individuellen Grund- und Freiheitsrechte sichern, ebenso das Eigentumsrecht und die mit privaten Besitz- und Verfügungsrechten notwendig verbundenen öffentlichen Verhaltensregeln. Gerade in einer freien Marktwirtschaft soll der Staat die Aktivitäten der Marktteilnehmer durch regulierende Rahmengesetzgebung, effiziente Aufsichtsbehörden und wirksame Sanktionen kontrollieren. Ebenso muss er durch ein klares Wettbewerbsrecht und eine entschiedene Fusionskontrolle sicherstellen, dass der Wettbewerb wirklich funktioniert. Das heißt: Er muss ökonomische Machtballungen, Kartelle und Monopole verhindern und die Voraussetzungen dafür schaffen, dass einmal errungene Marktpositionen grundsätzlich bestreitbar bleiben. Mit einem Wort: Ohne starken Staat gibt es keine funktionierenden, offenen und freien Märkte.

Das gilt selbstredend auch für die Finanzmärkte. Da die bisherigen Regeln offensichtlich nicht genügt haben, um ein eklatantes Marktversagen zu verhindern, sind hier Korrekturen nötig. Doch dazu braucht es nicht notwendigerweise mehr Regeln. Es braucht vor allem bessere und umfassendere Regeln – und eine international koordinierte Finanzmarktaufsicht. Bessere Regeln für den Finanzsektor heißt zuallererst, dass die für Banken geltenden Eigenkapitalvorschriften, Bilanzierungsrichtlinien und Transparenzforderungen auch für alle anderen bankenähnlichen Finanzinstitute mit derselben Strenge gültig sein müssen. Dem oft zu hörenden Ruf nach einer stärker abgestimmten Regulierung auf internationaler Ebene ist dabei mit Vorsicht zu begegnen. Denn gerade der Wettbewerb zwischen unterschiedlichen nationalen Vorschriften kann auch Vorteile haben. Man stelle sich nur vor, die USA hätten die für die Wall Street geltenden Regeln zwangsweise für die ganze Welt verbindlich gemacht. Dann wäre das europäische Modell der eigenkapitalstarken Universalbank auch hierzulande durch das in den USA 1933 eingeführte Trennbankensystem mit seinen Investmentbanken verdrängt worden. Dann würde heute nicht nur die Wall Street, sondern auch der Frankfurter Bankenplatz darniederliegen.

Gleichwohl bietet die Krise die große Chance, aus den offenkundigen Handlungsnotwendigkeiten eine gemeinsame Basis für alle Staaten zu erarbeiten: Eine Koordinierung der nationalen Finanzaufsicht, Verbesserung der Aufsichtsarbeit, veränderte Anreizstrukturen bei Verbriefungen (das heißt: mehr Transparenz und ein Selbstbehalt des Ausgebenden), Überprüfung des Geschäftsmodells der Rating-Agenturen, Schließen von Steueroasen, Reduzierung der Risiken prozyklischer Reaktionen im Finanzsystem (vor allem durch höhere Eigenkapitalunterlegung und flexibelere bilanzielle Bewertungsrichtlinien) müssen auf der Agenda ganz oben stehen. Der Weltfinanzgipfel vom November 2008 hat diese Chance im Grundsatz ergriffen und klare Handlungsaufträge erteilt. Damit verblassen die schlechten Erinnerungen an den misslungenen Weltwirtschaftsgipfel von 1933 zunehmend.

Die Suche nach besseren Regeln und besserer Aufsicht für einen gut funktionierenden Finanzsektor sollte sich jedoch von einer banalen Einsicht leiten lassen: Auch die besten Regeln werden die nächste Krise nicht verhindern können. Denn schon morgen werden sie von kreativen und innovativen Unternehmern, aber eben auch von Zockern und Profiteuren herausgefordert werden. Wer glaubt, staatliche Finanzaufsichtsbehörden bräuchten nur genügend Kompetenzen, um jede Krise verhindern zu können, der unterliegt einer Regulierungsillusion. Spekulationsblasen hat es immer gegeben – und wird es immer geben. Sie sind untrennbar mit dem Finanzkapitalismus verbunden. Krisen lassen sich weder durch Gesetze noch durch die Politik verhindern, sie gehören zu freien Märkten. Krisen sind Zwischenstopps auf dem Weg des Fortschritts von guten zu besseren Lösungen. Sie helfen, aus Fehlern zu lernen und künftig klüger zu handeln – nicht weniger, aber auch nicht mehr. Natürlich gilt dabei auch: Krisen treffen vielfach Unschuldige, und zwar durchaus existentiell. Deshalb muss der Gestaltung der entsprechenden Regelwerke höchste Aufmerksamkeit gewidmet werden – jedoch ohne dabei Illusionen zu wecken.

Denn weder strengere Gesetze noch schärfere Kontrollen können menschliche Fehlentscheidungen verhindern oder allseits tugendhaftes Verhalten erzwingen. Gier und Neugier gehören zum menschlichen Charakter. Der Traum von besseren Lebensbedingungen hat schon immer die Neugier stimuliert. Sie lässt Menschen nach neuen und besseren Ideen suchen. Niemand weiß im Voraus, wer Erfolg haben und wer scheitern wird. Im Kapitalismus ist der Weg zum Ziel mit Konkursen und Verlusten gepflastert. Und dennoch ist kein anderes Wirtschaftssystem bei der Suche nach klugen Lösungen für komplexe Probleme auch nur annähernd so erfolgreich wie eine freie Marktwirtschaft. Das Zusammenspiel von Freiheit, Verantwortung und Haftung hat trotz aller Krisen stets zu mehr Wohlstand für mehr Menschen geführt.

Je weniger der Staat den Menschen vorgibt, wie sie zu leben und zu arbeiten haben, je weniger er befiehlt, was sie tun und unterlassen sollen, je mehr eine Gesellschaft auf die Freiheit des Einzelnen setzt, umso stärker werden Erfinder-, Entdecker- und Unternehmerinstinkte geweckt. Das war in der Vergangenheit so, und es gibt keinen Grund, wieso das nicht auch für die Zukunft gelten soll. Wo Staat und Politik dagegen die Möglichkeiten, Risiken einzugehen, zu sehr begrenzen, da werden sie auch die wirtschaftliche Dynamik bremsen.

Im Wechselspiel von Markt und Staat, Wettbewerb und Regulierung geht es daher immer um einen Abwägungsprozess. So wie ein Gericht bei der Suche nach einem möglichst gerechten Urteil die gegenläufigen Argumente von Anklage und Verteidigung gewichten und bewerten muss, gilt es hier, die Risiken von Markt- und Staatsversagen gegeneinander abzuwägen. Freie Märkte sollen so weit wie nötig, aber so wenig wie möglich durch staatliche Regulierungen begrenzt werden. Im Grundsatz gilt es allein, das eiserne Gesetz des Kapitalismus bestmöglich zu garantieren: die Untrennbarkeit von Verantwortung und Haftung. Es gilt beispielsweise zu verhindern, dass Konzerne so groß werden, dass sie »too big to fail« beziehungsweise »too big to rescue« sind, ihr Untergang also auch viele andere, unbeteiligte Firmen zerstört und im schlimmsten Fall ein ganzes Land oder gar die Weltwirtschaft insgesamt mitgerissen wird. Der Markt sollte reguliert werden, damit Wettbewerb funktioniert. Mehr nicht. Werden Märkte zu stark gefesselt, verlangsamt sich das wirtschaftliche Wachstum, die Beschäftigungschancen nehmen ab, und der Verteilungsspielraum wird enger.

Ökonomische Macht im globalen Strukturwandel

Das grundsätzliche Bekenntnis zu freien Märkten und einem starken, aber schlanken Staat ist das eine. Etwas anderes ist es, sich mit einer spezifisch deutschen, vielleicht sogar mitteleuropäischen Tradition eines wirtschaftspolitischen Etatismus auseinanderzusetzen, der gesellschaftliche und wirtschaftliche Probleme hauptsächlich durch vorgegebene staatliche Regeln zu lösen sucht. Die geschichtliche Entwicklung vor allem des 19. Jahrhunderts hat diese Tradition geprägt, und selbst der Erfolg der Sozialen Marktwirtschaft konnte sie nicht vollständig brechen. Rechtsstaat, parlamentarische Demokratie, wirtschaftliche Modernisierung, Sozialpolitik – meist kam der Segen in Deutschland ›von oben‹. An einer im Kern ständischen Ordnung der Wirtschaft hat weder die weltpolitisch und weltwirtschaftlich instabile Zwischenkriegszeit noch die Kriegs- und Kommandowirtschaft des Naziregimes etwas geändert. Und auch der Wiederaufbau nach 1945 stand zunächst mindestens so sehr im Zeichen der Vorherrschaft alter Wirtschaftseliten und staatlicher Interventionen, wie er grundsätzlich einem marktwirtschaftlichen Kurs folgte. Die siebziger und frühen achtziger Jahre des 20. Jahrhunderts waren zudem durch eine weltweit vorherrschende Tendenz keynesianischer Wirtschaftspolitik geprägt, die eine Globalsteuerung der Nachfrage in erster Linie Staat und Notenbank zudachte. In Deutschland kam noch eine besonders ausufernde staatliche Sozialbürokratie hinzu.

Neben einem tief verankerten Staatsvertrauen gerade auf wirtschaftpolitischem Gebiet neigen die Deutschen zudem einem gewissen Egalitarismus zu: Sie sind erfüllt vom Wunsch nach Gleichheit und Gleichbehandlung. Anders gewendet: Die Deutschen scheuen gesellschaftliche Extreme. Dies äußert sich einerseits in einer kritischen – zuweilen ablehnenden – Haltung gegenüber Eliten und Leistungsträgern. Andererseits ist die Nachkriegsgesellschaft vom Ideal der nivellierenden Mittelstandsgesellschaft beeinflusst worden. Auch Ludwig Erhards Versprechen, Wohlstand für alle zu schaffen, fügt sich – wenn auch missverstanden – in dieses Bild.

Infolge des insbesondere durch die Globalisierung verschärften Strukturwandels tun sich einzelne Bevölkerungsgruppen schwer, am wirtschaftlichen Leben teilzunehmen. Die Deutschen haben das lange Zeit verdrängt und ihr soziales Gewissen beruhigt, indem immer neue staatliche Wohltaten geschaffen wurden. Mit dem wachsenden Sozialstaat wurde eine zunehmende soziale Kluft stillschweigend akzeptiert und kompensiert.

Die Politik hätte sich dem entgegenstellen und den Menschen erklären müssen, dass ein bestimmtes Maß an Ungleichheit zu einer Marktwirtschaft dazugehört, solange die Chancen der Teilhabe und des Aufstiegs fair verteilt sind. Die deutsche Politik scheut jedoch zumeist Konflikte und harte Entscheidungen, weil sie keine klaren, unumstößlichen Spielregeln für das gesellschaftliche Miteinander hat. Das Gebot etwa, dass der einzelne Bürger die Gemeinschaft nicht ausbeuten darf, wird von der Politik selten kommuniziert. Im Gegenteil: Allzu leicht werden im politischen Tagesgeschäft Einzelinteressen bedient. Dieser Mangel an Werten macht Veränderungen in Deutschland schwierig, denn Reformprozesse brauchen eine überzeugte, unmissverständliche Führung.

Die historisch geprägte Mentalität der Bundesbürger lässt es des Weiteren zu, dass Deutschland schon seit geraumer Zeit von den ordnungspolitischen Grundprinzipien für eine konsistente Wirtschaftspolitik abweicht. Hierbei fallen drei bedeutsame Verwerfungen besonders in Auge:

- Angesichts des staatlichen Machtanspruchs tut sich die deutsche Gesellschaft schwer, offene Märkte zu akzeptieren. Das zeigt sich beispielsweise am Ausmaß der Regulierung: Das Institut der deutschen Wirtschaft Köln hat untersucht, wie stark der Staat den Arbeits-, Produkt- und Kapitalmarkt sowie die Bereiche Bildung und Innovation reguliert. Das Ergebnis: Von 28 führenden Industriestaaten haben nur sechs eine höhere Regulierungsdichte als Deutschland.

  Deutlich stärker als in anderen Ländern greift der deutsche Staat zudem in das Privateigentum der Menschen ein. So müssen Bundesbürger teilweise mehr als die Hälfte ihres Einkommens in Form von Steuern und Abgaben an den Staat überweisen. Wie Studien der OECD zeigen, liegt schon für einen Facharbeiterhaushalt die Grenzbelastung aus Steuern und Abgaben bei über fünfzig Prozent.

  Die hiesige Mentalität hat jedoch auch ihr Gutes. Die deutsche Tradition der Rechtsstaatlichkeit etwa befördert wiederum die notwendige Vertragsfreiheit und das Prinzip der Haftung.

- Die Menschen hierzulande neigen zu Misstrauen gegenüber dem offenen System der Marktwirtschaft, vor allem gegenüber seiner Unplanbarkeit und seiner letztlich nicht beherrschbaren Dynamik. Stattdessen bewerten sie Bestehendes aus Gewohnheit gerne besonders hoch und versuchen, es zu bewahren. Das von Joseph Schumpeter beschriebene Prinzip »schöpferischer Zerstörung«, nach dem erst durch die Destruktion alter Strukturen Produktionsfaktoren wieder neu geordnet werden können, findet angesichts des Strukturkonservatismus kaum Unterstützung. Und weil diese Haltungen gegen die Dynamik von Globalisierung und Strukturwandel auf Dauer wenig ausrichten können, verfallen die Deutschen gerne in Zukunftsangst und Pessimismus. Anders gesagt: Der natürliche Optimismus der freiheitlichen Wirtschaftsordnung wirkt bei ihnen nicht.

■ Der Wunsch nach Gleichheit und Gleichbehandlung führt dazu, dass die Menschen die Eingriffe des Staates in die Märkte und das Privateigentum hinnehmen und sie vielfach sogar fordern.

Daraus folgt: Für eine zukunftsorientierte Wirtschaftsordnung muss sich eine die deutsche Mentalität nachhaltig prägende Orientierung mit den ordnungspolitischen Grundregeln einer rationalen Wirtschaftspolitik verbinden. Dies kann nur gelingen, wenn sich die Wirtschaftspolitik an einem übergeordneten Leitbild orientiert. Im Grunde braucht die Bundesrepublik Deutschland so etwas wie einen neuen Gesellschaftsvertrag. Dieser müsste vom Verfassungskern des Grundgesetzes ausgehen, der die verantwortete Freiheit des Individuums in den Mittelpunkt stellt. Für ein gesellschaftliches Leitbild bedeutet dies, eine offene Gesellschaft und funktionsfähige Märkte im Zusammenspiel mit größerer Partizipationsgerechtigkeit und größtmöglicher persönlicher und wirtschaftlicher Freiheit zu schaffen und zu sichern.

Die Menschen werden dem Freiheitsprinzip und seinen ordnungspolitischen Konsequenzen allerdings nur dann uneingeschränkt zustimmen, wenn nicht allein die reine Lehre stimmt, sondern sie auch die praktischen Erfolge einer Marktwirtschaft erleben. Das bedeutet: Das Wirtschaftswachstum muss infolge einer klaren Politik nachhaltig gesichert werden, die Arbeitslosigkeit muss gering sein, und die Bürger müssen spüren, dass sie mit eigenen Anstrengungen zu Aufstiegschancen und Wohlstand kommen können. Solange die Menschen das nicht erleben, werden viele in der freiheitlichen Ordnung ein System zugunsten einer bessergestellten Oberschicht sehen. Entsprechend gering entwickelt ist dann der gesellschaftliche Optimismus bezüglich der ökonomischen Leistungsfähigkeit einer freiheitlichen Wirtschaftsordnung.

So ist denn auch die Zukunftsangst der Deutschen groß, und zwar bis weit in die leistungsbereite Mittelschicht hinein. Schon zu den häufigen Demonstrationen gegen Hartz IV und Arbeitsmarktreform kamen keineswegs nur die Empfänger der damaligen Arbeitslosenhilfe. Vielmehr gingen vor allem Menschen auf die Straße, die sich aus irgendeinem Grund davor fürchteten, eines Tages mal auf Hartz IV angewiesen zu sein – Menschen, die Arbeitslosengeld bekamen oder sogar noch einen regulären Job hatten. Und auch Menschen, die schlicht das Gefühl hatten, es würde nicht gerecht zugehen in Deutschland. Nur nebenbei: Ein ähnlich ausgeprägtes Engagement der Bürger würde man sich manchmal auch bei bildungspolitischen Themen wünschen.

Solche Reaktionsmuster kennen auch andere Gesellschaften, etwa die amerikanische: Der US-Soziologe Richard Sennett ist der Ansicht, dass sich die aus der amerikanischen Mittelschicht kommenden ›Verlierer‹ des ökonomischen Strukturwandels in eine resignative Grundhaltung geflüchtet haben, weil sie sich durch den Verlust an Sicherheit überfordert fühlen. Wie in Deutschland wirken auch in den USA die wirtschaftlichen Erfolge der fünfziger und sechziger Jahre nicht nach, von denen damals praktisch alle Bevölkerungsschichten profitieren konnten.

Ein höchst bedeutender Punkt in diesem Zusammenhang, auf den Sennett an anderer Stelle hinweist, ist folgender: Gerade in Zeiten wachsender Ungleichheit ist es für eine Gesellschaft essentiell, zu verhindern, dass die Menschen den Respekt verlieren: den Respekt jenen Institutionen gegenüber, die den Zusammenhalt und das Funktionieren einer Gesellschaft erst garantieren, den Respekt vor anderen Menschen, vor allem aber den Respekt vor sich selbst. Diesen Respekt, den Menschen früher oder später verlieren müssen, wenn sie in einer Gesellschaft keine Chancen der Teilhabe, keine ansprechende Perspektive mehr für sich sehen, befördert man allerdings nicht vornehmlich, indem man Geld verteilt. Politik muss vielmehr jeden Bürger dazu befähigen, selbst die Initiative zu ergreifen – was im Gegenzug bedeutet, sie auch von ihm einzufordern. Jedem, der den Anschluss verloren hat, muss sie neue Perspektiven eröffnen. Nur so ermöglicht eine Politik des Förderns und Forderns zugleich humanen Respekt. Durch Almosen ist noch niemand auf Dauer wohlhabend und zufrieden geworden.

Welthandelsordnung, internationale Wettbewerbsfähigkeit und globale Wettbewerbspolitik

Wenn große Teile der Bevölkerung in mentalitätsgeschichtlich so verschieden geprägten Nationen wie Deutschland und Amerika angesichts von Strukturwandel und Globalisierung ähnliche Einstellungen und Reaktionen zeigen, dann muss man generell nach den Bedingungen nationaler Ordnungs- und Wirtschaftspolitik fragen. Denn auch hier ist es das eine, die Erosion der Macht einzelstaatlicher Politik, gegen die lange kein Kraut gewachsen schien, bloß resignativ zu beklagen. Das andere ist es, deren tiefere Ursachen zu verstehen, um dann aus diesem Verständnis die richtigen Schlüsse ziehen zu können.

Wenn die beiden Grundgebote rationaler Ordnungspolitik fordern, den fairen Wettbewerb auf freien Märkten zu sichern und gleichzeitig den Prinzipien von Verantwortung und Haftung wirtschaftlicher Akteure uneingeschränkt Geltung zu verschaffen, dann müssen die Fragen wie folgt lauten: Was bedeutet Wettbewerbsfähigkeit im Zeitalter der Globalisierung? Und wie ist eine entsprechend globale Wettbewerbspolitik möglich?

Die heutige Weltwirtschaftsordnung hat ihre Wurzeln in dem 1948 in Kraft getretenen General Agreement on Tariffs and Trade (GATT). Bis 1994 wurden im Rahmen des GATT zwischen den zuletzt 123 Vertragsparteien in acht zähen Verhandlungsrunden Schritt für Schritt Zölle und andere Handelshemmnisse abgebaut, die einen freien Welthandel blockierten. 1995 schließlich ging aus dem GATT die Welthandelsorganisation (WTO) hervor. Die Signatarstaaten der WTO verpflichteten sich damals auf das Leitbild eines marktwirtschaftlich geordneten, freien Welthandels und die damit verbundenen Postulate von Gegenseitigkeit, Liberalisierung und Nicht-Diskriminierung. Allerdings bleibt jedem Mitglied das Recht unbenommen, eine Wirtschaftspolitik zu verfolgen, die primär nationalen Interessen und binnenwirtschaftlichen Zielen dient. Damit lässt sich nach wie vor eine Vielzahl von Ausnahmen legitimieren, um das Freihandelspostulat zu durchbrechen.

Globalisierte Märkte auf der einen Seite, nationale Interessen auf der anderen – dieser Widerspruch prägt die Wirtschaftspolitik auch zu Beginn des 21. Jahrhunderts. Die heutige Welthandelsordnung ist eine Vereinbarung zwischen Staaten, die darauf ausgerichtet ist, Wettbewerbsverfälschungen zu verhindern, die von nationalen Regelungen ausgehen. Das sind einerseits Zölle, andererseits amtliche Vorschriften wie Zulassungserfordernisse, Anerkennungs- und Deklarationspflichten, die Pflicht zur Ortsansässigkeit einer Firma, aber auch staatliche Subventionen für einheimische Gewerbe.

Damit ist die Weltwirtschaftsordnung letztlich noch immer einem Denken verhaftet, das von der »holistischen Vorstellung« ausgeht, »es gäbe eine Gesamtheit ›Volkswirtschaft‹, eine ›Nationalökonomie‹«, so der Ökonom Herbert Giersch 1989. Diese Überlegungen gehen von der Fiktion aus, alle wirtschaftlichen Akteure eines Landes hätten so etwas wie ein gemeinsames ›nationales Interesse‹. Dabei macht schon die politökonomische Theorie – und erst recht die praktische Erfahrung – mehr als deutlich, dass eine Volkswirtschaft letztlich ein sehr heterogenes Gebilde ist, in dem einzelne Gruppen zunächst einmal ihren Partikularinteressen folgen. Eine ›Volkswirtschaft‹ ist kein homogenes Gebilde. Gerade das Denken in Nationalökonomien ist im Zeitalter der Globalisierung die größte Gefahr für den Freihandel im Warenverkehr und die Freizügigkeit bei den Produktionsfaktoren Kapital und Arbeit. Denn auf diesem Nährboden gedeihen all jene handelspolitischen Argumente, die vorgeben, ›nationalen Interessen‹ zu folgen, wo sie in Wahrheit Partikularinteressen meinen. Allerdings hat die Finanzmarktkrise auch gezeigt, dass der Nationalstaat keineswegs obsolet ist. Angesichts einer ernsten Systemkrise erwies er sich letztlich als der einzig Handlungsfähige, wenn auch in enger europäischer und globaler Koordination.

Dass freier Handel und offene Märkte gesamtwirtschaftlich positive Effekte bei der effizienten Herstellung und Verteilung knapper Gütern haben, ist noch am ehesten politisch konsensfähig. Ob dieser Konsens auch für den Produktionsfaktor Kapital gilt, wird nach den jüngsten Turbulenzen auf den Finanzmärkten vielen wieder als zweifelhaft erscheinen. Und spätestens wenn es um bestimmte binnenwirtschaftliche Ziele geht, hört für die Politik der Globalisierungsspaß auf. Vor allem wenn Regierungen Arbeitsplätze sichern oder schaffen wollen, also einen möglichst hohen Beschäftigungsgrad anstreben, sind die Folterinstrumente protektionistischer Politik schnell bei der Hand. Das rhetorische Standardbekenntnis gilt dann stets der ›internationalen Wettbewerbsfähigkeit‹ des Landes. Droht eine Volkswirtschaft hier zurückzufallen, wird entsprechend rasch zu handels- oder wirtschaftspolitischen Argumenten für Marktbeschränkungen gegriffen – lenkende Zölle, eine ›strategische Handelspolitik‹, eine ›Innovationspolitik‹ oder eine ›zukunftsweisende Forschungspolitik‹. Doch was angeblich den Smith'schen ›Wohlstand der Nationen‹ sichern soll, beschwört unter den Bedingungen des globalen Strukturwandels in Wahrheit zahlreiche Gefahren einer Minderung herauf. Deshalb muss der Begriff der ›internationalen Wettbewerbsfähigkeit‹ kritisch hinterfragt werden.

Die Fiktion der internationalen Wettbewerbsfähigkeit

Der Begriff der internationalen Wettbewerbsfähigkeit gehört zu den Schlüsselbegriffen der Gegenwart. Ursprünglich mikroökonomisch motiviert und definiert, wurde er von immer mehr Ökonomen auch in einem makroökonomischen Kontext verwendet, bis er schließlich zum politischen Schlagwort wurde. Die wichtigsten theoretischen Impulse gingen vom ›Guru‹ der Wettbewerbsfähigkeit, dem Harvard-Ökonomen Michael Porter, aus. Freilich ist die Anzahl der Kritiker, die in dieser nationalökonomischen Hypostasierung internationaler Wettbewerbsfähigkeit einen Mythos erkennen, kaum geringer. So wies etwa der MIT-Emeritus Charles Kindleberger schon 1986 darauf hin, dass es »ein Fehler ist, vom Handel zwischen Nationen zu sprechen. Handel treiben nur Firmen miteinander.« Der frischgekürte Nobelpreisträger Paul Krugman, wahrlich kein ›Neoliberaler‹, merkte 1996 ironisch an, dass »internationaler Wettbewerb keine Staaten aus dem Geschäft drängt« – sondern eben Unternehmen. Die Idee der internationalen Wettbewerbsfähigkeit einer Volkswirtschaft, so Krugman, sei sogar eine »gefährliche Obsession«, die »jede inländische Politik verdreht und das Weltwirtschaftssystem bedroht«. Mit einem Wort: Die generelle Wettbewerbsfähigkeit einer Volkswirtschaft ist ein reines Konstrukt.

Soll dieser Begriff überhaupt etwas bezeichnen, dann kann damit nur die Fähigkeit eines institutionellen Systems oder eines Klubs gemeint sein (das nicht notwendig ein Nationalstaat sein muss!), durch technische, strukturelle oder organisatorische Fortschritte die Transaktionskosten wirtschaftlichen Handelns zu minimieren. Ein Klub wäre demzufolge dann besonders wettbewerbsfähig (und zwar ohne den Zusatz ›international‹!), wenn er in der Lage ist, öffentliche Güter, Dienstleistungen und standortgebundene Faktoren zu geringeren Kosten anzubieten als andere Klubs.

In dieser Perspektive wird die Trennung in bewegliche und unbewegliche Produktionsfaktoren beziehungsweise der Mobilitätsgrad der Produktionsfaktoren der entscheidende Punkt. Besonders mobile Produktionsfaktoren sind Kapital und Wissen. Relativ mobil ist heute auch hochqualifizierte Arbeitskraft. Mehr oder minder immobile Produktionsfaktoren sind dagegen Grund und Boden, Infrastruktur, investiertes Sachkapital – und ortsansässige Arbeitskräfte. Was in der Sprache von Wirtschaft und Politik ›System‹ heißt, ist dann letztlich immer nur ein territoriales Konglomerat von Menschen, Bauten, Infrastrukturen, Maschinen und Anlagen, aber auch von Institutionen, Organisationen, Gesetzen und Regeln. Einige dieser Komponenten sind mehr oder weniger mobil, andere sind nahezu vollständig immobil.

Dabei ist der Grad der Standortungebundenheit keine absolute und konstante Größe. Vielmehr wird er einerseits durch Transportkosten bestimmt, das heißt durch Kosten der physischen Raumüberwindung von Gütern, Dienstleistungen und Produktionsfaktoren, andererseits durch Transaktionskosten, also jene Kosten, die mit der räumlichen Übertragung von Verfügungsrechten sowie der Koordination und Organisation von Beziehungen zwischen räumlich getrennten Wirtschaftseinheiten entstehen. Wenn nun aber ›Globalisierung‹ auch bedeutet, räumliche und zeitliche Distanzen zu verkürzen sowie Kosten bei Kommunikation, Transport und Transaktion zu senken, dann heißt das auch, dass sich im Zeitalter der Globalisierung der Mobilitätsgrad vieler vorher stark standortgebundener Faktoren wesentlich erhöht hat.

Immobile und mobile Produktionsfaktoren ergänzen sich, sie sind komplementär. Einerseits kreisen nicht standortgebundene – also meist hochqualifizierte – Arbeitskräfte und Finanzkapital gleichsam im Orbit um die Erde, auf der Suche nach dem attraktivsten Klub. Sie lassen sich dort nieder, wo die standortgebundenen Voraussetzungen ihren Erwartungen bezüglich Lebensqualität sowie der Rendite von Human- oder Sachkapital am besten entsprechen. Umgekehrt gilt: Güter, Dienstleistungen und Produktionsfaktoren, die nur mit relativ hohen Transport- und Transaktionskosten verschoben werden können, die also relativ unbeweglich und ortsgebunden sind, stehen im räumlichen Wettbewerb. Für sie geht es darum, attraktiver als andere Standorte zu sein, und zwar attraktiv für jene, die auf der Suche nach industriellen Vorleistungen sowie Dienstleistungen sind, die sich wiederum relativ kostengünstig im Raum verschieben lassen (»ability to attract«).

Absolut immobil sind tatsächlich nur Immobilien, sprich der Produktionsfaktor Boden. Doch dieser ist in seiner Naturgegebenheit für Industrieländer heute eher unwichtig geworden, wenngleich zunehmende Engpässe nicht allein bei Öl und Gas, sondern etwa auch bei metallischen Rohstoffen auf eine wieder wachsende Bedeutung ›natürlicher‹ Ressourcen hinweisen. Als geographische Orte sind Standorte heute im Wesentlichen aus drei Gründen attraktiv: Erstens über ihren Preis beziehungsweise über die erwarteten Renditen, die sich auf Grund und Boden erwirtschaften lassen. Sie wiederum sind hauptsächlich vom Zustand der Infrastruktur abhängig, die steuerbaren ökonomischen und politischen Einflüssen unterliegt. Zweitens über die wirtschaftlichen, politischen und rechtlichen Rahmenbedingungen, die ebenfalls veränderbar und von daher der Konkurrenz ausgesetzt sind. Und drittens über die Attraktivität des Produktionsfaktors Arbeit.

Was die ökonomische Theorie kühl als ›Produktionsfaktor Arbeit‹ erfasst, sind in der Realität Menschen mit spezifischen

Fähigkeiten, Qualifikationen, Wünschen, Lebensstandards und -plänen. Sesshaft – und von daher immobile Produktionsfaktoren – sind Menschen aus zwei Gründen: Entweder sie wollen nicht mobil sein, etwa weil sie ihre Heimat lieben oder ihr soziales Netzwerk nicht aufgeben wollen, sie also normative Vorlieben für ihren Standort hegen. Oder sie können nicht mobil sein, etwa weil sie physische Handicaps haben, weil ihnen die finanziellen Mittel fehlen, um die Mobilitätskosten zu tragen, oder weil sie andernorts keine Möglichkeit sehen, eine entsprechende Lebensqualität zu erreichen oder ein adäquates Einkommen zu erzielen – kurz, sie sind aus ökonomischen Gründen immobil.

Es gibt verschiedene Optionen, um die relative Attraktivität eines Standorts oder einzelner Produktionsfaktoren zu erhalten oder zu erhöhen. So können Menschen hierzulande flexibler als anderswo auf die Bedürfnisse mobiler Produktionsfaktoren reagieren. Flughäfen oder Straßen werden rascher gebaut, Kraftwerke und Stromnetze schneller modernisiert, Umweltlasten konsequenter saniert. Ebenso lassen sich Standortvorteile durch ein besonders gutes ›Preis-Leistungs-Verhältnis‹ bei der Bereitstellung öffentlicher Güter schaffen. Solche Vorteile sind etwa ausgeprägte Rechtsstaatlichkeit und garantierte Eigentumssicherheit, eine effiziente Verwaltung, ein hohes Maß an innerer und äußerer Sicherheit, ein leistungsfähiges Bildungssystem und ein interessantes Kulturangebot. Aber auch Faktoren wie etwa eine relativ geringe Steuer- und Abgabenbelastung für die Nutzung der öffentlichen Infrastruktur spielen eine wichtige Rolle. Der Punkt ist: Solche politischen und rechtlichen Rahmenbedingungen kann man ändern. Aber die Mühlen von Legislative und Exekutive mahlen in modernen Staaten eher langsam. Und in vielen weniger entwickelten Ländern mahlen sie schlecht bis gar nicht.

Zusammengefasst bleibt vom Phantom der ›internationalen Wettbewerbsfähigkeit einer Volkswirtschaft‹ zwar wenig, aber immerhin etwas klar Fassbares übrig. Erstens: Wenn überhaupt außer Unternehmen etwas wettbewerbsfähig sein kann, dann sind es Standorte. Zweitens handelt es sich bei diesen nur in einem sehr bestimmten Sinne, nämlich dem rechtlicher und politischer Rahmenbedingungen, um gemeinschaftliche Klubs wie Städte, Regionen oder eben Staaten. Am ehesten kann man wohl von der Wettbewerbsfähigkeit immobiler Produktionsfaktoren sprechen, und zwar im Sinne einer relativen Attraktivität ihrer standortgebundenen Leistungen für die mobilen Produktionsfaktoren. Ergo: Nicht Volkswirtschaften stehen im Wettbewerb. Generell sind es die immobilen Produktionsfaktoren – vor allem geringer qualifizierte Arbeitskräfte –, die um die mobilen Produktionsfaktoren – vor allem Kapital und qualifiziertere Fachkräfte –, werben. Menschen, die immobil bleiben müssen oder bleiben wollen, müssen ungebundene Ressourcen anziehen und binden, um mit ihnen zusammen eine möglichst hohe Rendite zu erwirtschaften.

Internationale Wettbewerbsfähigkeit ist politisch

Es wäre ein grober Irrtum zu meinen, die politischen Rahmenbedingungen, die gewissermaßen ein immobiler Standortfaktor sind, würden in einer weitgehend globalisierten Wirtschaft keine oder eine ohnmächtige Rolle spielen. Das Gegenteil ist der Fall. Die rechtlichen und gesellschaftlichen Spielregeln, das polit-ökonomische Spannungsfeld, die Optionen, die individuellem Handeln offenstehen, die Leistungsfähigkeit des öffentlichen Sektors einschließlich der Verwaltung – all das bestimmt, wo sich mobile Produktionsfaktoren niederlassen. Damit wird mehr als deutlich, dass Politik zum strategischen Faktor standortgebundener Menschen wird. Politische Entscheidungen sind im Zeitalter sinkender Kosten der Raumüberwindung nicht weniger bedeutend, sondern wesentlich wichtiger für den Erfolg von Klubs. Anders gesagt: Gerade ihre Territorialität macht Politik zur dominanten Größe im Standortwettbewerb.

Wenn es dank technologischer Fortschritte im Transport- und Kommunikationswesen immer billiger wird, Vorleistungen, Zwischen- und Endprodukte, aber auch die Produktionsfaktoren (qualifiziertere) Arbeit, Kapital und Innovationskraft über immer weitere Distanzen zu verschieben, dann bestimmt die relative Attraktivität der Rahmenbedingungen für immer mehr wirtschaftliche Tätigkeiten die betriebswirtschaftliche Standortentscheidung. Eine ›gute‹ Politik wird durch Zuwanderung belohnt, eine ›schlechte‹ durch Abwanderung bestraft.

Damit wird auch das Paradox verständlicher, warum gerade in einer Phase beschleunigter Internationalisierung von Unternehmen die Bedeutung nationaler Politik zunimmt. Das politische System legt nämlich den Möglichkeitsraum individuellen Handelns fest. Wenn sich Produktionsfaktoren international immer leichter verschieben lassen, dann treten die standortspezifischen Unterschiede des politisch-rechtlichen Rahmens umso deutlicher hervor. Die relative Attraktivität einer Volkswirtschaft hat dann nicht mehr viel mit natürlicher Faktorausstattung zu tun. Sie ist eindeutig von Menschenhand gemacht, das heißt politikbestimmt.

Um einem Standardeinwand gleich zu widersprechen: Das heißt gerade nicht, dass sich die Politik den ›Diktaten‹ globalisierter Unternehmen willenlos beugen müsste. Denn eine Veränderung politischer Rahmenbedingungen, die den kurzsichtigen Wünschen bestimmter Unternehmen – oder auch bloß bestimmter Manager – folgt, muss und wird sich langfristig keineswegs als erfolgreich herausstellen. So mag es kurzfristig vielleicht verlockend erscheinen, etwa beim Raubbau an natürlichen Ressourcen, bei Kinderarbeit oder mangelnder Gewerkschaftsfreiheit ein Auge zuzudrücken – auf lange Sicht aber werden kritische Konsumenten oder politische Instabilität jenen Unternehmen einen Strich durch die Rechnung machen, die solchen Sirenenrufen folgen. Dabei dürfte gerade die reinigende Wirkung der Finanzmarktkrise verstärkt Anreize für nachhaltige

Strategien schaffen. Ebenso werden gut geführte Unternehmen den Vorteilen einer modernen Infrastruktur oder einer effizienten Verwaltung stets mit der Bereitschaft begegnen, angemessen hohe Unternehmenssteuern zu zahlen, statt auf Teufel komm raus den niedrigsten Hebesätzen hinterherzurennen. Noch jede Firma, die am Anfang glaubte, niedrige Löhne und willfährige Politiker allein seien schon erstklassige Standortfaktoren, hat früher oder später gelernt, welch wertvolle Güter Rechtssicherheit, faire Arbeits- und Lohnverträge, vernünftige Umweltgesetze oder eine gut ausgebaute Infrastruktur sein können.

Konsequenzen für die Weltwirtschaftsordnung

Die Handelspolitik war seit je ein typisches Instrument, wenn auch nicht das wichtigste, um ›nationale Interessen‹ zu verfolgen. In diesem Sinne ist Handelspolitik, abseits aller Details, relativ leicht konsensfähig – ist sie doch traditionell gegen ›die anderen‹ gerichtet, gegen ›das Ausland‹ oder gegen möglichst ominöse ›Kräfte von außen‹. Sie soll ›eigene‹ oder ›inländische‹ Positionen verbessern. Dass sie dabei Interessen des Auslands verletzt und damit längerfristig die Vorteile offener Märkte und einer freien internationalen Arbeitsteilung mindert, die allen – und somit auch den Inländern – mehr oder weniger von selbst zufließen würden, wurde bisher als weniger gewichtig erachtet.

Dieser handelspolitische Konsens, dieses ›Wir‹ gegen die ›anderen‹, mochte so lange tragen, wie Gesellschaften relativ geschlossen waren und der politische Staatsraum sich mit dem Wirtschaftsraum einigermaßen deckte. In diesem Fall ließ sich die Fiktion einheitlicher inländischer Interessen zumindest in der ökonomischen Theorie stützen. In der Realität wurden die Verluste solcher mehr oder minder ausgeprägten Autarkie-Illusionen sozialverträglich umverteilt. Statt den Wohlstand aller durch offene Märkte – und das heißt eben vor allem auch: offene Faktormärkte – zu mehren, wurden die ›Verlierer‹ des falsch verstandenen Standortwettbewerbs mittels Umverteilungssteuern oder Sozialtransfers von den ›Gewinnern‹ entschädigt. Der überbordende Sozialstaat war damit zu großen Teilen der Preis nicht etwa für zu viel, sondern für zu wenig Globalisierung.

Doch am Ende zerstörten Globalisierung und steigende Mobilität der Produktionsfaktoren das Bild einheitlicher nationaler Interessen. Spätestens in den neunziger Jahren des letzten Jahrhunderts wurde offensichtlich, dass handelspolitische Eingriffe primär Partikularinteressen dienen und diese schützen sollen. Weil Handelspolitik kein Nullsummenspiel ist, sondern zu gesamtwirtschaftlichen Effizienzverlusten führt, brachen nun die vorher latenten Interessengegensätze innerhalb einer Volkswirtschaft auf. Dabei offenbarte sich ein Dualismus, wie er aus der entwicklungsökonomischen Literatur bekannt ist: Einem weltmarktorientierten und entsprechend auf Kostenminimierung bedachten Außensektor – dem Renten schaffenden Sektor – steht ein inlandsorientierter und an Protektion interessierter Binnensektor – ein Renten suchender Sektor – gegenüber. Der Umverteilungsstaat, der Binnen- und Außeninteressen lange Zeit austariert hatte, degenerierte für den Renten schaffenden Sektor vom Bremsklotz zur Fußfessel.

Denn die Globalisierung deckt politische Ineffizienz schonungslos auf. Die ›Verlierer‹ einer an nationalen Interessen orientierten Handelspolitik können und wollen die negativen Effekte staatlicher Eingriffe immer weniger mittragen. Sie können nicht, weil sie ihrerseits auf dem Weltmarkt im betriebswirtschaftlichen Wettbewerb mit Unternehmen an attraktiven Standorten stehen. Und sie wollen nicht, weil sie nun – dank des gestiegenen Mobilitätsgrads von Kapital, Wissen und qualifizierter Arbeit – leichter die Alternative des Ausstiegs wählen und ihrerseits an andere, attraktivere Standorte, also andere Klubs, ausweichen können. Anders ausgedrückt: Weil die Transport-, Kommunikations- und Transaktionskosten der mobilen Produktionsfaktoren dramatisch sinken, wird eine vorher meist ineffiziente Standortarbitrage möglich. Kostenunterschiede zwischen verschiedenen Klubs für ein identisches Bündel von öffentlichen Gütern oder Leistungen können durch eine Verlagerung wirtschaftlicher Aktivitäten an den kostengünstigeren Standort genutzt werden.

Was bedeutet das für die Welthandelsordnung und für die Rahmenbedingungen des globalen Wettbewerbs? Die bestehende Welthandelsordnung im Rahmen der Welthandelsorganisation (WTO) verhindert und beseitigt zwar Wettbewerbsverfälschungen, die von nationalstaatlicher Seite ausgehen. Allerdings nimmt sie kaum noch Notiz von den mikro- und makroökonomischen Konsequenzen, die mit der Globalisierung einhergehen und die zu einer markanten Zunahme von Direktinvestitionen, von internationalen Unternehmenszusammenschlüssen und von internationalen strategischen Allianzen geführt haben. Anders gesagt, verliert die bestehende Welthandelsordnung umso mehr ihren Regulierungsgegenstand, je stärker die Globalisierung den direkten handelspolitischen Aktivismus der Nationalstaaten in Frage stellt, und je stärker sich die Politik vor allem auf die Schaffung attraktiver Rahmenbedingungen konzentrieren muss.

Eine ökonomisch ›gute‹ nationalstaatliche Politik bedeutet den Verzicht auf eine aktive Handelspolitik. Diese Erkenntnis gilt sogar unilateral – also ohne dass eine gegenseitige Marktöffnung im Rahmen der WTO erzwungen werden müsste. Auch die vor 25 Jahren entwickelte Theorie einer ›strategischen Außenhandelspolitik‹ hat sich als nicht tragfähig erwiesen. Die These, dass es dadurch zu einer Umverteilung von Erträgen zwischen unterschiedlich aktiven Volkswirtschaften kommt, beruht auf sehr restriktiven Annahmen. Tatsächlich gibt es keine überzeugenden Belege für den Erfolg einer solchen Strategie.

Die territoriale Loslösung nationaler Firmen und ihre Metamorphose zu Global Playern wird weiter voranschreiten. Die

Folge dieser Entwicklung ist, dass es immer weniger darum geht, staatliches Handeln multilateral zu regulieren. Stattdessen wird es immer wichtiger werden, privates Handeln multilateral zu regulieren. Nationalstaatliche Handelspolitik hat auf globalen Märkten entweder keine oder negative Auswirkungen. Mehr noch: Eine an nationalen Dimensionen orientierte Handels- und Wirtschaftspolitik ist sehr schwer zu steuern und in ihren tatsächlichen Wirkungen kaum abschätzbar. Eher lädt sie multinationale Unternehmen und internationale Allianzen zur Arbitrage ein, also zu einer Ausnutzung und Umgehung unterschiedlicher nationalstaatlicher Regulierungen ein. Stattdessen müsste die Politik heute viel mehr Aufmerksamkeit für wettbewerbsverzerrende oder wettbewerbsverfälschende Verhaltensweisen multinational tätiger Akteure aufbringen – und zwar im internationalen Zusammenspiel.

Internationalisierung der Wettbewerbspolitik

Grundsätzlich gilt es zu verstehen, dass staatliche Regulierung heute eben nicht mehr allein legislatives oder administratives Handeln auf der Ebene des Nationalstaates meint. Worum es geht, ist das richtige Agieren in einem politischen Mehrebenensystem, das bei kommunalen oder regionalen Einheiten beginnt und über die nationalstaatliche und europäische Ebene bis hin zu internationalen Abkommen und Organisationen reicht. Die »Wirkungen von Wettbewerbsverzerrungen durch private und staatliche Akteure« jedenfalls machen »an den Nationalgrenzen nicht mehr halt«, wie Hans-Jürgen Vosgerau schon 1995 feststellte. Dies gilt insbesondere für Kartellabsprachen, Fusionen und Unternehmenskooperationen, was sich mit zahlreichen Rohstoffkartellen im Energie- und Metallbereich verdeutlichen ließe. Eine internationalisierte Wirtschaft bedarf daher eines internationalen Wettbewerbsrechts. Und dem Rückzug nationaler Handelspolitik muss der Vormarsch einer internationalen Wettbewerbsordnung folgen. Nur so lässt sich verhindern, dass der mobile Produktionsfaktor Kapital – und hier insbesondere multinationale Kartelle und strategische Allianzen – erfolgreich nach internationalen Vorteilen aus Marktmacht und Monopolstellungen trachtet. Eine internationale Wettbewerbspolitik wäre die richtige Antwort auf die schwindende Kompetenz nationalstaatlicher Regierungen, grenzüberschreitende Aktivitäten von Unternehmen durch nationales (Wettbewerbs-) Recht zu regulieren.

Gegenwärtig werden hier zwei grundlegende Strategien diskutiert: Einerseits eine Ausdehnung des nationalen Wettbewerbsrechts auf wettbewerbsverzerrende Praktiken ausländischer Unternehmen im Inland – selbst wenn diese Unternehmen ausländischem Recht unterstellt sind. Das ist die sogenannte »effects doctrine«, die es etwa den deutschen oder europäischen Kartellbehörden ermöglicht, zum Beispiel einem amerikanischen Softwarekonzern zu verbieten, sein marktbeherrschendes PC-Betriebssystem zusammen mit dem hauseigenen Internet-Browser zu vertreiben. Damit soll verhindert werden, dass der Konzern unter Ausnutzung seines faktischen Monopols auf einem Markt auch Wettbewerber von anderen Märkten verdrängt.

Ein weiteres prominentes Beispiel für die Akzeptanz dieses Auswirkungsprinzips war das Verbot der Fusion zwischen Honeywell und General Electric durch die Europäische Kommission. Diese Fusion in einem fremden Rechtsraum hätte eine marktbeherrschende Stellung des neuen Konzerns auch in Europa zur Folge gehabt. Diesem Argumentationsmuster entsprechend, führte die 6. Novelle des Gesetzes gegen Wettbewerbsbeschränkungen dazu, Unternehmen bei Wettbewerbsanalysen sowohl innerhalb als auch außerhalb ihres Geltungsbereiches zu berücksichtigen. Damit wurde das in der Wettbewerbstheorie beschriebene Prinzip der Analyse des sogenannten relevanten Marktes rechtlich für internationale Kontexte festgeschrieben.

Bei der anderen, kurzfristig vielleicht eher ergänzenden, langfristig aber wichtigeren Strategie geht es um eine internationale Wettbewerbsordnung unter dem Dach der WTO. Mit dem General Agreement on Trade in Services (GATS) wurden zwar die Dienstleistungen in die Welthandelsordnung einbezogen. Zwangsläufig werden damit aber auch Fragen der grenzüberschreitenden Wanderung, des Aufenthalts und der Niederlassung von Arbeitskräften wichtiger. Früher oder später wird sich daher die Frage stellen, ob und wie weit das GATS um ein GAMP (General Agreement on Mobility of People beziehungsweise ein General Agreement on Migration Policies) zu erweitern wäre. Ein solches GAMP müsste international verbindliche Regeln für eine kontrollierte, aber möglichst ungehinderte Migration aufstellen. Denn Handelsströme von Gütern oder Dienstleistungen sind immer stärker mit Wanderungsbewegungen von Arbeitskräften verbunden. Maschinen müssen von Spezialisten aus dem Lieferland installiert, in Betrieb genommen und gewartet werden. Die Baufirma entsendet ihre Vorarbeiter an die Baustellen im Ausland, der Spielzeughersteller seine Qualitätskontrolleure. Grenzüberschreitend tätige Firmen erwarten von ihren Mitarbeitern eine grenzüberschreitende Mobilität. Das gilt auch für die neuen multinationalen Unternehmen aus China, Indien oder Russland. Somit haben GATT (General Agreement on Tariffs and Trade) und GATS eine unmittelbare Rückwirkung auf Migrationsströme. Dadurch bedarf die WTO auch im Bereich der Arbeitskräftewanderung einer multilateralen Vereinbarung, um nationale Schranken zu beseitigen und individuelle Verhaltensweisen zu regeln.

Dabei lauern neben Optionen auch Gefahren für einen protektionistischen Missbrauch – Stichwort: Sozialstandards. Wie schwierig hier eine multilaterale Ordnung zu finden sein wird, macht alleine schon das Beispiel der Europäischen Dienstleistungsrichtlinie deutlich. Anstatt die langfristigen Chancen zu sehen, wird in der EU weiterhin der kurzfristigen Anpassungskosten wegen auf eine vollständige gegenseitige Öffnung nationaler Dienstleistungsmärkte verzichtet. Damit bleiben Wettbewerb und dynamische Impulse für eine EU-weite Ausnutzung komparativer Kostenvorteile bei Angebot und Nachfrage nach Dienstleistungen ungenutzt. Um die Vorteile eines EU-weiten freien Dienstleistungswettbewerbs in Anspruch nehmen zu können, bedürfte es – analog zum Güterhandel – einer strikten Umsetzung des Ursprungslandprinzips. Damit verbunden wäre die wechselseitige Anerkennung nationaler Bestimmungen, so wie es beim Güterhandel seit dem sogenannten ›Cassis-de-Dijon-Urteil‹ längst der Fall ist. Anders als im Bereich des Warenhandels gilt im grenzüberschreitenden EU-Dienstleistungshandel das Ursprungslandprinzip jedoch nicht prinzipiell. Mehr Wettbewerb auf dem Dienstleistungsmarkt der EU bedeutet mehr Effizienz, weniger Kosten, wettbewerbsfähigere Firmen, mehr Beschäftigung, mehr Wachstum und damit mehr Wohlstand für alle. Diese den Erfahrungen des Güterhandels folgende Logik gilt ungeteilt auch für den internationalen Dienstleistungshandel, und zwar nicht nur in europäischer, sondern auch in globaler Dimension.

Schließlich, das sei hier nur kurz angemerkt, wird ein bereits 1984 von Kindleberger gefordertes »GATT for International Direct Investment« eine wichtige Ergänzung zur bestehenden Welthandelsordnung liefern müssen.

Staatliches Handeln im Mehrebenensystem

Die Erosion des klassischen Konzepts einer Nationalökonomie und die Notwendigkeit einer ›Verkehrsordnung‹ für die Weltwirtschaft zeigen deutlich, dass sich ökonomische und politische Strukturen im Prozess der Globalisierung zunehmend unterschiedlich ausdifferenzieren. Um nicht zu sagen, Wirtschafträume und politische Räume decken sich nur noch bedingt. Vor allem zwischen der juristischen Zuständigkeit des Nationalstaates und seiner faktischen Kompetenz klafft in bestimmten Politikfeldern eine wachsende Lücke.

Ob es um die Regulierung der Finanzmärkte, um Steuerharmonisierung, um den internationalen Freihandel, um das hohe Lohn- und Sozialgefälle in einem Europa offener Grenzen oder um den Umweltschutz geht – überall erwarten die Bürger Regelungen seitens der nationalen Politik. Zugleich schien in den Augen vieler Menschen der Druck des globalen Wettbewerbs die Politik lange schon überrollt zu haben. Dann allerdings zeigten sich während der dramatischen Turbulenzen auf den internationalen Finanzmärkten die nationalen Regierungen als überaus handlungsfähige Akteure. Doch richtig ist auch: Oft erweisen sich nationalpolitische Lösungen als unzureichend und internationale Absprachen als zäh, manchmal sogar als unmöglich. Zudem bleibt kritisch zu hinterfragen, ob einheitliche Regelungen ›von oben‹ einem freien Wettbewerb der Standortfaktoren ›von unten‹ überhaupt vorzuziehen sind.

Wo es jedoch um die Setzung klarer Rahmenbedingungen für regionale, nationale und globale Märkte geht, da zeigt sich, dass Ordnungspolitik nur noch zum Teil nationale Politik meint und dass der schlanke, starke Territorialstaat lediglich eine Handlungsebene in einem komplizierten Geflecht unterschiedlichster politischer Strukturen ist. Politik agiert heute tatsächlich in einem politischen Mehrebenensystem, das von der kommunalen oder regionalen über die nationalstaatliche und europäische

Ebene bis zur Ebene internationaler Abkommen und Organisationen reicht.

Auf welcher Ebene es zu handeln gilt, sollte dabei weniger eine Frage politischen Wollens oder der Machbarkeit sein. Und schon gar nicht ist Ordnungspolitik etwas für öffentlichkeitswirksame Alibiveranstaltungen. Die passende Handlungsebene müsste vielmehr aufgrund der Streuung externer Effekte politischer Entscheidungen gewählt werden. Anders gesagt: Wo wirtschaftliches Handeln globale Auswirkungen hat, etwa auf dem Gebiet der Kapitalmärkte oder der Wettbewerbskontrolle, da soll auch international gehandelt werden. Deshalb muss die Welthandelsordnung um eine internationale Wettbewerbs- und Kartellpolitik ergänzt werden. Wo unterschiedliche technologische und ökonomische Entwicklungsniveaus eine Rolle spielen, hier wäre etwa an die Umsetzung durchaus international definierter umweltpolitischer Ziele oder die Korrektur räumlich begrenzter Umweltprobleme zu denken, da sind bei aller Notwendigkeit internationaler Koordination wiederum andere Ebenen gefragt: ein möglichst ungehinderter Wettbewerb um die besten Lösungen einerseits, die europäische oder die nationale Politik andererseits. Der Nationalstaat allein wird auch künftig dort die Rahmenbedingungen setzen, wo unterschiedliche kulturelle Prägungen und historische Pfadabhängigkeiten wirken, etwa in der Bildungs- oder der Sozialpolitik. Wo ökonomisches Handeln dagegen hauptsächlich lokale oder regionale Effekte zeitigt, da sollte auch eine staatliche Regulierung die sprichwörtliche Kirche besser im Dorf lassen.

Föderalismus und Finanzierungskompetenz

Mit den Wirkungen staatlichen Handelns auf verschiedenen Ebenen beschäftigt sich die Theorie des sogenannten Fiskalföderalismus, die insbesondere von dem amerikanischen Wirtschaftswissenschafter Wallace E. Oates inspiriert wurde. Finanziert durch Steuern und Abgaben, stellt staatliches Handeln auf verschiedenen Ebenen öffentliche Güter bereit, etwa zur Verteidigung oder Rechtssicherheit, einen politischen Ordnungsrahmen für wirtschaftliches Handeln, aber auch Infrastrukturen wie Straßen- und Schienennetze und Kanalisation, ebenso öffentliche Schulen oder eine staatliche Arbeitslosenversicherung.

Profitieren nun die Bürger eines Landes, eines Teilstaates, einer Region oder einer Kommune nicht von der Bereitstellung eines öffentlichen Gutes in einer anderen Körperschaft, gibt es also keine räumlichen Wechselwirkungen (sogenannte »Spillover«), dann handelt es sich um ein lokales öffentliches Gut. Je geringer die Spillover und je unterschiedlicher die Präferenzen der Bürger sind, desto effektiver werden ein dezentrales Angebot und eine dezentrale Finanzierung öffentlicher Güter sein.

Je mehr allerdings eine Region von einer öffentlichen Leistung andernorts profitiert, desto weniger Anreize bestehen, entsprechende Güter in eigener Verantwortung anzubieten und zu pflegen. Die mögliche Ausbeutung anderer Regionen wird diese dazu verleiten, eigentlich gebotene öffentliche Leistungen einzuschränken. Insofern birgt deren dezentrale Bereitstellung, bei der die politisch Verantwortlichen eines Landes oder einer Kommune verständlicherweise zunächst die Präferenzen ›ihrer‹ Bürger im Auge haben, immer die Gefahr, dass sich Trittbrettfahrer bereichern. Je größer externe Effekte ausfallen, umso eher ist daher eine zentrale Verantwortlichkeit zu bevorzugen. Auch gewünschte Ausgleichs- und Umverteilungsziele können nur zentral umgesetzt werden.

Eine demokratisch legitimierte Zentralregierung wird bei der Bereitstellung öffentlicher Güter wiederum bestrebt sein, das Gesamtwohl zu mehren. Dafür orientiert sie sich an einer Art Durchschnitt regionaler Präferenzen. Doch da diese bei den Bürgern, aus welchen Gründen auch immer, meist verschieden ausgeprägt sind, wird ein Zentralstaat regionale Unterschiede vernachlässigen. Umgekehrt bedeutet das natürlich auch: Sind die Präferenzen der Bürger betreffs eines öffentlichen Gutes mehr oder minder homogen, ist eine zentralstaatliche Bereitstellung dieses Gutes sinnvoll.

Dabei ist allerdings zu beachten, dass Regelungskompetenz, Durchführungskompetenz und Finanzierungskompetenz keineswegs in einer Hand liegen müssen. Vielmehr ist es aus Gründen der Effizienz politischer und fiskalischer Steuerung meist besser, diese auf unterschiedlichen Ebenen anzusiedeln. Damit öffentliche Leistungen in einem bestimmten Mindestumfang oder einer bestimmten Mindestqualität erbracht werden, ist häufig eine zentrale Regelungskompetenz vorzuziehen, während die eigentliche Durchführung besser bei den unteren Ebenen liegt. Das ist besonders da der Fall, wo öffentliche Güter hohe externe Effekte aufweisen, etwa in der Bildung, in der Umweltpolitik oder beim Gesundheitsschutz, und zugleich die Präferenzen der Bürger relativ homogen sind. Hier sollten zentrale Regelungen Standards setzen, deren praktische Umsetzung dann regional oder sogar lokal gesteuert wird.

Diese als Exekutivföderalismus bezeichnete Trennung von Regelungs-, Durchführungs- und Finanzierungskompetenz prägt besonders das bundesdeutsche System des Föderalismus, in dem das Schwergewicht der Gesetzgebung – einschließlich der Steuergesetzgebung – eindeutig beim Bund liegt, während die Verwaltung überwiegend von den Ländern und den Kommunen wahrgenommen wird. Doch während die Trennung von Regelungs- und Durchführungskompetenz im deutschen Föderalismus wenigstens im Grundsatz klar akzentuiert ist, erweisen sich die Zuweisung von Finanzierungskompetenzen und die Verteilung von Steuermitteln als ausgesprochen intransparent und vielfach wenig motivierend.

Theoretisch sind drei Modelle einer föderalen Finanzordnung denkbar: Im Modell fiskalischer Autonomie entscheiden alle Gebietskörperschaften eigenständig über die Erhebung und die Verwendung von Steuern, einschließlich jener zur Erfüllung gesamtstaatlicher Aufgaben. Dieses Modell wird noch am ehesten durch die EU als einem Verbund steuerrechtlich eigenständiger Staaten repräsentiert, die nach einem zuvor ausgehandelten Schlüssel Finanzmittel an die Union abführen.

Das radikale Gegenmodell eines fiskalischen Unitarismus billigt dagegen steuerliche Kompetenz ausschließlich der zentralen Ebene zu. Diese weist den untergeordneten Ebenen die Finanzmittel zur Erfüllung ihrer Aufgaben zu.

Gegenüber diesen beiden Modellen ist die föderale Finanzverfassung der Bundesrepublik Deutschland durch ein komplexes System von Zuweisungen und Mischfinanzierungen geprägt, das Elemente der beiden anderen Modelle verbindet: zu einem vertikalen Steuerverbund und einer ausgleichsorientierten Einnahmeverteilung.

Im Modell eines vertikalen Steuerverbunds werden die Steuern in allen Gebietskörperschaften nach einem einheitlichen System erhoben und dann zwischen den verschiedenen Ebenen nach einem festen Schlüssel von der ›Zentrale‹ verteilt – entweder indem jede Ebene einen festgelegten Anteil an jeder Steuer erhält (Verbundsystem) oder indem ihr die Einnahmen aus bestimmten Steuerarten exklusiv zustehen (Trennsystem). Das bundesdeutsche Steuersystem kennt beide Varianten: einerseits Gemeinschaftssteuern wie die Lohn- und Einkommensteuer, die Körperschaftssteuer oder die Umsatzsteuer, deren Erlöse prozentual auf Bund, Länder und Gemeinden aufgeteilt werden; andererseits reine Bundessteuern wie die Mineralöl- oder die Tabaksteuer, reine Ländersteuern wie Erbschafts-, Vermögens-

oder Kraftfahrzeugsteuer und schließlich Gemeindesteuern wie die Gewerbesteuer.

Hauptnachteile dieses Modells: Erstens haben die einzelnen föderalen Einheiten keinen direkten Einfluss auf die Höhe ihrer Steuereinnahmen, da Steuerarten, Bemessungsgrundlagen, Steuersätze und Verteilungsquoten zentral festgeschrieben werden. Und zweitens folgt die politische Aushandlung der jeweiligen Anteile am Steueraufkommen letztlich falschen Anreizen. Weil sich das tatsächlich notwendige Ausgabenniveau einer Gebietskörperschaft empirisch kaum zuverlässig ermitteln lässt, verschafft sich derjenige die beste Verhandlungsposition, der bei gegebenen Einnahmen die höchsten Ausgaben und damit die höchsten Defizite verbucht. Kurz: Das System eines vertikalen Steuerverbundes animiert im Grunde zur permanenten Erhöhung der Ausgaben.

Im Gegensatz zum vertikalen Steuerverbund kennt das Modell einer ausgleichsorientierten Einnahmeverteilung zusätzlich Mechanismen der horizontalen Steuerverteilung zwischen den Gliedstaaten einer Ebene. Hierbei werden die Steuereinnahmen einheitlich nach einem bestimmten Maßstab, zum Beispiel der Einwohnerzahl oder der Wirtschaftskraft verteilt. Hinzu können bedarfs- oder lastenorientierte Ausgleichssysteme treten, bei denen einzelne Regionen – etwa aufgrund ungünstiger Sozialstruktur, hoher Arbeitslosigkeit oder wirtschaftlicher Entwicklungsrückstände – bestimmte Transferzahlungen von der zentralen Ebene oder von anderen Gliedstaaten erhalten.

Auch dieses Modell, an dem sich der im Zuge der Föderalismusreform bislang noch nicht angepackte Länderfinanzausgleich orientiert, wirft allerdings schwerwiegende Probleme auf. Zum einen erschwert eine ausgleichsorientierte Verteilung von Steuereinnahmen den einzelnen Gliedstaaten eine Orientierung an den tatsächlichen regionalen Präferenzen ihrer Bürger und Unternehmen. Denn die Verteilung der Finanzmittel orientiert sich nicht am faktischen Bedarf, sondern an reinen Durchschnittswerten. Zum anderen verhindert der Finanzausgleich den Wettbewerb, weil fiskalische Erfolge – sei es auf der Einnahme- oder auf der Ausgabenseite – nicht dem jeweiligen Bundesland zugutekommen, sondern mit allen anderen geteilt werden müssen. Werden die Steuern zum Beispiel pro Kopf verteilt, und hat ein Land einen Einnahmeanteil von zehn Prozent, dann gehen bei einem vollständig nivellierenden Finanzausgleich von jedem Euro zusätzlicher Steuereinnahmen neunzig Cent an andere. Das ist das schiere Gegenteil von Anreizkompatibilität. Schließlich können Ausgleichssysteme externe Effekte nur schlecht berücksichtigen. Denn da Transferzahlungen nicht zweckgebunden sind, sondern sich meist nur allgemein an der Wirtschafts- oder Finanzkraft einer Gebietskörperschaft orientieren, ist kaum zu erwarten, dass diese die Ausgaben vor allem da erhöht, wo hohe Externalitäten zu erwarten sind. Vereinfacht gesagt: Es besteht wenig Anreiz, beim Geldausgeben immer auch das staatliche Gesamtwohl im Auge zu behalten.

Im Rahmen der ausstehenden Föderalismusreform II gehören alle diese Probleme auf die Tagesordnung. So muss zum Ersten geprüft werden, ob die Länder bei der Umsetzung der ihnen zugewiesenen Aufgaben über genügend fiskalische Ermessensspielräume verfügen. Das gilt nicht nur auf dem Feld der Ausgabenhoheit. Auch auf der Einnahmenseite wäre zu prüfen, ob und wie ein echter Steuerwettbewerb auf Länderebene ermöglicht werden kann, etwa indem man den Ländern erlaubt, Zuschläge auf die Einkommensteuer zu erheben. Insgesamt sollte die regionale Steuerautonomie erhöht werden – wozu allerdings auch gehört, dass die Länder in punkto Haushaltsdisziplin, gerade im Rahmen des Europäischen Stabilitätspakts, stärker in die Pflicht genommen werden. Wichtigstes Ziel entsprechender Reformen sollte sein, dass es sich für Bund, Länder und Gemeinden lohnt, aktiv oder passiv etwas für Wachstum und Beschäftigung in ihrem Einflussbereich zu tun – und damit ihre eigenen Steuerquellen zu pflegen. Hier gilt es, viele Hemmnisse zu beseitigen.

Zweitens muss unter dem Gesichtspunkt einer möglichst effizienten Aufgabenerfüllung neu überlegt werden, welche Ebene welche Anteile an welchen Steuern erhält. Verschiedene Steuern reagieren ganz unterschiedlich auf die Entwicklung der Wirtschaft. So unterliegt etwa das Aufkommen aus der Umsatzsteuer direkt den Schwankungen des Wirtschaftswachstums. Sollen die Länder auch künftig die meisten Staatsaufgaben übernehmen und bleiben von daher ihre kurzfristig kaum zu beeinflussenden Personalkosten hoch, wäre zu überlegen, ob ihr Mehrwertsteueranteil nicht eher sinken und der an der deutlich weniger BIP-elastischen Einkommensteuer dagegen steigen müsste.

Ein dritter Punkt: Das Instrument sogenannter föderaler Mandate sollte in Zukunft viel stärker genutzt werden. Hierbei legt der Zentralstaat öffentliche Aufgaben sowie die für ihre Erfüllung maßgeblichen Standards fest, während Durchführung und Finanzierung dezentral verantwortet werden. In der Konsequenz würde sich der Bund künftig stärker auf die Rolle des Regelsetzers beschränken, der seine eigenen Budgets zugunsten der Länder und ihrer Durchführungskompetenz reduzierte.

Die Klärung all dieser Fragen bleibt in ihrer Bedeutung nicht auf die Funktionsfähigkeit der staatlichen Ordnung beschränkt, sondern ermöglicht zugleich, im internationalen Zusammenhang die nationale Position effizient zu verankern. Die Sicherung offener Märkte im globalen Konzert setzt die Handlungsfähigkeit der Staaten voraus. Dafür sind klare Verantwortungsstrukturen im Inneren unerlässlich. Dies gilt freilich ebenso für die europäische Ebene.

Gibt es eine europäische Identität?

Kein Zweifel: Die Institutionen und die Entscheidungsprozesse in der Europäischen Union mit ihren heute 27 Mitgliedsstaaten und ihren fast 500 Millionen Bürgern bedürfen spätestens seit der ersten Osterweiterung 2004 dringend der Reform. Im Kern ist die EU immer noch eine Wirtschaftsgemeinschaft mit einem einheitlichen Binnenmarkt für Waren, Arbeit und Kapital. Einigkeit herrscht auch darüber, dass sie hier noch Hypotheken ihrer Gründungsgeschichte abtragen muss: So lässt sich heute ordnungspolitisch beim besten Willen nicht mehr rechtfertigen, dass immer noch knapp die Hälfte der Gesamtausgaben der EU und ein Drittel ihrer Rechtsakte auf die Agrarpolitik entfallen. Nicht minder bedarf die Regionalförderung einer grundlegenden Reform. Zudem würden alle Bestrebungen, der EU weitere Kompetenzen im Bereich der Wirtschafts- und der Beschäftigungspolitik zu Lasten der Einzelstaaten einzuräumen, das Subsidiaritätsprinzip noch stärker als bisher verletzen – und den freien Wettbewerb mehr untergraben als fördern.

Doch hinter allen Detailproblemen der EU-Reform lauert eine viel grundsätzlichere Gefahr: die der Überstrapazierung des »europäischen Gedankens«, der sogenannten »Finalität« der Europäischen Union. Zwar gelingt der EU die internationale Abstimmung wirtschaftlicher Rahmenbedingungen in einigen Bereichen recht gut, etwa in der europäischen Handels- und Währungspolitik, der Wettbewerbspolitik, der Vereinheitlichung von Normen oder dem Patentrecht. Und doch bleiben die Bürger – weitgehend zu Recht, wie wir meinen – skeptisch. Auf Reisen schätzen sie es zwar, dass sie in 17 EU-Staaten mit der gleichen Währung bezahlen können –, auch wenn der seit 2002 bar kursierende Euro seinen schlechten Ruf als »Teuro« – hierzulande zu Unrecht – nie losgeworden ist. Die meisten aber denken beim Stichwort EU weiterhin an eine ferne und übermächtige Bürokratie, die angeblich den Krümmungsgrad von Bananen regulieren will (tatsächlich gab es eine ähnliche EU-Norm für Gurken, die jedoch im November 2008 wieder aufgehoben wurde). Im Prinzip ist gewiss jeder für die europäische Einigung. Aber die Institutionen, die aus diesem historischen Prozess entstanden sind, verbreiten keine Identität stiftende Wärme.

Das hat unseres Erachtens nur sehr vordergründig mit der vergleichsweise bescheidenen EU-Bürokratie zu tun. Im Kern erkennen die Bürger, dass eine in Sonntagsreden gern beschworene »europäische Identität« schnell zur Fiktion wird, wenn man sie inhaltlich überfrachtet. 27 verschiedene Staaten, deren Völker und Volksgruppen Dutzende Sprachen sprechen und die kulturell und historisch sehr verschieden geprägt sind, fast eine halbe Milliarde Menschen, die beinahe allen großen Weltreligionen oder dem Agnostizismus anhängen, können schwerlich eine gemeinsame Identität im traditionellen Sinne entwickeln.

Dass eine Identitätsfindung auf europäischer Ebene mehr oder weniger ausgeblieben ist, hat die Debatte um eine Europäische Verfassung hinreichend gezeigt. Auch auf längere Sicht scheint, je mehr die Integration auf einigen Gebieten faktisch voranschreitet, die Nation eher verstärkt als Basis für die eigene Identität wahrgenommen zu werden. Nicht umsonst ist die Politik in mühsamen Debatten um eine Reform der europäischen Institutionen vor allem auf dem Felde des Symbolischen und des Repräsentativen zurückgerudert: Während der organisatorische Umbau von Ministerrat, EU-Kommission und EU-Parlament weiter voranschreitet, hat man die Verfassungsrhetorik einschließlich Fahne, Hymne, Gottesbezug und EU-Präsident vorerst auf Eis gelegt.

Statt christlich-abendländische Traditionen zu strapazieren, die an der Wiege der Europäischen Wirtschaftsgemeinschaft und in frischer Erinnerung an die Katastrophe des Zweiten Weltkriegs noch einen gewissen Sinn gehabt haben mochten, müsste ein europäisches Leitbild weitaus offener formuliert werden. Eher könnte die Überschrift eines solchen Leitbilds lauten: »Kontinuität im Wandel, Einheit in der Vielfalt«, eine Formulierung, die Arthur Koestler schon im März 1958 einem in Wien gehaltenen Vortrag unter dem Titel »Das europäische Profil« voranstellte:

»Kontinuität im Wandel, Einheit in der Vielfalt sind anscheinend den vier aristotelischen Elementen Erde, Luft, Feuer und Wasser vergleichbar, den Kennzeichen jeder organischen und besonders der europäischen Kultur. Kontinuität ohne Wandel war das Merkmal hochentwickelter asiatischer Kulturen. Wandel ohne das eingewurzelte Bewusstsein der Kontinuität ist das Merkmal der jungen Kolonialgemeinschaften in Nordamerika und Australien.«

Koestler argumentierte damals, dass Europa es stets auch in »explosiven Phasen« geschafft habe, »seine Identität, seine sozusagen historische Persönlichkeit« zu bewahren. Damit verbindet sich die Einsicht, dass dieses Europa bei durchaus variablen Grenzen sehr wohl einen kulturellen Kern aufweist. Hier liegt allerdings zugleich die eigentliche Schwierigkeit, die sich in dem polaren Begriffspaar von ›Vertiefung‹ und ›Erweiterung‹ Ausdruck verschafft. Es spricht nichts gegen den Versuch, die geographischen Grenzen und die gemeinsamen Werte eines vereinten Europa offensiv zu diskutieren. Aber eine solche Diskussion wird scheitern, wenn ihre Basis nicht die Einsicht ist, dass dieser kulturelle Kern nur in wenigen seiner Elemente unwandelbar und nicht verhandelbar ist.

Grundsätzlich sollte die Europäische Union an konkreten Themen entlang Lösungen entwickeln. Freilich kann das nicht alles sein. Nur: Eine europäische Identität lässt sich nicht verordnen, höchstens anregen. Dabei sollte die Bedeutung der wirtschaftlichen Integration nicht unterschätzt werden. Denn diese ist keineswegs ohne Wertebasis. Marktwirtschaft folgt dem Prinzip der Freiheit und bedingt – um dauerhaft funktionsfähig zu sein – Partizipationsgerechtigkeit. Sie steht nicht im Gegensatz zu unserer Werteordnung, sie ist elementarer Teil derselben. Daher kann Europa sehr wohl stolz auf den Erfolg als Freiheitsunion sein.

Das Problem europäischer Identitätsfindung verschärft sich

allerdings dadurch, dass auch die nationalen Gewissheiten erodieren. Denn die wichtigste Folgewirkung der durch Globalisierung und kommunikationstechnischen Fortschritt getragenen Modernisierung ist eine Pluralisierung von Werten und Überzeugungen. Die Frage nach dem für den sozialen Zusammenhalt notwendigen und dem unter den Bedingungen der Moderne möglichen normativen Konsens stellt sich in den Nationalstaaten in besonderer Schärfe. Dazu gehört auch die Suche nach Kompensationsmustern zu den flüchtigen Bedingungen der Globalisierung. Dies ist gerade auch für die Bewältigung normativer Konflikte von Bedeutung. Doch die Frage nach den gewünschten Strukturen des Zusammenlebens auf nationaler Ebene bindet Kräfte und vermindert die Bereitschaft, das Gleiche auf europäischer Ebene noch einmal zu erörtern. Im Ergebnis erweist sich die Vorstellung, nationale Identitätsdefizite durch die europäische Integration überspielen zu können, als Irrtum.

Für die Nachhaltigkeit wirtschaftlicher Entwicklung wird es letztlich darum gehen, ob Europa bei der Überwindung sozialer Konflikte in den Nationalstaaten substantiell helfen kann. Und das muss ausdrücklich heißen: nicht kosmetisch durch die Verteilung von Geld. Bei der Gestaltung des künftigen finanziellen Rahmens für die EU kommt es deshalb beispielsweise darauf an, eine eigene EU-Steuerkompetenz zu verhindern. Wir brauchen vor allem europäische Institutionen, die in den nationalen wie zwischenstaatlichen normativen Konflikten nicht polarisieren, sondern vermitteln und vernetzen. Gleichzeitig muss die ökonomische Logik der Integration – Effizienzgewinne durch vertiefte Arbeitsteilung – wieder stärker und profilierter auf den Wettbewerb setzen und damit auch auf die Bereitschaft zum rationalen Konflikt.

Noch einmal: Identitäten lassen sich in einem politischen Gefüge aus 27 Nationen mit ihrerseits oft mehreren Ethnien, Kulturen, Sprachen und Religionen nicht auf dem Papier verordnen. Ebenso wichtig ist die Einsicht, die oft mit dem sperrigen

Begriff der Subsidiarität umschrieben wird: dass die Dinge dort geregelt werden sollten, wo sie sich am effizientesten regeln lassen und wo die Bürger zugleich am ehesten das Gefühl haben, diese Entscheidungen beeinflussen, ja aktiv mitgestalten zu können. Das in Artikel 5 des Maastricht-Vertrages verankerte Subsidiaritätsprinzip legt deshalb zu Recht explizit fest, dass die EU als supranationale Organisation nur dann tätig werden darf, wenn eine bestimmte Maßnahme auf nationaler Ebene nicht so umgesetzt werden kann, dass Auswirkungen in anderen Staaten der Gemeinschaft dabei angemessen berücksichtigt werden können. Eine Übertragung von Aufgaben an die Staatengemeinschaft ist deshalb nur gerechtfertigt, wenn dadurch eine echte Effizienzverbesserung bei der politischen Regelung erreicht wird.

Doch lokale, regionale, nationale, europäische und globale Politik, das ist eben gerade kein Widerspruch. Wo auf dem einen Feld einheitliche europäische oder internationale Regeln erforderlich sind, da müssen auf anderen Feldern die Dinge in nationaler, regionaler oder kommunaler Selbstverwaltung organisiert werden. Ebenso werden Menschen ihre nationalen oder regionalen Mentalitäten und Identitäten nicht ablegen – was aber enge Verflechtungen und Kooperationen in den vielen grenzüberschreitenden Wirtschaftsräumen Europas schon heute nicht ausschließt. Eher werden, während die europäische Integration der Staaten voranschreitet und politische Grenzen an Bedeutung verlieren, regionale Identitäten wieder an Bedeutung gewinnen.

Werteorientierung in
der globalisierten Wirtschaft

Ein international verbindliches Wettbewerbsrecht, eine global durchgreifende Fusionskontrolle und ein koordiniertes Agieren der Kartellämter und Finanzaufsichtsbehörden sind zentrale Aufgaben für die nächste Zukunft. Aber auch die besten Rahmenbedingungen, das muss man immer wieder betonen, verhindern nicht, dass Einzelne Fehlentscheidungen treffen. Und sie verhindern erst recht nicht, dass Einzelne Regeln zu ihrem Vorteil ausnutzen oder auch umgehen. Vor allem letztere Tatsache macht die Bürger gegenüber der Globalisierung und ihren offenen Märkten misstrauisch: Viele glauben, freier Wettbewerb sei ein bedingungsloser Kampf ums Überleben der Stärksten. Doch dieser weltwirtschaftlichen Überhöhung eines gerade in Deutschland verbreiteten, ohnehin schon irrigen Sozialdarwinismus muss und kann man entgegentreten. Denn als gesellschaftliche Veranstaltung bestraft der Wettbewerb ein gegen die Interessen aller gerichtetes, unethisches Verhalten letztlich immer.

Wahr ist: Die Deutschen stehen Marktwirtschaft und Unternehmen mittlerweile sehr kritisch gegenüber. Laut der Umfrage zum Wirtschaftsstandort Deutschland 2008 des Bundesverbandes deutscher Banken meint heute nur noch jeder zweite Deutsche (52 Prozent), dass sich die Soziale Marktwirtschaft bewährt hat – im Jahre 2000 waren es noch siebzig Prozent. Über siebzig Prozent der Befragten gaben bei einer Emnid-Umfrage im Juni 2008 an, dass die Unternehmen in ihren Augen stark an Vertrauen verloren haben. Und laut einer Forsa-Studie vom Februar 2008 vertrauen nur noch sieben Prozent der Bundesbürger der Arbeit der Konzerne, wobei Stromversorger und – ausgerechnet! – Banken besonders schlecht abschneiden. Gerade noch ein mageres Prozent der Befragten hat sehr großes Vertrauen in das Management von Unternehmen. 87 Prozent der von Forsa befragten Bürger glauben nicht, dass Unternehmen die Öffentlichkeit ehrlich informieren. Immerhin: Neun von zehn bundesdeutschen Verbrauchern bescheinigen mittelständischen Unternehmen eine hohe Vertrauenswürdigkeit.

Viele Menschen können nicht verstehen, warum Unternehmen Gewinne einfahren und gleichzeitig Mitarbeiter entlassen. Sie sind überzeugt davon, dass gerade die großen Konzerne Standorte in aller Welt gegeneinander ausspielen, um Arbeitnehmerrechte zu umgehen und Löhne zu drücken. Die Korruptionsskandale der vergangenen Jahre, erst recht die Finanzmarktkrise, tun ihr Übriges. Auch wir halten es für völlig verfehlt, dass die Führungskräfte der soeben donnernd in den Abgrund gestürzten amerikanischen Investmentbanken sich für 2008 noch einmal einen Schluck von siebzig Milliarden Euro aus der Prämienpulle genehmigen wollen – und dabei etwa die Managergehälter und Prämien bei Morgan Stanley mit 10,7 Milliarden Dollar plötzlich den abgestürzten Börsenwert des Unternehmens übersteigen.

Doch angesichts der allgegenwärtigen Neigung, die marktwirtschaftliche Ordnung für solche Entwicklungen verantwortlich zu machen, erscheint es angemessen, eines klar zu sagen: Eine funktionierende Marktwirtschaft verfügt – und zwar unabdingbar – auch über endogene Kontrollmechanismen, die ethisch fragwürdiges Verhalten langfristig korrigieren. Der wichtigste Kontrollmechanismus ist der Wettbewerb selbst. Wenn sich Unternehmen falsch verhalten, dann werden sowohl die Mitarbeiter als auch die Kunden nach einer Weile zur Konkurrenz wechseln. Der Wettbewerb beschränkt sich also nicht nur auf Produkte, Problemlösungen und Geschäftsmodelle, sondern auch auf Identität und Reputation. Die letzten beiden Aspekte werden immer wichtiger. Denn Menschen sind heute viel mehr als früher bereit, bestehende Bindungen und Verträge zu revidieren. Arbeitnehmer wechseln öfter den Job, Konsumenten die Marke und Wähler die Partei. In dieser Situation können Unternehmen langfristig nur erfolgreich sein, wenn sie die Verbraucher gefühlsmäßig ansprechen und für Werte stehen, die sie mit ihren Kunden teilen. Wer sich nicht an den ethischen Standards der Bundesbürger orientiert, der wird auf dem deutschen Markt langfristig scheitern.

In diesem Zusammenhang wird wiederum deutlich, dass Bürgerinnen und Bürger weder als Konsumenten noch als Anleger aus jeglicher Verantwortung entlassen sind. Durch ihre Entscheidungen, die zunächst persönliche Bedürfnisse und Präferenzen zum Ausdruck bringen, haben sie zugleich eine große gesamtwirtschaftliche Steuerungsmacht. Generell ist die marktwirtschaftliche Ordnung vom Konzept der Konsumentensouveränität her gedacht. Dieses darf selbst dann nicht ausgeschaltet werden, wenn mitunter aufgrund von Intransparenz oder mangelnder Information Entscheidungen verzerrt werden. Aus guten Gründen unterstützt und fördert der Staat deshalb den Verbraucherschutz oder Institutionen wie die Stiftung Warentest, die hier Aufklärungsarbeit leisten.

Die Frage nach den unternehmerischen Werten hat durch die Globalisierung eine besondere Note erhalten. Denn auf die Weltmärkte drängen zunehmend Betriebe aus Ländern, in denen die ethischen Standards deutlich niedriger oder völlig anders sind als hierzulande. In China beispielsweise müssen Strafgefangene oft unter menschenunwürdigen Bedingungen arbeiten, in Indien ist die Kinderarbeit noch immer weit verbreitet, und viele Staaten der Erde kennen im Grunde keine Umweltschutzgesetze. In solchen Differenzen zur westlichen Welt drücken sich historisch gewachsene unterschiedliche kulturelle Prägungen aus. Daher fällt es Westeuropäern gar nicht so leicht, einen Weg zu finden, mit den Differenzen umzugehen.

Doch hier auf Missionierung zu setzen kann wohl kaum die Antwort sein. Vielmehr sollte man nüchtern die Möglichkeiten marktwirtschaftlicher Anpassungen bedenken. So zeigt sich zum einen, dass eine fortschreitende weltweite Arbeitsteilung der effektivste Weg ist, um Regionen zu befrieden und damit die notwendige Grundlage für Wohlstand und eine damit vereinbare Werteordnung zu schaffen. Zum anderen wirken auch hier zunehmend die Mechanismen der Marktwirtschaft. Das heißt: Eine ganze Reihe von Konsumenten in den wohlhabenden Regionen kauft vor allem Waren, die aus ihrer Sicht ethisch korrekt hergestellt wurden, wie eine Umfrage des Instituts für Markt, Umwelt und Gesellschaft aus dem Jahr 2003 belegt. Damals sagten 34 Prozent der Bundesbürger, dass sie Produkte verantwortungsvoller Unternehmen oft oder immer bevorzugen würden. Von diesen Konsumenten gaben 89 Prozent an, sie würden eher bei Firmen kaufen, die auf Kinderarbeit verzichten oder umweltfreundliche Produkte anbieten. Die Produzenten in den Entwicklungs- und Schwellenländern müssen sich daher auf solche ethischen Standards einlassen, um auf den westlichen Märkten bestehen zu können. Bei Konsumgütern wie Obst und Kaffee verläuft dieser Prozess des Umdenkens sicherlich schneller als bei Vorprodukten wie Textilstoffen oder einfachen Metallerzeugnissen. Aber auch in diesem Bereich erleben wir einen Wandel, weil sich immer mehr westliche Betriebe in ihrem Unternehmenskodex verpflichten, nur bei ausländischen Zulieferern zu kaufen, die nach bestimmten ethischen Standards produzieren.

Darüber hinaus gewinnen Nichtregierungsorganisationen an Bedeutung, die auf Fehlverhalten hinweisen oder sogar, wie die Label-Organisation FairTrade, aktiv in den Wettbewerb eingreifen. Ein anderes gutes Beispiel ist etwa Transparency International. Die nichtstaatliche Organisation kämpft mittlerweile in fast hundert Ländern gegen Korruption. Unternehmen, die Transparency International beitreten, erklären, dass sie Korruption in ihrem Betrieb nicht dulden werden und dass sie ihre Beschäftigten für das Thema sensibilisieren. Transparency International gelingt es auf diese Weise, einen immer wirksameren Verhaltenskodex zu etablieren, der in der internationalen Arbeitsteilung für marktkonformes Verhalten sorgt.

Damit solche Mechanismen wirken können, gilt es jedoch mehrere Bedingungen zu erfüllen: Zunächst muss der gesellschaftliche Veränderungsprozess sowohl in den Entwicklungs- und Schwellenländern als auch in den westlichen Industriestaaten weitergehen. Je mehr Menschen in den wohlhabenden Regionen während ihres Einkaufs auf ethische Standards achten, desto eher müssen die Produzenten ihr Verhalten in der gewünschten Weise korrigieren. Zudem ist international der diskriminierungsfreie Marktzugang zu sichern – und zwar zu den Arbeitsmärkten und den Kapitalmärkten ebenso wie zu den Gütermärkten. Die Rechnung dahinter ist einfach: Nur wenn beispielsweise chinesische Hersteller ihre Waren auf dem deutschen Markt verkaufen dürfen, werden sie in China Produktionsverfahren einführen, die bei deutschen Verbrauchern honoriert werden.

Um den ethischen Anforderungen Wirkungskraft zu verleihen, bedarf es also gerade auch im internationalen Rahmen nicht weniger Wettbewerb, sondern mehr! Vor diesem Hintergrund erhält die internationale Wettbewerbspolitik einen hohen Stellenwert bei der weltweiten Verbreitung und Durchsetzung ethischer Standards. Daher sollte die Welthandelsorganisation auch nach dem Scheitern der Doha-Runde mit hoher Priorität weiter daran arbeiten. Ebenso ist die schon genannte Auswirkungsdoktrin für die internationale Vernetzung nationaler Wettbewerbssicherung zu stärken. Nach dieser Doktrin darf die nationale Wettbewerbspolitik auch bei im Ausland verursachten Wettbewerbsbeschränkungen einschreiten, wenn diese sich im Inland negativ auswirken.

Um es noch einmal deutlich zu sagen: Ein Kontrollversagen ist in keinem System auszuschließen. Entscheidend ist deshalb, ob die getroffenen Arrangements ein systematisches Versagen bei der Kontrolle wirtschaftlicher Macht ausschließen und allenfalls einen temporären Defekt zulassen. In einer marktwirtschaftlichen Ordnung, die konstitutiv auf dem Prinzip der

Kopplung von Entscheidungsfreiheit und individueller Haftung beruht, ist ein Kontroll- und Steuerungsversagen systematisch und dauerhaft nicht möglich. Im Gegenteil: Die Suche nach und die Offenheit für Alternativen und Umwege sind zentrale Merkmale dieser Ordnung. Jedes Denken in Einbahnstraßen, ob nun bei Managementmoden oder Finanzmarktmodellen, steht dieser Offenheit fremd und dysfunktional gegenüber. Die Marktwirtschaft plädiert, mit den Worten Hannah Arendts, für ein »Denken ohne Geländer«.

Die Weltwirtschaft entwickelt und sortiert sich vor dem Hintergrund konkurrierender Wertesysteme. In dieser Konkurrenz erfolgreich zu sein setzt wiederum ein Bekenntnis zur eigenen Werteordnung voraus. Und wer den Mechanismus freier und bestreitbarer Märkte nutzen will, um Wertvorstellungen zu transportieren, der muss sich dieser Werte bewusst sein.

VII.
Mehr Wohlstand für alle: faire Chancen der Teilnahme durch Bildung

Vom Ideal der sozialen Gerechtigkeit im überlieferten Sinne müssen wir Abschied nehmen. Wir leben längst in einer real existierenden Vielfalt der Ungleichheit. In Zeiten der Globalisierung, des Job-Nomadentums und des lebenslangen Lernens sind in Stein gemeißelte Lebensläufe und die Sicherheiten des Wirtschaftswunderlands Geschichte geworden. Und damit sind auch die sorgsam austarierten Strukturen sozialer Abfederung inzwischen obsolet. Es gilt nun, die Realität der neuen Unübersichtlichkeit zu akzeptieren und die Stellschrauben der längst überholten Sicherungssysteme nicht vergeblich weiter zu überdrehen. Selbst wenn in populistischem Kampfgeschrei immer wieder das Gegenteil behauptet und zäh am nostalgischen Gedankengut der Gleichheit für alle festgehalten wird: Die Ungleichheiten werden zunehmen, und kein Sozialsystem der Zukunft wird die Herausforderungen des 21. Jahrhunderts vollständig abfedern können. Jede Missachtung dieser unbequemen Wahrheit kommt die Gesellschaft in der Summe teurer zu stehen als deren nüchterne Akzeptanz.

Denn wir leben eben nicht auf einer Insel, sondern sind den globalen Veränderungen im gleichen Maße ausgesetzt, wie wir auch im Spiel der weltumspannenden Märkte weiterhin erfolgreich mitmischen wollen. ›Wasch mich, aber mach mich nicht nass‹, das ist in Zeiten des rapiden Strukturwandels, erst recht aber in der Zukunft der Globalisierung ein paradoxer Wunsch, der sich nicht erfüllen lässt. Wir müssen mitspielen, aber wir können und wollen dies auch. Denn wir können konstruktive

Antworten auf die globalen Umwälzungen geben. Wir können Veränderungen selbstbewusst akzeptieren. Wir können die permanent notwendige Flexibilität als positive Herausforderung begreifen. Dagegen ist jede übermäßige Angst vor den Zwängen eines vermeintlich gnadenlosen Konkurrenzkampfes völlig unangebracht. Wir müssen uns allerdings an der richtigen Stelle engagieren: nämlich nicht länger um kleine (Schein-)Sicherheiten kämpfen und die uns umgebende Realität ausblenden, sondern flexibel und kreativ mit unvermeidlich und stetig sich wandelnden Lebensbedingungen umgehen.

Das klingt härter, als es in Wahrheit ist. Denn nur für den Bankangestellten oder den Bayer-Mitarbeiter des mittleren und späten 20. Jahrhunderts war eine Lebensstellung mit gesicherten Bezügen und automatischer Lohnangleichung selbstverständlich. Nur dieser Typus konnte sich mittels Bausparvertrag und Vereinszugehörigkeiten tatsächlich lebenslang verwurzeln. Solche Kontinuität war in der Vergangenheit ebenso wenig selbstverständlich, wie sie dies in Zukunft sein wird.

In dem Maße jedoch, wie die Unsicherheiten nicht länger durch den Staat abgefedert werden können und die Ansprüche an die Reaktionsfähigkeit des Individuums steigen, wachsen dem Staat andere, neue Aufgabenschwerpunkte zu. Denn akzeptierte Ungleichheit bedeutet keineswegs, dass der Staat nicht nach wie vor dafür sorgen sollte, dass Gerechtigkeit zur Herstellung fairer Partizipationschancen herrscht. Akzeptierte Ungleichheiten und wachsende Anforderungen an das Individuum stellen den Staat heute mehr als je zuvor vor die Herausforderung, gerechte Startbedingungen für jeden herzustellen. Will sagen: Wenn in einer Gesellschaft der Ungleichen nicht wenigstens bei den durch den Staat verantworteten Bildungsinstitutionen Chancengleichheit und Zutritt für jedermann angestrebt werden, entsteht Ungerechtigkeit, die nicht mehr hingenommen werden kann und sich im Verlauf eines Erwerbslebens zum massiven sozialen und gesellschaftlichen Problem summiert.

Bereit zur Reform: Die Basis ist
weiter als das System

In der Bildungspolitik schäumen die Wogen der öffentlichen Erregung zwar nicht ganz so hoch wie bei den sozialen Kernfragen Armut oder Arbeitslosigkeit. Was wohl daran liegt, dass die Komplexität des Bildungsthemas auch jenen einleuchtet, die sonst gern mit in den vereinfachenden Populismus einstimmen. Dennoch ertönt der Kassandraruf vom maroden Bildungssystem spätestens seit der ersten PISA-Studie so zuverlässig wie die Klage übers Wetter.

Bereits Mitte der 60er Jahre rief der Pädagoge Georg Picht (1913–1982) den Bildungsnotstand aus. Unter Verweis auf ausländische Vorbilder forderte Picht eine höhere Abiturientenzahl und bessere Unterrichtsbedingungen. Als Reaktion auf Pichts Weckruf und die anschließenden Diskussionen gründeten Bund und Länder 1965 als Expertengremium den Deutschen Bildungsrat.

Unverändert erweisen sich heute selbst gemäßigt geführte Kontroversen über anstehende Reformen als extrem ideologieanfällig und emotional. Nicht zuletzt deshalb, weil die Bildungsklage eine neue Qualität erreicht hat. Denn auch hier ist nun vermehrt der Ruf nach Gerechtigkeit zu vernehmen. Der durchschnittliche Bundesbürger, genauer, fast jeder Zweite hält das deutsche Schulsystem für ungerecht. Dieses Ergebnis ermittelte das Meinungsforschungsinstitut Emnid im Auftrag der Bertelsmann-Stiftung und publizierte es im August 2008. Haben wir es hier etwa wieder ›nur‹ mit einer gefühlten Ungerechtigkeit zu tun? Mitnichten, denn tatsächlich sind die Forderungen nach Bildung für alle und die dadurch verbesserten Aufstiegschancen von zentraler Bedeutung für die Akzeptanz von Ungleichheit. Nur so wird Ungleichheit überhaupt erträglich. Sie wird durch die Teilhabe an Bildung nämlich zum veränderbaren Zustand. Herrscht Bildungsgerechtigkeit, können alle hoffen, durch eigene Anstrengung nach oben zu kommen. Nur wenn Ungleichheit nicht in Zement gegossen ist, ist sie zeitweise zumutbar.

Vor allem der Vererbung von Bildungsbiographien muss entgegengewirkt werden. Deutschland bleibt hier weit hinter anderen Ländern zurück, das Bildungsbürgertum grenzt sich nach wie vor ab. Im deutschen Schul- und Bildungssystem liegt gerade im Hinblick auf die Chancengerechtigkeit vieles im Argen. Dies ist besonders fatal, weil die Fehlentwicklungen und Schwächen in der Bildung ein Problem von großer Reichweite und Hartleibigkeit, vor allem aber von Dauer darstellen, und daher allerhöchste Brisanz haben. Kein anderer Faktor bestimmt die Zukunft und die Zukunftsfähigkeit Deutschlands mehr als die Bildungspolitik. Sie bedarf dringend einer deutlichen und tiefgreifenden Reform, wenn die sozialen und damit auf lange Sicht auch die wirtschaftlichen Probleme dieses Landes sich nicht immer weiter verschärfen sollen. Der Bildungsgipfel von Bund und Ländern am 22. Oktober 2008 war dazu ein notwendiger, wenngleich lange nicht ausreichender Schritt. Die Absichtserklärungen umfassen zwar erstmals alle Aspekte des Bildungssystems und definieren gemeinsame Ziele (siehe Kasten). Doch den Test auf die Belastbarkeit dieser Vereinbarung wird erst die Klärung der Finanzierungsfrage bringen. Der Weg zur Bildungsrepublik Deutschland ist noch lang.

Insgesamt 45 Prozent der von Emnid befragten Bundesbürger nannten das deutsche Bildungssystem ungerecht, unter den Eltern schulpflichtiger Kinder waren es schon 48 Prozent. Mit der Erfahrung der Realitäten des Schulsystems wächst die Unzufriedenheit. Auffällig ist darüber hinaus, dass etwas mehr als die Hälfte der Eltern von Haupt- und Gesamtschülern das deutsche Bildungssystem mehrheitlich als nicht gerecht bewerten. Die geringste Ablehnung zeigten Eltern von Gymnasiasten und Realschülern mit jeweils immer noch etwa 45 Prozent.

Ergebnisse des nationalen Bildungsgipfels

Die »Qualifizierungsinitiative für Deutschland«, zu der sich am 22. Oktober 2008 unter dem Titel »Aufstieg durch Bildung« die Bundeskanzlerin und die Ministerpräsidenten in Dresden trafen, einigte sich auf die folgenden Leitsätze:

1. Aufstieg durch Bildung
2. Bessere Bildung von Anfang an
3. Sprache als Schlüssel zur Bildung
4. MINT-Fächer stärken
5. Mehr Ausbildungschancen für Schülerinnen und Schüler
6. Berufliche Bildung und Qualifizierung stärken
7. Akademische Bildung für die Innovationskraft Deutschlands sichern
8. Lebenslanges Lernen
9. Unternehmerische Verantwortung für die Ausbildung und Weiterqualifizierung der Fachkräfte
10. Bildung, Ausbildung und Qualifizierung in der bundesstaatlichen Ordnung

Diese Leitsätze werden durch einen Katalog ergänzt, der die folgenden Maßnahmen als Aufgaben an Länder, Bund und stellenweise auch an beide gemeinsam verteilt:

1. Bildung soll in Deutschland höchste Priorität haben.
2. Jedes Kind soll bestmögliche Startbedingungen haben.
3. Jeder soll einen Schul- und Berufsschulabschluss schaffen können.
4. Jeder soll die Chance zum Aufstieg durch Bildung haben.
5. Mehr junge Menschen sollen ein Studium aufnehmen.
6. Mehr Menschen sollen für naturwissenschaftlich-technische Berufe begeistert werden.
7. Mehr Menschen sollen die Möglichkeit zur Weiterbildung nutzen.
8. Bericht an die Regierungschefs von Bund und Ländern im Jahr 2010.

Ein Ergebnis von erschreckender Klarheit. Doch es wird noch prägnanter. Die Mehrheit der Befragten und nahezu sechzig Prozent der Eltern sprachen sich dafür aus, die Kinder generell länger gemeinsam zu unterrichten. Was im Klartext nichts anderes bedeutet, als dass eine überwiegende Anzahl erfahrener Eltern dafür ist, das System komplett umzustellen. Bei den Eltern von Grundschülern äußert sich dies noch deutlicher: Fast zwei Drittel von ihnen sind dafür, die Kinder länger als bislang gemeinsam zu unterrichten. In der späteren Schullaufbahn hält es lediglich etwa jeder Vierte noch für richtig, Schüler schon nach vier gemeinsamen Jahren auf Gymnasien, Real- und Hauptschulen zu verteilen. In den ostdeutschen Ländern befürwortet das sogar nur noch jeder Fünfte.

Eine deutliche Mehrheit der Bundesbürger ist also dezidiert dafür, Kinder erst später als bislang üblich auf unterschiedliche Bildungswege zu schicken. »Nach der sechsten Klasse«, nannte knapp die Hälfte als richtigen Zeitpunkt der Verteilung auf die unterschiedlichen Schultypen – und traf damit die Ergebnisse der PISA-Studien im internationalen Vergleich. Immerhin gut jeder Fünfte der Befragten würde Schüler sogar noch bis zur neunten Klassen gemeinsam unterrichten lassen.

Was aber die Gerechtigkeitsfrage tatsächlich in ihrem Kern trifft: Drei Viertel der Bundesbürger bezweifeln, dass Jugendliche aller Schichten und aus allen Kulturkreisen nach der Schule die gleichen Berufschancen haben. Eltern schulpflichtiger Kinder sind auch hier wiederum noch deutlich skeptischer als der Bevölkerungsdurchschnitt: 86 Prozent glauben nicht an Chancengleichheit für sozial Schwächere und für Kinder mit Migrationshintergrund auf dem Arbeitsmarkt. Die Eltern der Realschüler setzen in Sachen Pessimismus noch eins drauf: 89 Prozent sehen ungleiche Berufschancen bei unterschiedlicher Herkunft. Fast neunzig Prozent der befragten Bundesbürger stellen an die Bildungspolitik die Forderung, Kinder aus sozial schwachen Familien viel stärker individuell zu fördern. Und

62 Prozent wünschen sich darüber hinaus mehr Unterstützung und Starthilfe für Kinder und Jugendliche ausländischer Herkunft. Dabei gaben zwei Drittel der Befragten an, sie – man höre und staune! – könnten sich vorstellen, diesen Schülern selbst zum Beispiel bei den Hausaufgaben zu helfen.

Ergebnisse dieser Deutlichkeit hätte wohl niemand erwartet, und schon gar nicht, dass die Umfrageergebnisse die empirischen Befunde der aktuellen OECD-Bildungsstudie bestätigen. Und wer hätte gedacht, dass so selbstverständlich die Bereitschaft vorhanden ist, bei der Integration von Schülern aus sozial schwachem Umfeld oder solchen mit Migrationshintergrund selbst mitzuhelfen? Zeichnet sich hier etwa ein Wandel von der Versorgungsmentalität hin zur Bereitschaft zu größerer Eigen- und Mitverantwortung ab? Es wäre zu begrüßen, denn ohne stärker wahrgenommene Eigenverantwortung werden die dringend nötigen Reformen des Bildungssystems nicht umzusetzen sein. Weder die Eltern noch das Individuum als Gestalter der eigenen Bildungsbiographie sind aus der Verantwortung entlassen.

Ebenso kann sich jedoch auch der Staat nicht aus der Verantwortung entlassen fühlen. Trotz höherer Eigenverantwortung des Einzelnen muss er individuelle Benachteiligungen und Lebenslagen berücksichtigen und adäquat darauf reagieren. So darf etwa die besondere Situation Alleinerziehender nicht ignoriert werden, genauso wie beachtet werden muss, wenn in einer Familie beide Eltern ganztags arbeiten. Solche Situationen bringen für das Kind andere Voraussetzungen mit als eine traditionelle Familienstruktur. Parallel und durchaus nicht im Widerspruch zur geforderten Eigenverantwortung gilt: Gerade bei der Ermöglichung eines fairen Starts gibt es keine Alternative zum Staat. Wer beim Einstieg ins System Chancenungleichheiten zulässt, nimmt in Kauf, dass die nötigen Aufhol- und Korrekturmaßnahmen später nur umso schwieriger und teurer sind. Dabei geht es nicht darum, die familiäre Herkunft zu negieren oder zu neutralisieren. Es geht darum, den ohne eigene Schuld Benachteiligten – nämlich den Kindern – eine faire Einstiegs- und Aufstiegschance in unser gesellschaftliches Miteinander zu gewähren. Dass dieses Ziel immer noch eklatant verfehlt wird, hat die dritte PISA-Studie (»PISA 2006«) belegt. Danach ist in allen Bundesländern – mit beachtlichen Schwankungen – ein bedeutsamer Zusammenhang zwischen dem sozioökonomischen Status des Elternhauses und den Kompetenzen der Jugendlichen nachzuweisen. Insgesamt liegt Deutschland im OECD-Durchschnitt, allerdings deutlich schlechter als viele andere OECD-Staaten. Immerhin lässt sich seit »PISA 2000« bei der Lesekompetenz eine leichte Besserung feststellen, wenn auch nicht in allen Bundesländern in gleicher Stärke. In besonderer Schärfe zeigt sich die soziale Verfestigung bei Jugendlichen mit Migrationshintergrund; diese erreichen in allen Ländern ein spürbar niedrigeres Kompetenzniveau als solche ohne Migrationshintergrund. Zudem sind Kinder aus Migrationsfamilien überall in Schulen mit weiterführenden Abschlüssen unterrepräsentiert und in Hauptschulen überrepräsentiert.

Immerhin fordert laut der Emnid-Studie die Mehrheit der Befragten faire Bildungschancen ungeachtet der Herkunft der Kinder und Jugendlichen. Als zwingende Folge dieser Forderung befürwortet eine deutliche Mehrheit die Ausweitung der Ganztagsbetreuung. Gut drei Viertel der Bevölkerung votierten eindeutig für den Ausbau der Ganztagsschulen, bei Eltern von Gesamtschülern mit dem entsprechenden Erfahrungshintergrund sind es sogar 85 Prozent. Die Mehrheit der Befragten wünscht sich außerdem, dass Kindern mehr Lernstoff zugemutet werden sollte. Das bedeutet, dass die Eltern eine größere Hinwendung zum ergebnisorientierten Leistungsprinzip befürworten. Die Resultate dieser Befragung mit dem Titel »Integration durch Bildung« erstaunen in ihrer Bestimmtheit und Differenzierung. Das Resultat kommentierte der frühere Hamburger Wissenschaftssenator Jörg Dräger sehr zutreffend wie folgt: »Der ausgeprägte Reformwille der Bevölkerung ist eine Chance für den zügigen Umbau unseres Bildungssystems.«

Kein Zweifel, der Reformwille in der Bevölkerung ist da und bildet sich in klar umrissenen, realistischen Forderungen ab. In der Politik hat man das Thema Bildung bekanntlich schon lange feierlich zur Schicksalsfrage erklärt und unter dem Titel »Bildungsrepublik Deutschland« gar zur Chefsache gemacht. Tatsächlich ist im System durchaus schon einiges in Bewegung gekommen. »PISA 2006« zeigt eine merkliche Besserung bei der naturwissenschaftlichen Kompetenz; erstmals liegt Deutschland signifikant über dem OECD-Durchschnitt. Bei der mathematischen Kompetenz hat sich hingegen zu 2003 keine Besserung eingestellt, während bei der Lesekompetenz Fortschritte ermittelt werden konnten. Allerdings ist die Streuung in allen Bundesländern immer noch hoch. Der Anteil von Jugendlichen, die gerade Lesekompetenzstufe Eins oder weniger erreichen, liegt in Sachsen mit knapp zwölf Prozent zwar extrem niedrig, in zehn Ländern aber über zwanzig Prozent und in drei Ländern über 25 Prozent. Von einer Gleichwertigkeit der Lebensverhältnisse, wenn man sie sinnvollerweise auf die Bildungschancen bezieht, kann in Deutschland nicht gesprochen werden. Das ist ein hoher Preis für den Bildungsföderalismus.

In politischen Diskussionen wird man oftmals den Verdacht wohlfeiler Sonntagsreden nicht los, zumal wirklich mutige und konsequente Schritte in zentralen Punkten nach wie vor auf sich warten lassen. Denn die fälligen Reformüberlegungen umfassen nicht einzelne Probleme oder Symptome im System, sondern letztlich alle Bildungsbereiche gleichzeitig. Angefangen bei der frühkindlichen Erziehung sind grundlegende Reformen bei der schulischen Bildung wirklich überfällig. Auch die Europäisierung der beruflichen und akademischen Bildung muss konsequenter als bisher fortgesetzt werden. Und nicht zuletzt gilt es, der Notwendigkeit des lebenslangen Lernens endlich Rechnung zu tragen.

Zwischen Kulturtechnik und Sozialisation:
Was ist Bildung heute?

Wenn wir von Bildungspolitik sprechen, lohnt es, den Bildungsbegriff genau unter die Lupe zu nehmen. Oder besser, die Bildungsbegriffe, da es bekanntlich weite und enge Auffassungen von dem gibt, was wir darunter verstehen. Einem weit gefassten Bildungsbegriff zufolge wird das Individuum durch Bildung befähigt und motiviert, an den gesellschaftlichen und demokratischen Prozessen teilzuhaben. Bildung in einem umfassenden Sinn zielt darauf ab, dem Menschen in einem gegebenen gesellschaftlich-kulturellen Zusammenhang eine autonome Lebensführung in allen Lebensbereichen zu ermöglichen. Sinngemäß und ganz in humanistischer Tradition formuliert dies so auch das Bundesministerium für Bildung und Forschung.

Ein engerer, ökonomisch determinierter Bildungsbegriff fasst das Phänomen Bildung wesentlich nüchterner. Demnach erzeugen Bildungsanstrengungen Vermögen in Form von Humankapital, indem die Menschen erworbenes Wissen und erlernte Fähigkeiten als Unternehmer oder Arbeitnehmer gewinnbringend einsetzen. Bildung wird in diesem Verständnis als Investition begriffen.

Auch wenn der Humanist sich gegen die Sachlichkeit dieser Definition wehren wird: Zwischen der ökonomischen und der humanistischen Perspektive existiert tatsächlich kein echter Widerspruch. Denn Bildung schafft zwar unabdingbar die Voraussetzung für Wirtschaft, deren Erfolg ist jedoch von humanistischen Werten nicht abzukoppeln. So bleibt die Aneignung von Basiswissen wirkungslos, wenn Sozialkompetenz und gesellschaftliche Verabredungen fehlen. Ohne ein soziales System, das sich humanistischen Idealen verpflichtet fühlt und demokratisch verfasst ist, hat es auch die Ökonomie schwer. Für wirtschaftliches Wachstum ist Bildung in diesem Sinne die unabdingbare Voraussetzung. Qualifikation ist ein positiver Standortfaktor, weil sie die Produktivität merklich steigert. Bildung und Qualifikation erhöhen die Anpassungsflexibilität, die im 21. Jahrhundert immer wichtiger wird. Gut ausgebildete Menschen sind beweglicher, erfassen Veränderungen schneller, sie sind agiler und einfallsreicher darin, Alternativen zu sehen und zu entwickeln – Fähigkeiten, die in der Zukunft unerlässlich sein werden.

Diese Fähigkeiten lassen sich direkt aus dem weit gefassten, humanistisch verstandenen Bildungsbegriff ableiten, denn nach diesem sollte Bildung zuallererst das Ziel verfolgen, den Einzelnen dazu zu befähigen, ein mündiger Bürger zu sein. Dieser ist als souveräner Konsument sozialisiert und fähig, sein Leben selbst auszurichten und zu steuern. Der mündige Bürger erkennt Alternativen und ist jederzeit fähig, sich neu zu orientieren. Bildung fördert die Integration des Einzelnen in einer demokratischen und zugleich marktwirtschaftlichen Ordnung und vermittelt die Fähigkeiten, sich ein kritisches Urteil zu bilden, eigenverantwortlich zu handeln und schöpferischen Tätigkeiten nachzugehen. Das gebildete Individuum kann die Entwicklung der eigenen Persönlichkeit verfolgen und begegnet anderen Menschen und deren Einstellungen mit Toleranz und Respekt. Gebildete Menschen nehmen leichter an gesellschaftlichen Prozessen teil. Darüber hinaus leistet Bildung einen wichtigen gesellschaftlichen Beitrag zur Verständigung auf gemeinsame Normen und Werte. Nur durch ein stabiles Wertegerüst wird die soziale Ordnung gefestigt. Und nur auf dieser Grundlage kann die Gesellschaft sich schließlich reproduzieren und erneuern. Bildung ermöglicht Freiheitsfähigkeit, indem der Einzelne der Fremdbestimmung entgeht und Handlungs- sowie Verantwortungsräume erfährt.

Ohne Normen und Werte, und zwar sowohl explizit vereinbarte wie implizit eingeübte, ist Ökonomie nicht denkbar. Aus ökonomischer Sicht haben Bildung und Sozialisation auch das

Ziel, Werte monetär zu bemessen. Denn nichts anderes als gesellschaftliche Verabredungen sind letztlich auch der Zahlungsverkehr und das Finanzsystem. Die Zahlungsbereitschaft der Mitglieder einer Gesellschaft ist eine stabile Grundlage des Miteinanders, das Vertrauen und kooperatives Verhalten erleichtert. Bei einer misslungenen Sozialisation fehlt genau diese Grundlage.

Sozialisation durch Bildung ist demnach kein privates Gut, denn von der Kooperationsfähigkeit und der Verlässlichkeit von Verträgen profitiert die ganze Gesellschaft. Die Integration des Einzelnen in die Gemeinschaft gelingt tatsächlich nur durch Sozialisation. Und in einer Gesellschaft, die hierbei Defizite vermeidet, verliert selbst der immer wieder angeprangerte Eigennutz des marktwirtschaftlichen Systems seinen negativen Aspekt. Je höher der Grad der Sozialisierung in einer Gesellschaft, je mehr die Bürger sich in eine Ordnung eingebettet fühlen, desto ausgeprägter wird auch ihr Bewusstsein für die Grenzen des Eigennutzes und die Chancen des Miteinanders sein. Deshalb ist es so fatal, Menschen aus dem Sozialisationsprozess des Bildungswesens auszuschließen. Gemeinsame Werte und Normen stiften einen umso höheren Nutzen, je mehr Leute sich an sie halten. Die negativen Folgen eines Ausschlusses fallen letztlich auf die Gesellschaft zurück. Gemeinsame Werte und Normen erleichtern dagegen die Orientierung und ermöglichen eine größere Verhaltenssicherheit.

Bildung als zentrale Aufgabe des Staates

Weltweit gehört Bildung zu den zentralen und wichtigsten Handlungsfeldern des Staates. In Deutschland sind Schulen und Hochschulen nach wie vor überwiegend öffentliche Einrichtungen. Im vorschulischen Bereich sind dagegen mehr als die Hälfte aller verfügbaren Betreuungsplätze bei freien Trägern eingerichtet. Bei der beruflichen Aus- und Weiterbildung ist man überwiegend auf Betriebe und private Bildungseinrichtungen angewiesen.

In Deutschland greift der Staat massiv und umfassend in das Bildungssystem ein und drängt bislang systematisch Marktkräfte zurück, die für mehr Wettbewerb sorgen und mindere Leistungen der Bildungsanbieter sanktionieren würden. Die staatliche Aufsicht kann eine Kontrolle des (freien) Marktes nur bedingt ersetzen. Ohnehin fehlt es in weiten Teilen des Bildungswesens bislang an einer effektiven und konsequenten Erfolgskontrolle. Die in den Ländern begonnene Einrichtung einer Schulinspektion ist noch weit vom Reifegrad entfernt und in einigen Bundesländern durch die Verquickung mit der Aufsicht falsch aufgestellt. Diese Mängel muten seltsam kurzsichtig an. Ausgerechnet dort, wo es nicht nur um die Zukunft der eigenen Kinder, sondern um die Zukunft der ganzen Gesellschaft geht, lassen wir die Dinge nach wie vor irgendwie laufen, statt sie genauestens zu überprüfen.

Weil den eigentlichen Bildungsnachfragern kaum Einfluss auf das Bildungsangebot zugestanden wird, erlaubt und ermöglicht der Staat den Anbietern geradezu, am Bedarf der ›Kunden‹ vorbeizuarbeiten. Um es zuzuspitzen: Statt Bildungsteilnehmer als mündige und kritische Kunden oder Konsumenten der jeweiligen Bildungs-Dienstleistung zu behandeln, werden sie durch die ja immer schon automatische Bereitstellung des Gutes entmündigt. Bildung ist einfach da, und man nimmt sie so, wie sie angeboten wird. In der deutschen Bildungspolitik wurden trotz schöner Einzelerfolge, beachtlicher Leuchtturmprojekte und erkennbarer Richtungswechsel die wesentlichen Gründe für die Schieflage des Systems bislang noch nicht angepackt. Nach wie vor wird überwiegend an Symptomen laboriert, ohne die zentralen Fragen in Angriff zu nehmen:

nämlich die umfassende Regulierung von Bildungsangebot und Bildungsnachfrage sowie die bildungsökonomisch widersinnigen Finanzierungsstrukturen.

An den seit Jahrzehnten eingefahrenen Fehlsteuerungen in Sachen Regulierung und Finanzierung krankt das System so grundsätzlich, dass ernst gemeinte Reformen zuallererst da ansetzen müssen, wenn sie wirklich greifen wollen. Das sinnvolle und effiziente Zusammenspiel zwischen Aufgaben, Ausgaben und Einnahmen ist in unserem System nicht nur nicht gegeben. Es wird sozusagen systemimmanent verhindert. Denn die komplizierten Strukturen zwischen Bund, Ländern und Gemeinden behindern im Miteinander und verschleiern jede Durchsicht. Das ganze System ist umständlich, ineffizient, bietet für alle Beteiligten und Verantwortlichen nur wenige Anreize für Erfolg und ermahnt kaum bei Misserfolg. Mehr noch, man kann sogar von einer massiven Anreizstörung sprechen, wenn im deutschen Bildungssystem diejenige Ebene, die eine Aufgabe veranlasst, nicht dafür verantwortlich ist, dass die Aufgabe auch gut erfüllt wird. Grundsätzlich mangelt es in der Bildungspolitik an einer sinnvollen Abstimmung zwischen Bund, Ländern und Kommunen. Bislang ist wenig Koordination, aber viel überflüssige und hemmende Verflechtung zu beklagen. Diese Falle der gegenseitigen Abhängigkeiten schnappt denn auch durch alle politischen Instanzen hindurch regelmäßig und zuverlässig zu.

Die Konsequenzen dieser institutionellen Verkrampfung sind bisher jeder internationalen Vergleichsstudie zu entnehmen. Trotz erheblicher staatlicher Eingriffe kommt der Staat seiner Verantwortung zur Gewährung fairer und verlässlicher Aufstiegschancen nicht wirklich nach. Wie anders will man die Ergebnisse der aktuellen OECD-Studie »Growing Unequal?« oder »Mehr Ungleichheit trotz Wachstum?« bewerten, die dokumentieren, dass in den OECD-Staaten die Einkommensungleichheit zugenommen hat. Auf dieser Ebene muss sich letztlich erweisen, ob die staatlichen Arrangements ihre Versprechen einzuhalten vermögen. Im Hinblick auf diese Entwicklung steht Deutschland derzeit sogar an der Spitze, denn trotz anhaltender staatlicher Umverteilung hat sich hier die Kluft zwischen Reich und Arm vertieft. Abgesehen davon, dass der Anstieg der Ungleichheit stark arbeitsmarktindiziert ist, geht er auch auf Änderungen in der Haushaltsstruktur zurück, wie etwa durch die Zunahme der Haushalte von Singles und Alleinerziehenden. Dabei tritt das Phänomen der Langzeitarmut über drei und mehr Jahre in Deutschland seltener als in anderen Ländern auf.

Interessant in Bezug auf die Bildungsfrage ist die Studie vor allem deshalb, weil sie unter anderem auch untersucht, inwieweit soziale Mobilität, sprich soziale Aufstiegschancen ›vererbt‹ werden und im Zusammenhang mit Bildung zu sehen sind. Nach der Studie rangiert Deutschland im Mittelfeld, was das Ausmaß sozialer Mobilität betrifft: Das Einkommensniveau der Eltern während der Kindheit hat einen geringeren Einfluss auf das eigene spätere Einkommen als etwa in Italien, Großbritannien oder den Vereinigten Staaten, aber einen größeren Einfluss als in Australien oder Dänemark. Der berufliche Status der Eltern jedoch determiniert die Bildungserfolge der Kinder ganz klar. Studenten, deren Eltern einen hohen Status genießen, erreichen PISA-Niveaus, wie sie in Finnland zu finden sind. Jene, deren Eltern einen niederen Status haben, erreichen dagegen PISA-Ergebnisse wie in Mexiko oder der Türkei.

Die Studie bestätigt, es sei mit »overwhelming evidence« erwiesen, dass Bildung und Bildungserwerb sich hartnäckig über Generationen hinweg fortsetzen. Ohne hier im Detail auf kombinierte Effekte mit anderen Determinanten eingehen zu können, untermauert diese OECD-Studie also abermals die Gewissheit, dass sich nach wie vor nicht nur Einkommen, Besitz und Charakter ›vererben‹ und damit Lebenschancen entscheidend beeinflussen, sondern auch Bildungsbiographien. Von allen familiären Determinanten scheint die Bildung – zumal in der Wissensgesellschaft – sogar die bedeutendste zu sein. Doch immer noch gibt es einen engen Zusammenhang von qualifizierter Bildung und Einkommen der Eltern. Dieser Teufelskreis ist noch nicht durchbrochen. Unterschiede im Bildungserwerb setzen sich insbesondere in jenen Gesellschaften hartnäckig über die Generationen fort, in denen sich private Investitionen in Bildung besonders auszahlen, sprich: die Unterschiede besonders groß sind, es der Staat also gerade nicht vermag, seine zentrale Aufgabe, Einstiegsgerechtigkeit für alle, zu erfüllen.

Ein Fazit der Studie lautet, dass die soziale Mobilität in Ländern mit geringer Einkommensungleichheit im Allgemeinen höher ist. Das bedeutet, dass die Verwirklichung einer größeren Chancengleichheit mit einer höheren Einkommensgleichheit einhergeht. Die Sozial- und Bildungspolitik muss aus dieser Studie folgern, dass der Generationen-Teufelskreis der Benachteiligungen unbedingt durchbrochen werden muss, um zu vermeiden, dass sich eine sich selbst nur noch reproduzierende Unterschicht entwickelt und in ihrer Aussichtslosigkeit weiter zementiert. Die Chancengleichheit muss schon in der Kindheit und dort vor allem durch Bildung und Erziehung deutlich verbessert werden.

Investitionen in Bildung: Ist das deutsche Bildungssystem tatsächlich unterfinanziert?

Es ist das Wesen der Investition, zu Lasten des Gegenwartskonsums zu gehen und erst in der Zukunft Erträge zu bringen. Das weiß doch jeder, wird der geneigte Leser jetzt sagen. Tatsächlich ist die Erinnerung an dieses banale Faktum an dieser Stelle nicht so überflüssig, wie man meinen könnte. Denn es wird immer wieder vergessen, dass Investitionen in Bildung keine schnelle Rendite bringen, sondern einen langen Atem brauchen und den Konsum ergo auf längere Sicht belasten. Hinzu kommt, dass uns

Investitionen in Humankapital generell schwerer zu fallen scheinen als Investitionen in Sachwerte. Der Faktor Mensch löst wohl immer eine gewisse Unsicherheit aus, der sich Fragen anschließen wie: Lohnt das denn wirklich? Wird nicht doch am Ende die Schule geschwänzt, im Seminar gepennt und die Prüfung versiebt?

Sicher gibt es noch immer Zweifler, denen die humanistischen Werte der Bildung und ihre positiven Effekte bei der gesellschaftlichen Sozialisation nicht einleuchten wollen, und die Investitionen deshalb für überflüssig erachten. Ihnen sei im Folgenden mit harten Zahlen geholfen, die den Nutzen der Bildung empirisch nachweisen. Ausgaben für Bildung sind Investitionen, die für Menschen und das an sie gebundene Wissen getätigt werden. Es sind also Investitionen in Humankapital, so hässlich und kalt dieses Wort auch in den Ohren mancher klingen mag.

Die staatlichen Ausgaben für Bildung sind haushalterisch übrigens gar nicht als Investitionen ausgewiesen, sondern fallen, da es sich überwiegend um Personalkosten handelt, unter ›Konsum‹. Warum ist das so? Der Investitionsbegriff des Haushaltsrechts ist tatsächlich nie angemessen definiert worden!

Wenn aber Bildung eine Investition in Humankapital ist, müsste dieses Humankapital konsequent dem Sachkapital gleichgestellt werden. Man könnte dann Rechnungen aufmachen, wie es sich gegenwärtig noch niemand getraut hat. Es wäre nämlich denkbar, in Modellen von linearer Abschreibung für Bildung zu argumentieren.

Bildungsrenditen und Verteilung

Wachstumstheoretiker wissen seit geraumer Zeit um die besondere Bedeutung des Humankapitals im volkswirtschaftlichen Produktionsprozess. Sie können nachweisen, dass ein sich vergrößerndes Humankapital die Produktivität positiv beeinflusst.

Ganz konkret lässt sich zeigen, dass ein zusätzliches durchschnittliches Bildungsjahr sogar zu einer langfristigen Erhöhung des Bruttoinlandsprodukts (BIP) um rund sechs Prozent je Einwohner führt. Was ganz konkrete Auswirkungen auf den Geldbeutel des Einzelnen hat. Darüber hinaus ist unschwer nachweisbar, dass die Innovationsfähigkeit einer Volkswirtschaft ganz eng an die Qualität des Humankapitals, sprich an das Bildungsniveau gekoppelt ist. Menschen, die schlecht ausgebildet sind und womöglich ihr veraltetes Wissen nicht regelmäßig auf einen neueren Stand bringen (lassen), müssen zwangsläufig den Entwicklungen der Weltwirtschaft hinterherhinken, geschweige denn, dass sie in der Lage wären, das vorhandene Wissensoptimum kreativ und innovativ einzusetzen.

Der Innovationserfolg einer Wirtschaft hängt also stark von der Qualität des Humankapitals ab. Glauben wir der OECD-Bildungsstudie, so sind in Deutschland seit geraumer Zeit leider keine Wachstumsbeiträge in Sachen Humankapital zu verzeichnen (vgl. Tab. 1). Im Gegenteil, die Studie attestiert, dass das deutsche Bildungssystem schon seit längerem nicht mehr in der Lage sei, für eine elastische Anpassung hinsichtlich Qualität und Verfügbarkeit von Fachkräften zu sorgen. Zumal sich die Bevölkerungsstruktur gerade im 21. Jahrhundert rasant verändert: Der Anteil der Erwerbstätigen in Relation zu den prinzipiell Erwerbsfähigen verändert sich ebenso wie die Relation der Erwerbsfähigen zur gesamten Bevölkerung signifikant. Der Grund ist bekannt: Der demographische Wandel, sprich die Alterung und Schrumpfung der Gesellschaft, bringt das Gleichgewicht zwischen dem prinzipiell arbeitsfähigen Anteil der Bevölkerung und dem nicht mehr arbeitsfähigen Anteil ins Wanken.

Immer weniger Menschen müssen immer mehr erwirtschaften, wenn das System nicht kollabieren soll. Dazu werden die wenigen aber in der Zukunft (und zu einem guten Teil bereits in der Gegenwart) nur in der Lage sein, wenn sie sehr gut ausgebildet sind und in gutbezahlte Berufe gehen können, die dann in Relation zum hohen Verdienst auch entsprechend hohe Abgaben ergeben. Zudem ermöglicht eine bessere Ausbildung höhere Flexibilität, Mobilität und die künftig immer wichtigere Basiskompetenz der lebenslangen Lernbereitschaft.

Bildung erzielt eine Rendite, die bislang niemand verbucht. Darin ist ein Grund zu sehen, warum Bildungsinvestitionen voll subventioniert werden. Die international vergleichende Empirie hat gezeigt, dass bereits ein zusätzliches Jahr an formaler Bildung zu messbar höherem Einkommen führt. Die OECD berechnet die Bildungsrendite als den Kalkulationszinssatz, bei dem die Summe der diskontierten Opportunitätskosten zu Beginn der Ausbildung mit der Summe der diskontierten, aus der

	Durchschnittliches jährliches Wachstum des BIP pro Kopf	Durchschnittliche jährliche Veränderung der …				
		Arbeitsproduktivität pro Erwerbstätigen			erwerbsfähigen Bevölkerung/ Gesamtbevölkerung (Demographie)	erwerbstätigen/erwerbsfähigen Bevölkerung
		Stundenzahl	Stundenproduktivität (bei gegebenem Humankapital)	Humankapital		
Deutschland 1990 bis 2000	1,20	− 0,43	1,83	0,01	− 0,11	− 0,10
Deutschland 2020 bis 2030	↗	↑	→	↑	− 0,78	↑

Tab. 1: Wachstumstreiber des Bruttoinlandsprodukts pro Kopf; in Prozent
Quellen: OECD (2003); Plünnecke 2004

späteren zusätzlichen Entlohnung übereinstimmt. Das klingt kompliziert, ist aber eigentlich ganz einfach, denn die Bildungsrendite entspricht somit ziemlich genau der Verzinsung der aufgrund der Ausbildung entgangenen Einkommen und anderen anfallenden Investitionskosten.

Bislang waren im deutschen Bildungssystem soziale Verteilungsüberlegungen maßgeblich. Vor allem bei der Hochschulausbildung ergeben sich durch die Steuerfinanzierung besondere Verteilungseffekte, und zwar sowohl im Längs- als auch im Querschnitt. Im Querschnitt zeigt sich eine Umverteilung von unten nach oben, da immer noch vorwiegend Kinder aus mittleren und oberen Einkommen sich für ein Studium entscheiden. Im Längsschnitt ist jedoch ein gegenläufiger Effekt zu beobachten, da das Bruttolebenseinkommen bei Akademikern zwangsläufig in kürzerer Zeit verdient werden muss. Zudem erfahren Akademiker durch die Steuerprogression später eine höhere Belastung und zahlen letztendlich immer noch so etwas wie eine Akademiker-Steuer. Durch eine kürzere Schulzeit und Verringerung der Steuerprogression wird in letzter Zeit versucht, diesem Problem entgegenzusteuern.

Das Thema Finanzierung ist und bleibt ein Dauerbrenner in der Bildungspolitik, wie auch die Diskussionen im Umfeld des Bildungsgipfels 2008 gezeigt haben. Und ohne Zweifel muss im Zuge einer grundlegenden Reform des Systems zumindest in der anstehenden Übergangsphase in erheblichem Maße investiert werden. Investitionshemmnisse in Sachen Bildung müssen in jedem Fall gründlich ausgeräumt werden. Und doch macht es Sinn, das Thema Finanzierung aus einer anderen Perspektive nochmals kritisch zu beleuchten. Denn bei Lichte betrachtet ist das Problem der Investitionshemmungen im Bildungssystem eigentlich von nachgeordneter Bedeutung. Der Befund, das deutsche Bildungssystem sei chronisch unterfinanziert, stimmt so grob und pauschal vorgebracht tatsächlich nämlich nicht. Das eigentliche Problem, an dem das System schon lange krankt, ist keine Unterfinanzierung, sondern vielmehr eine Fehlfinanzierung. Was sich – und an der Stelle treffen die Sonntagsreden dann wieder zu – in einzelnen Bereichen tatsächlich als Unterfinanzierung auswirken kann. Auch wenn es künftig keine Investitionshemmnisse geben darf, ist der ewige, pauschale Ruf nach mehr Geld der falsche Ansatz. Solange das System so aufgestellt bleibt, wie es jetzt ist, nutzt ›mehr Geld‹ herzlich wenig. Denn es würde aufgrund der gravierenden Fehlsteuerungen nicht da landen, wo es eigentlich gebraucht würde. Zuerst gilt es also, die Fehlsteuerungen des Systems an sich zu lokalisieren und zu beheben, statt einfach mehr öffentliches und privates Geld in ein System zu stecken, das zu systematischen Fehlsteuerungen neigt.

Trügerisches Zahlenwerk: Wie der deutsche Sonderfall die Statistik verdirbt

Die nationalen Bildungsausgaben sind in Deutschland in der Bildungsfinanzstatistik erfasst. Die Haushaltsansatzstatistik zeichnet die geplanten Bildungsausgaben der Gebietskörperschaften auf, während die Jahresrechnungsstatistik die Rechnungslegung der öffentlichen Haushalte beschreibt. Die Hochschulfinanzstatistik schließlich schlüsselt die Einnahmen und Ausgaben der einzelnen Hochschulen auf. Nur sehr lückenhaft sind dagegen die Daten zu privaten Bildungsausgaben erfasst. Die statistischen Angaben der öffentlichen Träger basieren auf deren unmittelbaren Ausgaben, nämlich aus den Personalausgaben – Beamtenbezüge, Angestelltenvergütungen, Arbeiterlöhne einschließlich Sozialversicherungsbeiträgen und andere Lohnnebenkosten. Dazu kommen Versorgungsbezüge und Beihilfeleistungen des Staates. Ferner wird der Sachaufwand ermittelt, also der »Unterhalt unbeweglichen Vermögens«, die Bauausgaben wie Neu-, Um- und Ausbauten, Ausgaben für den Erwerb von Sachvermögen (Geräte, Ausstattungen), Beteiligungen und Zahlungen. Laufende Ausgaben sind dann unmittelbare Ausgaben, die nicht investiert werden, also vor allem Personalausgaben und der laufende Sachaufwand.

Bei der vieldiskutierten internationalen OECD-Ländervergleichsstatistik ist Vorsicht geboten, weil sie bei Lichte betrachtet hinkt. Denn das Zahlenwerk verschleiert, dass es gravierende Abgrenzungs- und Methodenprobleme gibt, die wirklich aussagefähige Vergleiche nicht nur erschweren, sondern geradezu vereiteln. Die Höhe der Bildungsausgaben ist sowohl national als auch international nur ungenau ausgewiesen. Zudem werden auf internationaler Ebene bestimmte Ausgaben ganz unterschiedlich erfasst, wodurch es zu erheblichen Ungenauigkeiten beim Abgleich kommt. Schließlich führt auch die Abgrenzung zwischen privaten und staatlichen Ausgaben zu Unschärfen.

Vor allem die deutsche Besonderheit der verbeamteten Lehrer schlägt im internationalen Vergleich im Wortsinn schwer zu Buche. Denn die Versorgungsaufwendungen für Beamte, inklusive deren Pensionslasten, sind in der deutschen Statistik der Bildungsausgaben nicht annähernd vollständig erfasst. Ohne die höchst komplizierte Rechnung hier im Detail aufmachen zu wollen, dürfte die Untererfassung in Bezug auf die Pensionslasten für alle ehemaligen Arbeitskräfte des Bildungsbereichs bei etwa zehn bis elf Milliarden Euro liegen. Zur Ausgabenstatistik im Bildungsbereich kommen allerdings auch die hohen Kosten der wegen Dienstunfähigkeit in den vorzeitigen Ruhestand eintretenden Lehrer hinzu. Für diese nicht eben kleine Gruppe vorzeitiger Ruheständler werden früher Pensionen gezahlt, während gleichzeitig neue Kräfte eingestellt und bezahlt werden müssen. Die epidemisch anwachsende Anzahl dienstunfähiger Lehrer führt zu einer Doppelbelastung des Staates. Oder, um es im Jargon der Ökonomie auszudrücken: zu einer hochgradigen Ineffizienz.

In den Bildungsausgaben führt diese Frühpensionierungspraxis jedoch nicht zu Mehrbelastungen für den Staat, sondern sogar im Gegenteil zu einer Ausgabenverringerung im Bildungsbudget. Zwar steigen die tatsächlichen Ausgaben für Pensionen. Die Zuschläge bei den verbeamteten Lehrern im aktiven Dienst nehmen jedoch ab, da die Vergütung des jüngeren Lehrers unterhalb derjenigen des vorzeitig ausscheidenden älteren Lehrers liegt. Die zusätzlichen Kosten, die durch Frühpensionierungen von Lehrern entstehen, werden im Budget folglich, und das mutet fast zynisch an, als Kostenentlastung verbucht.

Und noch eine deutsche Besonderheit führt zu statistischen Unschärfen. Hierzulande gibt es im Gegensatz zu anderen Ländern an den Schulen keine Arbeitszimmer für Lehrer, in denen Unterricht vor- und nachbereitet werden kann. Dies geschieht in der eigenen Wohnung des Lehrers, der die Aufwendungen für das häusliche Arbeitszimmer in der Regel noch nicht einmal steuerlich absetzen kann. In anderen Ländern werden die Kosten für die Arbeitszimmer in den Schulen natürlich und folgerichtig der Bildungseinrichtung zugeordnet. Die entstehenden Kosten, die in anderen Ländern exakt dem gleichen Zweck dienen, nämlich der Vor- oder Nachbereitung des Unterrichts, werden dort zu den Bildungsausgaben gerechnet, während sie hierzulande nicht als der Bildung zugehörig erfasst werden. Sondern als Faktor in den privaten Steuererklärungen. Bildungsstatistisch sind diese Kosten also schlicht nicht existent. Ähnliches gilt für die Ausgaben für (zusätzliche) Lehrmittel. In Deutschland werden diese von den Eltern getragen und ebenso wie private Zusatzausgaben, wie Nachhilfe und Förderunterricht, überhaupt nicht erfasst. An Letzteren gibt es in Ländern mit Ganztagsschulen ohnehin einen geringeren Bedarf, da Förderunterricht in und von der Schule selbst geleistet wird. Ebenso wenig werden in Deutschland Kosten für Weiterbildung erfasst. Fazit: Dass das Zahlenwerk im OECD-Bildungsbericht die deutschen Bildungsausgaben systematisch unterschätzt, ist mehr als wahrscheinlich. Der Korrekturbedarf dürfte deutlich größer als zehn bis elf Milliarden Euro beziehungsweise 0,5 Prozent des Bruttoinlandsprodukts sein, die allein aus einer anderen Berechnung der Pensionsrückstellungen für Lehrer resultieren.

Im Jahr 2005 wurden in Deutschland rund 5,1 Prozent des Bruttoinlandsprodukts für Bildung ausgegeben. In preisbereinigter Betrachtung sind die Bildungsausgaben absolut und als Anteil am Bruttoinlandsprodukt damit leicht rückläufig. Bereinigt man darüber hinaus die Bildungsausgaben um den Einfluss der heute sinkenden Schüler- und Studentenzahlen, so sind die Anteile der Schulausgaben seit Mitte der siebziger Jahre von mehr als drei Prozent auf etwa 2,25 Prozent und die Hochschulausgaben von einem auf 0,5 Prozent des Bruttoinlandsprodukts zurückgegangen. Der um die Teilnehmerzahl bereinigte Anteilsrückgang der Ausgaben für Schulen und Hochschulen am Bruttoinlandsprodukt summiert sich seit 1975 damit auf über einen Prozentpunkt. Stützt das nicht die Unterfinanzierungsthese?

Der internationale Vergleich scheint dafür zu sprechen. Deutschland liegt mit seinem so berechneten Ausgabenanteil – das heißt mit den oben beschriebenen deutschen Besonderheiten wie Verbeamtungen oder nicht erfassten Kosten für die in den Privatbereich verlagerten Arbeitszimmer – unter dem internationalen Durchschnitt (vgl. Tab. 2).

Dass die für den OECD-Bericht relevanten Zahlen eben diese Bereiche nicht abbilden und damit nicht wirklich konsistente Zahlen verarbeitet wurden, verändert die Lage nicht unerheblich. Schon nach Einberechnung der oben genannten Untererfassung von Versorgungsaufwendungen stiege der Anteil der Schulausgaben am Bruttoinlandsprodukt auf 5 3/4 Prozent. Damit würde Deutschland den Länderdurchschnitt sehr wohl erreichen. Eine methodische Korrektur des Vergleichsverfahrens wäre also im Interesse aller Beteiligten mehr als fällig.

Grundsätzlich aber ist die Fixierung auf die Bruttoinlandsprodukts-Anteilsbetrachtung zweifelhaft, denn sie greift zu kurz und ist als Indikator nicht hinreichend. Sie berücksichtigt nämlich viele Unregelmäßigkeiten nicht, die zum System gehören,

	Öffentliche Ausgaben	Private Ausgaben	Insgesamt
Island	7,2	0,7	8,0
Dänemark	6,8	0,6	7,4
Korea	4,3	2,9	7,2
USA	4,8	2,3	7,1
Neuseeland	5,2	1,4	6,7
Mexiko	5,3	1,2	6,5
Schweden	6,2	0,2	6,4
Vereinigtes Königreich	5,0	1,2	6,2
Kanada	4,7	1,5	6,2
Finnland	5,9	0,1	6,0
Belgien	5,8	0,2	6,0
Frankreich	5,6	0,5	6,0
Polen	5,4	0,6	5,9
Länderdurchschnitt	5,0	0,8	5,8
Australien	4,3	1,5	5,8
Portugal	5,3	0,4	5,7
Ungarn	5,1	0,5	5,6
Österreich	5,2	0,4	5,5
Deutschland	4,2	0,9	5,1
Niederlande	4,6	0,4	5,0
Japan	3,4	1,5	4,9
Italien	4,3	0,4	4,7
Irland	4,3	0,3	4,6
Spanien	4,1	0,5	4,6
Tschechische Republik	4,1	0,6	4,6
Slowakische Republik	3,7	0,7	4,4
Griechenland	4,0	0,3	4,2
Norwegen	5,7	k. A.	k. A.
Schweiz	5,6	K. A.	k. A.

Tab. 2: Bildungsausgaben im internationalen Vergleich in Prozent des Bruttoinlandsprodukts im Jahr 2005
Quelle: OECD; eigene Berechnungen; Abweichungen bei den Summen durch Rundung

wie etwa die Konsequenzen unterschiedlicher Jahrgangsstärken in den Schulen oder die unterschiedlichen Übertrittsraten zwischen verschiedenen Bildungsstufen. Viel sinnvoller wäre es daher, diese Anteilsbetrachtung um einen internationalen Vergleich der Pro-Kopf-Ausgaben im gesamten Bildungssystem zu ergänzen. Eine solche Betrachtung unter diesem Aspekt ergäbe dann einen ganz anderen Befund: nämlich dass Deutschland über alle Bildungsstufen hinweg pro Kopf und Jahr sogar wesentlich mehr als der OECD-Länderdurchschnitt für Bildung ausgibt, etwa 450 KKP-US-Dollar (KKP = Kaufkraftparität).

Berücksichtigt man die Untererfassung der Versorgungs- und Beihilfeaufwendungen, so steigen die Bildungsausgaben pro Teilnehmer auf rund 7800 Euro an. Die These einer generellen Unterfinanzierung kann daher – wenn man die Teilnehmerzahlen einbezieht – nicht aufrechterhalten werden.

Noch eindeutiger fällt die der Studie gegenläufige Diagnose aus, wenn man die Zahlen nach Bildungsstufen differenziert anschaut (vgl. Tab. 3). Dann liegt Deutschland im Elementarbe-

	Deutschland	OECD-Länderdurchschnitt
Elementarbereich	5508	4888
Primarbereich	5014	6252
Sekundarstufe I	6200	7437
Sekundarstrufe II	10 282	8366
Postsekundär, nicht tertiär	10 531	4719
Tertiärbereich	12 446	11 512
Insgesamt (primar bis tertiär)	7872	7527

Tab. 3: Jährliche Ausgaben pro Lernenden in KKP-US-Dollar und Vollzeitäquivalenz im Jahr 2005

Quelle: OECD, eigene Berechnungen

reich klar über dem Länderdurchschnitt, im Primärbereich darunter, ebenso in der Sekundarstufe I. Im Sekundarbereich II und im Tertiärbereich liegt Deutschland darüber, im postsekundären Bereich sogar deutlich über dem internationalen Durchschnitt. Beim Elementarbereich ist allerdings noch zu berücksichtigen, dass in Deutschland fast durchweg nur halbtags unterrichtet beziehungsweise betreut wird. Pro Betreuungsstunde wird dann zwar mehr aufgewendet als im OECD-Schnitt, insgesamt werden aber weit weniger Stunden an Betreuung und an frühkindlicher Förderung angeboten als in anderen Ländern.

Schaut man sich die Pro-Kopf-Ausgaben für den Tertiärbereich, also bei der Hochschulausbildung, genauer an, wird deutlich, dass bei den Ausgaben je Studierendem, je Studium und je Studienanfänger im Vergleich zum Länderdurchschnitt in Deutschland eigentlich keine größeren Ausreißer auffallen. Bemerkenswert und bedenklich sind dafür die erheblichen Niveauunterschiede bei den Pro-Kopf-Ausgaben für ein abgeschlossenes Studium. Diese Ausgaben liegen in Deutschland um rund ein Viertel über dem Ländermittel. Mit der hierzulande durchschnittlich längeren Studiendauer ist nur ein Teil dieses Unterschieds zu begründen. In Deutschland ist es deutlich teurer als im internationalen Vergleich, Studierende bis zum erfolgreichen Abschluss ihres Studiums zu führen. Wir haben also nach wie vor die teuersten Absolventen. Nebenbei bemerkt: Das hängt unter anderem auch damit zusammen, dass in Deutschland die Anzahl der Studienabbrecher vor allem in wenig aussichtsreichen Fächern abenteuerlich hoch ist. Denn anders als in den angelsächsischen Ländern, wo es normal ist, nach einem geisteswissenschaftlichen Studium eine Karriere in der Wirtschaft zu machen, sind die Quereinsteiger-Karrieren von Philosophie-Absolventen in Deutschland doch sehr rar gesät. Auch daran wird deutlich, dass der Verzicht auf Studiengebühren und die damit verbundene Steuerungswirkung ihren Preis haben.

Ein weiteres Problem in Deutschland ist die verhältnismäßig

kleine Anzahl der Studienabsolventen. Ein deutlich geringerer Anteil eines Abschlussjahrgangs als international üblich nimmt in Deutschland nach dem Schulabschluss überhaupt ein Studium an einer Hochschule auf – ein Trend, der sich laut der jüngsten OECD-Studie »Bildung auf einen Blick 2008« bestätigt hat. Danach ist der Anteil der Studienanfänger wie auch der Graduierten in den meisten OECD-Ländern in den vergangenen Jahren schneller gewachsen als in Deutschland – und das von einem deutlich höheren Ausgangsniveau. So ist der Anteil der Hoch- und Fachhochschulabsolventen von 2000 bis 2006 in Deutschland von 18 auf 21 Prozent gestiegen. Im OECD-Schnitt wuchs der Graduiertenanteil im gleichen Zeitraum von 28 auf 37 Prozent. Ein Trend, der sich in den kommenden Jahren sogar noch verstärken dürfte, wenn man die Entwicklung bei den Studienanfängern betrachtet: Während sich deren Zahl im OECD-Mittel von 2003 bis 2006 von 53 auf 56 Prozent erhöht hat, stagniert der Anteil in Deutschland zwischen 35 und 37 Prozent. Deutschland verliert bei der Ausbildung von Hochqualifizierten weiter an Boden.

Damit lassen bei uns viele ihr unter Umständen mühsam erworbenes Eintrittsticket zu einer akademischen Qualifikation einfach verfallen. Was wiederum ein Indiz für Ineffizienz und in der Summe eine Verschwendung ist. Und: Von hundert Prozent Abiturienten aus bildungsnahen Haushalten beginnen neunzig Prozent ein Studium, aber nur vierzig Prozent aus bildungsfernen Haushalten.

Bildung in Deutschland ist nicht generell unterfinanziert, wenn man die Bruttoinlandsprodukts-Anteilsbetrachtung differenziert und um einige ergänzende Untersuchungen korrigiert. Als besserer Indikator bietet sich die Betrachtung der Pro-Kopf-Ausgaben an. Im Vergleich zu anderen OECD-Staaten zeigt sich eindeutig, dass viele von ihnen effizientere Finanzierungsstrukturen aufweisen und auch die Entwicklungspotentiale von Kindern aus bildungsfernen Schichten besser nutzen. Zudem regulieren sie effizienter und erreichen sowohl eine höhere Unterrichtsqualität an den Schulen als auch ein höheres Humankapitalniveau. Andere OECD-Staaten nutzen die Bildungszeiten intensiver, und ihre Akademiker treten früher in den Arbeitsmarkt ein.

Trotz der hinkenden OECD-Statistik und der widerlegten Unterfinanzierungsthese: Wenn Deutschland in Sachen Bildung eine Wende einleiten will – was es muss! –, bedarf es größerer Investitionen zumindest in der Start- und Übergangsphase. Was nicht im Widerspruch zur Fehlfinanzierungsthese steht. In Zeiten des Übergangs und der Umsteuerung bedarf es immer größeren finanziellen Einsatzes. Bis Umwege begradigt und Fehlfinanzierungen gestoppt sind, muss vorübergehend mehr Geld ins System gepumpt werden.

Doch der Mehrbedarf öffentlicher Mittel für Bildungsinvestitionen kann schon in der näheren Zukunft durch Effizienzgewinne und demographische Effekte aufgefangen werden. Insoweit müssten keineswegs horrende Forderungen an die nach wie vor hochbelasteten Bundes- und Landeshaushalte gestellt werden. Nein, das deutsche Bildungssystem kann durch klug eingefädelte und optimal koordinierte Strukturreformen gleichzeitig sozial gerechter, weniger selektiv, ökonomisch effizienter und in Sachen Wachstumspolitik nachhaltiger gestaltet werden.

Kurz und knapp gesagt: Im Idealfall geht es im deutschen Bildungssystem darum, eine angebotsorientierte Reformagenda zu installieren und abzuarbeiten. Ihre Gegenfinanzierung würde durch die erzielten Effizienz- und Effektivitätseffekte möglich gemacht. Der Schlüssel für eine vernünftige und praxisnahe Reform wäre eine grundlegende Neufassung der Bildungsregulierung und -finanzierung, die den Spielraum für Prozesse des Wettbewerbs und private Mitgestaltung der Beteiligten erhöht, ohne jedoch sozial selektiv zu wirken oder die inhaltlichen und qualitativen Standards zu senken.

Wie entwirrt man das Bildungschaos?

Gegenwärtig trägt unser Bildungssystem noch deutlich planwirtschaftliche Züge: Finanzierung und Regelung sind staatlich und entsprechend träge, die unüberschaubare Verflechtung der Instanzen lähmt und führt zu Blockaden. Die Föderalismusreform hat die Rechte der Länder gegenüber dem Bund zwar umfassend gestärkt, was aber nur dazu führt, dass der Dschungel der Regulierung noch dichter und selbst für den Fachmann undurchschaubar wird. Tatsächlich ist die Bildungsproblematik das komplexeste und am stärksten regulierte Politikfeld Deutschlands geworden. Und die föderative Struktur ist sogar noch zum Katalysator der Ineffizienzen geworden. Immer noch ergeben sich gravierende Probleme aus den isolierten Reformen einzelner Bildungsstufen, die wiederum unterschiedlichen Verantwortlichkeiten geschuldet sind. Bund, Länder, Kommunen und Arbeitsagentur sind oftmals unkoordiniert an verschiedenen, manchmal auch an denselben Ecken des Systems tätig.

Überhaupt geht der Bildungsföderalismus generell in die falsche, reformfeindliche Richtung. Warum aber ist ausgerechnet in der Bildung der Föderalismus so stark geworden? Es widerspricht ja schon dem gesunden Menschenverstand, dass in Deutschland in jedem Bundesland andere Bildungsstandards gelten sollen. Vor allem im Hinblick auf den internationalen Wettbewerb ist das störend. Verbindliche Bildungsregeln müssten doch im Gegenteil bundesweit gelten, und zwar bei Gewährung weitgehender Autonomie der Schulen und Ausbildungsstätten. Mit der Forderung nach bundesweit einheitlicher Zuständigkeit und einer Entmachtung der Länder in Sachen Bildung sind wir freilich an einem Thema mit gehöriger Sprengkraft angelangt. Denn es handelt sich bei der Zuständigkeitsfrage zwischen Bund und Ländern um einen Streit, der an den Kern des Verfassungssystems rührt. Auch hier sind die Debatten um und über den Bildungsgipfel 2008 ein weiterer Beleg.

Doch ohne auch die Zuständigkeitsfrage offensiv zu diskutieren, werden Ineffizienzen und Ungerechtigkeiten des deutschen Bildungssystems immer weitergeschleppt. Nehmen wir nur die Hochschulfinanzierung und den Länderfinanzausgleich: Studiert jemand in Brandenburg – einem Land mit mehr Hochschulkapazitäten als benötigt – und zieht nach dem Studienabschluss wegen der besseren Jobchancen nach Bayern, dann bekommt Bayern für den Zuzug 2000 Euro über den Länderfinanzausgleich. Dabei trug das Land Brandenburg die Kosten für die Ausbildung. Die Studierfähigenquote ist in Bayern zehn Prozent niedriger als in Hessen und Baden-Württemberg. Dennoch existiert dort kein Anreiz, den Anteil der tertiären Bildung hochzufahren, denn man kann ja auch in Brandenburg studieren. Eine sinnvolle Gegenfinanzierung des »Brain Drain« findet also nicht statt.

Müssten nicht vielmehr Bildungsfonds nach dem Bedarf bestückt werden, etwa mit Hilfe eines Gutscheinsystems? Eine sinnvolle Methode, wie das erforderliche Geld angemessen in die jeweiligen Töpfe verteilt werden könnte, wäre möglicherweise die Anwendung des Königsteiner Schlüssels, der näherungsweise die Wirtschaftskraft eines Landes reflektiert. Die Anwendung dieses Schlüssels würde den unterschiedlichen Bedarf der verschiedenen Länder berücksichtigen (BDA, BDI, IW Köln und Stifterverband).

Für die Ausbildungsleistung der Länder gibt es bislang überwiegend negative Anreize. Deshalb muss der Bund in der Bildungspolitik an den Schlüsselpositionen der inhaltlichen und regulativen Rahmensetzung und der Finanzierung viel stärker zum Zuge kommen. Sollte am Ende der Föderalismus vollständig aufgehoben werden? Unsinn ist es jedenfalls, dass der Wettbewerb, der zwischen den Bildungsanbietern herrschen sollte, bislang stattdessen zwischen den Ländern tobt. Wenn insgesamt die Ungleichheiten und Disparitäten zunehmen, und das ist unbestreitbar, muss Bildung im Sinne von Chancengleichheit und Gerechtigkeit unbedingt Bundessache sein! Nur der Bund kann de facto Standards setzen und dafür sorgen, dass in jeder Region (!) gleiche Bildungschancen und Bildungszugänge herrschen. Der Wettbewerb der Länder untereinander führt bislang genau in die entgegengesetzte Richtung.

Da in der Bildungspolitik treuhänderisch für Kinder gehandelt wird, dürfen für schulische Bildung unterschiedliche Vorentscheidungen und Vorlieben, die aus der Herkunft resultieren, keine Rolle spielen. Kinder sollen bestmögliche Bildungschancen erhalten. Die Abschlüsse in den verschiedenen schulischen Zweigen müssen bundeseinheitliche Mindeststandards erfüllen, die sich an der internationalen Wettbewerbslage und den Anforderungen der anschließenden Bildungsstufen orientieren.

Die Ländergrenzen überschreitenden Auswirkungen sind beachtlich, wenn die Vermittlung der Grundfähigkeiten nicht standardisiert gelingt. Die durch alle drei PISA-Studien offenbarten dramatischen Unterschiede zwischen den Bundesländern sowohl in der mathematischen als auch der Lesekompetenz der Schüler machen deutlich, welche gesamtwirtschaftlichen Folgekosten sich ergeben. Deshalb sollte der Bund für die Festlegung verbindlicher Bildungsmindeststandards in den verschiedenen Fächern zuständig sein. Den Ländern bleibt unverändert viel zu tun, denn die Umsetzung ist aus verschiedenen Gründen harzig. Die Steuerung autonomer Schulen über eine unabhängige Schulinspektion ist nicht per Beschluss zu realisieren. Die Kooperation der kommunalen Schulträger ist, wie viele ernüchternde Erfahrungen belegen, keine Selbstverständlichkeit. Doch nichts ist gewonnen, wenn die richtigen Konzeptionen in Gesetzestext gegossen wurden, aber die Kommunen nicht mitspielen. Die Länder erfahren gerade, was das bedeutet.

Auch für die Hochschulbildung ist das Miteinander von Bund und Ländern neu zu justieren. So erfordern die Ansprüche an die Positionierung unserer Hochschulen im internationalen Wettbewerb ebenso wie die erheblichen interregionalen Effekte eines unzureichenden Angebots unbedingt eine Beteiligung des Bundes. Auch hier geht es um sichernde Mindeststandards.

Aus einer grundsätzlichen Zuständigkeit der Länder folgt nicht, dass diese das Bildungsangebot selbst organisatorisch zu verantworten haben. Stattdessen gehört die Autonomie der Schulen und der Hochschulen wesentlich zu einem Wettbewerbssystem. Der jetzt diskutierte und fast zum Selbstzweck erhobene Wettbewerb der Bundesländer bei weitgehendem Abbau bundespolitischer Zuständigkeiten basiert auf einer Kompetenzillusion. Das Ziel muss ein Wettbewerb der Institutionen selbst sein.

Vor diesem Hintergrund ist die Einführung einer abweichenden Gesetzgebung der Länder für das Hochschulwesen ein Irrweg. Damit gibt es für die Länder formal keine Notwendigkeit mehr zur Koordination von Hochschulzugang und Hochschulabschlüssen. Faktisch verliert der Bund jede Möglichkeit, auf eine Schul- und Hochschulausbildung Einfluss zu nehmen. So verzichten wir in Zeiten der Globalisierung auf notwendige bundesstaatliche Steuerungsfunktionen. Das ist ein kurioses Paradox! Und der internationale Wettbewerb lässt uns keine Zeit mehr für Pilotprojekte und erst recht nicht für bildungspolitisches Chaos.

Öffentliches oder privates Gut?
Die Kernfrage der Bildungspolitik

Die Probleme des Bildungssystems wurzeln neben den Fehlsteuerungen der Finanzierung vor allem in Fragen der Zuständigkeiten. Alle Debatten über Bildungspolitik führen immer
wieder auf diese Kernpunkte zurück. Sie tangieren durchaus
auch elementare Wertvorstellungen. Zunächst ist die grundsätzliche Frage zu stellen, welche Funktionen einem öffentlich finanzierten Bildungssystem eigentlich zugeschrieben werden.
Beziehungsweise welche Funktionen dem öffentlichen System
zugeschrieben werden müssen oder sollten. Dieser Angelegen-
heit geht eine Definition voraus, die jedoch bereits Teile der
nachfolgenden Frage beinhaltet. Nämlich: Welche Bildungsan-
teile sind ein öffentliches Gut? Und welche sind dem privaten
Humankapital zuzurechnen? Anders ausgedrückt: An welchen
Abschnitten und Anteilen von Bildung hat die Gesellschaft ein
genuines Interesse, ja, welche Teile von Bildung sind schlechter-
dings für die Gesellschaft konstituierend und damit absolut un-
verzichtbar? Und welche Anteile können der privaten Entscheidung überlassen bleiben und im Sinne eines privaten Interesses
an persönlicher Verbesserung auch privat finanziert werden? Bereits an dieser Frage scheiden sich die Geister, und nicht umsonst. Denn bei konsequenter Analyse und Umsetzung der so gewonnenen Erkenntnisse müsste man schon hier das heutige
Bildungssystem auf den Kopf stellen.

An die Frage, ob Bildung ein öffentliches oder privates Gut ist,
schließt sich nahtlos die Überlegung an, in welchem Umfang Bildung auf Bildungsmärkten angeboten, nachgefragt und finanziert werden soll. Wenn das Stichwort Bildungsmärkte fällt oder
diskutiert wird, dass Bildungsinstitutionen wirtschaftlicher geführt werden müssten, lässt der vielstimmige Aufschrei der Empörung meist nicht lange auf sich warten. Bildung dürfe nicht
zur Ware verkommen, und Schulen seien nicht mit auf Effizienz

getrimmten Unternehmen zu vergleichen, heißt es einmütig. Aber: Was sollten Schulen denn dann sein, wenn nicht effizient? Ineffizient? Sollen sie etwa wirkungs- und erfolglos sein? Betriebe, die Ressourcen verschleudern, ohne zum gewünschten Ergebnis zu kommen?

Doch wohl kaum. Dennoch fällt es vielen schwer, bei diesem Thema den betriebswirtschaftlichen Jargon auszuhalten. Da Schulen in den Augen vieler Aufgeregter auf keinen Fall den Regeln des Marktes unterworfen sein dürften, wird allenthalben mehr staatliche Verantwortung eingefordert. Die öffentliche Hand solle gerade auch bei der weiterführenden Bildung verantwortlich sein, wird verlangt. Und sogar die berufliche Weiterbildung sollte am besten staatlich finanziert werden und würde damit zum öffentlichen Gut.

Hier ist grundsätzliche Orientierung notwendig: Da, wo Bildung ein öffentliches Gut ist, muss sie unbedingt frei zugänglich sein. Und da, wo sie zum überwiegend privaten Gut wird, sollte sie – zumindest in Teilen – auch finanziell der Verantwortung des Einzelnen obliegen. Was jedoch öffentlich und was privat ist, bedarf einer genauen Definition, will man das Kind nicht mit dem Bade ausschütten.

Da nicht wegzudiskutieren ist, dass Bildung beziehungsweise die Qualität des Humankapitals im 21. Jahrhundert wesentlich zu Erfolg und Stabilität einer Gesellschaft innerhalb der globalisierten Welt beitragen, muss die Grundbildung ab der ersten Lebensphase bis zum Ende der allgemeinen Schulpflicht grundsätzlich ein öffentliches Gut sein. Als ausgewiesen kollektives Gut mit in hohem Maße positiven externen Effekten müsste Grundbildung samt den entsprechenden Ausbildungsstätten für alle und jeden zugänglich und damit unentgeltlich sein. Zudem muss Bildung im Zeitalter sich stark wandelnder Familienstrukturen und mobiler Biographien heute anders und weiter definiert werden als zu Zeiten der Großfamilie oder funktionierender dörflicher und kleinstädtischer Strukturen, als noch ein Gutteil der (Bildungs-)Sozialisation im privaten Umfeld und ganz selbstverständlich im Rahmen einer normalen Erziehung geleistet wurde.

In abgewandelter Form gilt das geflügelte Gorbatschow-Wort: »Wer zu spät kommt, den bestraft das Leben« für die Bildungspolitik in besonderer Konsequenz: Wenn Kinder nicht frühzeitig sozialisiert werden und elementare Kulturtechniken erlernen, bestraft sie das Leben sogar mehrfach – die Heranwachsenden, die von vorneherein schon abgehängt und ausgeschlossen sind, mit weniger Chancen im Leben, und die Gesellschaft mit aufwendigen Auffang- und ›Reparaturmaßnahmen‹, die nicht nur enorme Folgekosten produzieren. Auch die gesellschaftliche Stabilität und der soziale Frieden werden durch eine wachsende Zahl Ausgeschlossener massiv in Frage gestellt.

Heute muss eine sinnvolle Bildungspolitik zur Kenntnis nehmen, dass Vernachlässigung und prekäre Verhältnisse – die oft, aber nicht zwangsläufig an Hartz-IV-Verelendungsgeschichten gekoppelt sind – oder ein Migrationshintergrund keine Randerscheinungen der Gesellschaft mehr sind, sondern einen Regelfall beschreiben. Viele Defizite haben auch schichtenspezifische Ursachen. Noch immer werden Bildungsbiographien allzu unvermeidlich vererbt. Oft überlagern sich unterschiedliche Problemfaktoren sogar, und manchmal trifft der Regelfall schwieriger Verhältnisse auch dort zu, wo er gar nicht zu erwarten wäre. Es muss jedoch auf alle Arten fataler Startbedingungen endlich adäquat, nämlich so früh wie möglich reagiert werden. Das bedeutet im Klartext, dass Bildung elementare Kultur- und Sozialisationstechniken vermitteln und trainieren muss, da man schon heute in der ersten Grundschulklasse gehäuft Kinder vorfindet, die entweder der deutschen Sprache nicht mächtig sind oder noch nie einen strukturierten Tagesablauf erlebt haben.

Ohne soziale und gesellschaftliche Basiskompetenzen ist eine Teilhabe an gesellschaftlichen Prozessen nahezu unmöglich.

Menschen, denen diese Kompetenzen fehlen, bleibt kaum eine Chance, ein selbstbestimmtes, geschweige denn erfolgreiches Leben zu führen. Das Erlernen von Kulturtechniken ist ganz eindeutig ein öffentliches Gut, das vom Staat lückenlos finanziert werden sollte. Erst recht deshalb, weil die ›Spätschäden‹ eines falsch verstandenen Laissez-faire in der frühen Lebensphase weitaus kostspieliger zu ›reparieren‹ sind, als gezielte Investitionen in frühkindliche Betreuung jemals sein können.

Der breite Bildungsbegriff schließt die Sozialisation mit ein, die bereits bei den Kleinsten von höchster Bedeutung ist. Ebenso sollte man die Möglichkeit, schon in sehr jungen Jahren elementare Kulturtechniken zu vermitteln und spielerische Neugier zu wecken, nicht unterschätzen. Die institutionalisierte Kinderbetreuung in Deutschland liegt in diesen Punkten im internationalen Vergleich zurück. Hierzulande bleibt gerade das Potential, im frühkindlichen Bereich die Weichen zu stellen, ungenutzt. Zudem findet eine Verknüpfung mit der schulischen Bildung nur sehr unzureichend statt.

Natürlich gibt es gegen die Forderung, in der frühkindlichen Erziehung Bildungsinhalte zu integrieren, Stimmen des Protests von jenen Leuten, die einen Funktionalisierungszusammenhang sehen, und fürchten, dass die Kinder zu früh in kapitalistische Verwertungszusammenhänge gebracht werden. Schnell ist dann vom Ende der Kindheit die Rede. In Wahrheit geht es bei der frühkindlichen Förderung aber vielmehr um Kulturtechniken und Sozialisation innerhalb eines weiter gefassten Bildungsbegriffs. So wie es ein vorgelagertes Wissen gibt, gibt es auch eine vorgelagerte Bildung. So wie soziale Kompetenz sehr früh erlernt werden muss, sollten auch Flexibilität und Veränderungsfreude von klein auf geweckt werden. Die Skeptiker frühkindlicher Betreuung wittern Gefahren vor allem im Eingriff in die elterliche Sphäre, fürchten eine schleichende Entmündigung von Vätern und Müttern und allzu große staatliche Beeinflussung bei gleichzeitiger Abnahme der familiären Prägungsmöglichkeiten.

Diese Ängste sind nicht völlig unberechtigt, da es genügend Negativbeispiele aus den Erfahrungen mit demokratiefernen Systemen gibt, in denen die kindliche Betreuung vor allem dem Zweck des systemkonformen Drills diente. Eine vorgelagerte Bildung soll natürlich ganz im Sinne der freiheitlich demokratischen Grundordnung stattfinden, auf keinen Fall darf es dort ideologischen Input geben. Hierfür müssten Regulierungen, Wettbewerb und Wahlmöglichkeiten zwischen den Anbietern sorgen. Im Übrigen könnte die institutionalisierte frühkindliche Betreuung endlich auf die veränderten Familienstrukturen reagieren. Denn die Einkindfamilie ist ja inzwischen eher die Regel als die Ausnahme. Und gerade für Alleinerziehende ist die frühkindliche Betreuung die einzige Chance.

Allerdings muss der Staat die Kinderbetreuung nicht selbst organisieren. Denkbar wäre, dass er private Angebote lizensiert sowie qualitätssichernd beaufsichtigt. Den Eltern wäre dann durch Gutscheine die freie Wahl der Kinderkrippe oder des Kindergartens selbst überlassen. Die damit inszenierte Nachfragesteuerung dürfte die Angebote näher an die Wünsche und Präferenzen der Eltern heranbringen. Das Kinderförderungsgesetz von 2008 macht erstmals in diesem Sinne mit der Gleichbehandlung von privaten und öffentlich geförderten Einrichtungen ernst.

Um am Bildungssystem überhaupt teilnehmen zu können, geht es im Verlauf einer Bildungsbiographie nach dem Erlernen elementarer Kulturtechniken und Voraussetzungen um den Erwerb von Basiskompetenzen wie Lesen, Schreiben und Rechnen. Darüber hinaus muss in der Phase, die bislang durch die Grundschule abgedeckt wird, eine Lernkompetenz erworben werden, die dem Schüler später ermöglicht, sich selbst immer weiter zu qualifizieren. Es geht also in dieser Phase – die bis zu einer gewissen Stufe der Qualifikation Grundschulen und weiterführende beziehungsweise Ganztagsschulen betrifft – zusätzlich darum, das Lernen selbst zu erlernen. Auch dieser Abschnitt der

Lernbiographie fällt demnach eindeutig unter die Kategorie: öffentliches Gut.

Wurden elementare Kulturtechniken erlernt, die Möglichkeit zur Teilnahme an gesellschaftlichen Prozessen gegeben und Basiskompetenzen erworben, entwickelt sich eine Lernbiographie danach überwiegend aus eigenem Ermessen und eigenen Entscheidungen weiter. Deshalb ist hier die Forderung nach Mitverantwortung folgerichtig und berechtigt. Der Erwerb tiefergehender Kenntnisse, gleich auf welchem Gebiet, orientiert sich zumeist an den Fähigkeiten des Individuums und den Gegebenheiten des Marktes: Welcher Beruf entspricht mir? Welcher verspricht Erfolg, welcher weniger? Die Frage, ob ein Studium aufgenommen wird oder nicht, ist eine zutiefst private Entscheidung, die Bereitschaft zur Investition voraussetzt, selbst wenn das Studium unentgeltlich ist. Abgesehen davon, dass natürlich auch bei dieser Entscheidung gesellschaftliche und politische Rahmenbedingungen eine Rolle spielen. Ein Student entscheidet sich, Zeit und Kraft zu investieren und während des Studiums wenig bis gar kein Einkommen zu erzielen, um später einen qualifizierten Beruf ausüben zu können. Er verzichtet über längere Zeit bewusst auf Konsum, um stattdessen in seine Bildung zu investieren. Dies ist eine private Entscheidung. Und deshalb kein öffentliches, sondern ein privates Gut. Die Qualifikation durch Ausbildung, der Erwerb marktnaher Kenntnisse und Fähigkeiten kommen dem Akademiker später zugute, denn bessere Qualifikation wird in der Regel durch besseres Einkommen entlohnt, was wiederum zu einer Steigerung des Lebensstandards führt. Und privater Lebensstandard ist nun wirklich eindeutig ein privates Gut.

Letztlich werden soziale Position und Einkommensperspektiven von den Möglichkeiten des Einzelnen bestimmt. Seine Bereitschaft, an Bildungsprozessen teilzunehmen, um qualifizierte Leistungen erbringen zu können, bestimmt seinen späteren Platz im Leben. Je mehr sich die Bildung dem Berufsleben nähert, desto privater wird sie. Anders gesagt: Der Wert der Bildung wandelt sich im Verlauf einer Lernbiographie. Je näher sie dem Erwerbsleben kommt, desto mehr wird sie vom öffentlichen zu einem überwiegend privaten Gut.

Was zu tun ist

Das Bildungssystem in Deutschland zementiert Vorteile und Hypotheken der sozialen Herkunft. Die gesellschaftliche Schichtung wird erhärtet und soziale Probleme werden verschärft. Mehr denn je wird Bildung im 21. Jahrhundert, in einer Gesellschaft des immer längeren Lebens, ein Dauerthema sein. Das ganze Bildungssystem muss deshalb auf Durchlässigkeit angelegt sein. Es muss immer wieder die Möglichkeit geben, den Pfad zu wechseln. Dabei ist lebenslanges Lernen weniger als lässige Lebenshaltung des ewigen Studenten zu verstehen, sondern vielmehr als ergebnisorientierte Investition.

In die Zukunft gedacht muss ein durchlässigeres Bildungssystem die Vernetzung der bislang mitunter streng getrennten Bildungsgänge ermöglichen und vor allem Umwege erlauben. So müsste es viel häufiger möglich sein, dass ein hochqualifizierter Techniker als Meister an die Uni wechseln kann. Auch ein dualer Studiengang sollte selbstverständlicher sein. Damit würden sich neue Chancen der Eigen- und Mitverantwortung des Einzelnen bei der individuellen Gestaltung der Bildungsbiographie auftun. Ein durchlässiges System wäre das Ende zementierter ›Verlierer-Biographien‹.

Eine Reform des Bildungssystems erfordert vor allem eine Reform der Bildungsfinanzierung. Da die Lernvoraussetzungen beim Schulstart höchst unterschiedlich und in fatalem Maße abhängig von der sozialen Herkunft sind, ist es bildungsökonomisch nicht nur sinnvoll, sondern alternativlos, dass bereits Kindergärten einen Bildungsauftrag erhalten. Bildung ist mehr als andere Lebensbereiche pfadabhängig. Und bislang herrscht hier kalter Determinismus. Um diesen zu durchbrechen und der Pfadabhängigkeit Rechnung zu tragen, wäre es nur konsequent, eine Finanzierung des frühzieherischen Bildungsauftrags durch öffentliche Mittel statt durch Elternbeiträge durchzusetzen. Es muss unbedingt ein Ausgleich geschaffen werden zwischen Gegenden mit schwacher und starker Sozialstruktur. Anstrengungen jeglicher Art sind vor allem im Elementar- und Primärbereich zu unternehmen, weil gerade hier frühe Qualitätssicherung effizienter ist als späte, teure und mühselige Reparaturarbeit.

Von der Inputsteuerung zur Outputorientierung

Da Bildung ein zugleich pfadabhängiger und kumulativer Prozess ist, muss das Bildungssystem vom Elementarbereich bis zum Ende der Schulpflicht effizient reguliert werden. Mit dem Bildungsgipfel 2008 (s. Kasten S. 236) wurde dem bundesstaatlich erstmals entsprochen. Bereits im Elementarbereich müssen die Bildungsaspekte durch die Einführung von Bildungsplänen gestärkt werden. Erzieher müssen dementsprechend höher qualifiziert werden. Im gesamten schulischen Bereich ist das Umdenken auf einen einzigen einleuchtenden Nenner zu bringen: Die bisherige Inputorientierung muss durch eine Outputorientierung ersetzt werden.

Für alle Beteiligten sollte einzig von Interesse sein, dass eine Bildungseinrichtung die geforderten Ergebnisse erreicht. Deshalb dürften die Bemühungen künftig nicht mehr dahin gehen, möglichst ausgetüftelte Curricula (für die Regulierung des Inputs) vorzugeben, sondern die Konzentration auf verbindliche Bildungsstandards zu richten (für die Definition des Outputs). Die ansonsten weitgehend autonomen Bildungsträger sollten

Standards realisieren, die schließlich überprüft werden. Die Mittel und Wege, um diese verbindlichen Standards zu erreichen, können, ja sollen die Bildungseinrichtungen aber selbst wählen. Nur die Ergebnisse sind zu evaluieren.

Was aber bedeutet Autonomie der Bildungsträger konkret? Zunächst einmal Abschied von zentral gesteuerten Zuteilungen und Plänen. Jede Schule sollte ihre Lehrer selbst einstellen dürfen, selbst über die Lehrmittel bestimmen und die Lehrpläne selbst erstellen und verantworten. Einige Bundesländer haben mutig diesen Weg beschritten.

Die gewählten Mittel ebenso wie die Erfolgsquote einer Schule (oder anderer Bildungseinrichtungen) gehören dann zu den Wettbewerbsfaktoren, die unbedingt zu begrüßen sind. Ebenso muss endlich über die Einführung einer leistungsorientierten Lehrerentlohnung nicht nur laut nachgedacht werden. Es kann nicht sein, dass in einem Beruf, dessen Qualität maßgeblich über die spätere Leistungsfähigkeit der Anvertrauten entscheidet, bislang keine Spur von Leistungs- und Zielorientierung greift. Statt einer Leistungsorientierung ist ganz im Gegenteil nach wie vor eine Senioritäts- und Standesentlohnung üblich. Überhaupt müsste der ganze planwirtschaftliche Zuteilungsmechanismus des Lehrpersonals abgeschafft werden – der fatale Brauch, unfähige, fehlbesetzte oder überforderte Lehrer oder gerne auch Schulleiter in der Tradition des Wanderpokals von Schule zu Schule weiterzureichen, wäre damit – wie in einigen Ländern zu beobachten – passé. Alle Negativ-Anreize gehören eher gestern als morgen ersatzlos abgeschafft. Und: Wer mehr Chancengleichheit in der Bildung will, muss mehr Ungleichheit bei der Lehrerbesoldung akzeptieren.

Mehr Wettbewerb auf der Primärebene wäre für eine dringend erforderliche größere Durchlässigkeit unabdingbar. Der Wettbewerb bedarf der Spielregeln eines gemeinsamen bundesweiten Rahmens. Dieser gibt die zu erreichenden Ziele vor. Mittel und Wege dorthin kann der Einzelne frei wählen. Die

Prüfungen markieren Standards, die nicht hintergehbar sind. Die Wege zum Erreichen dieser Standards sind dagegen nicht reglementiert. Dass es zwischen festgeschriebenen Standards und einem freien Wettbewerb einen Zielkonflikt gibt, muss allerdings nicht nur dem Ökonomen auffallen. Für diesen Widerspruch gibt es keine Lösungsformel, sondern lediglich die Empfehlung, mit der größtmöglichen Sorgfalt das Gleichgewicht zwischen Wettbewerb und Standardisierung auszutarieren.

Straffung und Öffnung der Bildungsbiographien

Eine Reform des Bildungssystems wird auf keinen Fall an der Ganztagsschule vorbeikommen. Denn diese Schulform ist in Zeiten dynamischer Wissensintensivierung die angemessene Interpretation der staatlichen Schulpflicht. Wenn Familien – aus welchen Gründen auch immer – ihren Erziehungspflichten nur weniger nachkommen können oder wollen, dann muss der Staat dies treuhänderisch kompensieren. Des Weiteren ist vor allem eine verbesserte Schüler-Lehrer-Relation unabdingbar. Klassengrößen von dreißig und mehr Kindern müssen unbedingt der Vergangenheit angehören. Der Erfolg Sachsens bei »PISA 2006« hat gerade auch damit zu tun. Denn wie leicht werden einzelne Schüler in zu großen Klassenverbänden übersehen, weil sie still oder gehemmt sind oder einfach nur ein anderes Lerntempo haben. Leisten kann sich das Bildungssystem tatsächlich keinen einzigen Schüler, der durchs Netz rutscht. Die demographische Entwicklung schrumpfender Schülerjahrgänge muss – wie in Sachsen – allenthalben zu einer greifbaren Verbesserung der Schüler-Lehrer-Relation führen. Nur so entsteht der Spielraum für konsequente individuelle Förderung.

Auf der anderen Seite des Bildungsspektrums steht die Hochschulausbildung: Hier ist die gebotene Reform beziehungsweise die Lösung vergleichsweise unpopulär, denn sie würde fordern, dass der private Anteil an der Hochschulfinanzierung erhöht werden muss. Und dies kann nur durch die Einführung von Studiengebühren verwirklicht werden. Auch um das Thema Studiengebühren wird ideologisch gestritten, ja es ist diesbezüglich ein regelrechter Krieg entbrannt. Ein Krieg freilich, der schon früher verloren wurde. Die Politik verliert den Mut, weil sie mit Wirkungen der Studiengebühren konfrontiert wird, die kontraproduktiv sind. Nach einem Gutachten für das Bundesbildungsministerium (2008) scheint die Einführung von Studienbeiträgen die Studienentscheidung doch stärker negativ beeinflusst zu haben. Hier zeigen sich aber vor allem Mängel bei der Aufklärung über die Gebühren sowie dem unzureichenden Ausbau eines Stipendiensystems und dem nur bundesweit sinnvoll geltenden Angebot von Studienkrediten. So drohen wir wieder einmal an der Umsetzung zu scheitern. Dabei sollten die Argumente für Studiengebühren auch Nicht-Ökonomen einleuchten: Die Kosten der ansonsten hinzunehmenden Fehlsteuerungen sind beachtlich und belasten das gesamte Hochschulsystem. Die Öffentlichkeit verkennt gerne, dass das bisherige gebührenfreie System verteilungsineffizient und ungerecht ist. Betrachtet man die Studierenden nach sozialen Herkunftsgruppen in der Abgrenzung des Studentenwerks, dann zeigt die bestehende Lösung eine fast gleich bleibende Nettobelastung mit Studienkosten über alle Einkommensgruppen hinweg. Ein Modell, das Studiengebühren mit Stipendien und sozial gestaffelten Zahlungen kombiniert, kann dagegen deutlich verteilungseffizienter sein (BOA, BDI, IW Köln und Stifterverband).

Derzeit sind die Bachelor- und Masterstudiengänge wieder hart in der Kritik: Es gäbe mehr Studienabbrecher als bei den traditionellen Studiengängen, heißt es, und die Studierenden seien sogar immobiler und reisefauler geworden. Überhaupt wird die Qualität der neuen Studiengänge massiv in Zweifel gezogen. Sicher ist bei der Reform, die auf unausgegorenen Konzepten beruht und in der Durchführung bis heute chaotisch geblieben ist, vieles falsch gemacht worden. Fein- beziehungsweise Umsteuerungen sind nötig. Dennoch führt am Grundgedanken eines verkürzten, standardisierten und international kompatiblen Studiums kein Weg vorbei. Denn durch Bachelor- oder Masterstudiengänge kann der Studierende viel flexibler auf Arbeitsmarktsignale reagieren und damit letztlich seine Bildungsrendite erhöhen.

Noch ist die durchschnittliche Lebensarbeitszeit der Hochqualifizierten in Deutschland vergleichsweise niedrig, da der Eintritt in den Arbeitsmarkt hierzulande nicht weniger als fünf Jahre später als im internationalen Vergleich stattfindet. Was für eine Kluft! Und was für ein volks- und privatwirtschaftlicher ökonomischer Verlust! Aber der größtmögliche Verdienst kann doch nicht alles sein im Leben, werden an dieser Stelle viele einwenden. Gewiss, in Fragen der Persönlichkeitsbildung und beim Sammeln von Erfahrungen jenseits eines stromlinienförmigen Berufswegs mögen die hiesigen Absolventen mit interessanten Patchwork-Biographien und spätem Berufseinstieg dem angelsächsischen Business-Analysten sicher einiges voraushaben. Dennoch muss es jenseits persönlicher Entscheidungen und Vorlieben erlaubt sein, zu fragen, ob es sich eine Gesellschaft leisten will, ihre Absolventen im Durchschnitt ein halbes Jahrzehnt später ins Berufsleben zu entlassen als ihre Nachbarn?

Eine Straffung des Ausbildungswegs muss freilich weit früher ansetzen als erst beim Studium – um gleiche Startbedingungen sicherzustellen schon im Kleinkindalter. Der Kindergarten sollte als vollwertige Bildungseinrichtung angesehen, die Sprachstandserhebung als Interventionsrecht des Staates definiert und das Einschulungsalter um ein Jahr gesenkt werden. Dies wäre bei einer bildungsintensiveren und mit späteren Lehrinhalten genau abgestimmten Kindergartenzeit überhaupt kein Problem. Was bereits praktiziert wird, allerdings noch mit (unnötigen!) Kinderkrankheiten, ist die Kürzung der Gymnasialzeit von neun auf acht Jahre bis zum Abitur.

Einen nicht unerheblichen Nebeneffekt hätte der frühere Eintritt in den Arbeitsmarkt durch die Straffung der Studienzeit auch für Frauen beziehungsweise für Eltern und damit auf lange Sicht wohl auch auf die Demographie: Wird der ganze Prozess um einige Jahre nach vorne verlegt, dürfte sich der Entscheidungsstau in Sachen Kinderwunsch, der sich bislang auf einige wenige Jahre konzentriert, entspannen oder sich sogar ganz auflösen. Frauen – und auch Männer – müssten sich nach einem erfolgreichen Studienabschluss nicht mehr innerhalb sehr kurzer Zeit entscheiden, ob sie nun Kinder haben wollen oder nicht, sondern könnten entweder gleich ins Berufsleben starten, um nach wertvollen Erfahrungen eine Babypause zu machen – und danach auf Wunsch qualifiziert zurückkehren. Oder sie machen die Babypause gleich und können dann immer noch früh genug in den Beruf einsteigen. Anders ausgedrückt: das Zeitfenster zum Kinderkriegen würde größer.

Verbindliche Sprachstandsfeststellung

»Die Einführung der verbindlichen Sprachstandsfeststellung für alle Kinder zwei Jahre vor der Einschulung ist ein Meilenstein auf dem Weg zu mehr Chancengleichheit. Gute Kenntnisse in der deutschen Sprache sind eine Grundvoraussetzung für den späteren Erfolg in der Schule und im Beruf.« Das schrieb unlängst Armin Laschet, Minister für Generationen, Familie, Frauen und Integration des Landes Nordrhein-Westfalen in das Vorwort des ersten Integrationsberichts des Landes Nordrhein-Westfalen, der am 20. August 2008 publiziert wurde.

Auch zur Sprachstandsfeststellung gibt es durchaus kritische Stimmen, denn die Gegner empfinden das Vorgehen als Einmischung in die Sphäre der Eltern. Tatsache ist aber, dass elementare Probleme beim Spracherwerb so früh wie möglich erkannt und behandelt werden sollten. Wenn ein Kind mit vier Jahren sprachlich auf dem Stand eines Zweijährigen ist, muss der Staat eingreifen dürfen, da ein solches Problem im Prinzip einen Fall von Bildungsverwahrlosung als Vorbestimmung von Bildungsarmut darstellt. So wie das Jugendamt bei sozialer Verwahrlosung eingreifen soll und muss, hat der Staat fördernd einzuspringen, wenn Chancen schon so früh verbaut werden. Es gibt eben Grenzen der Freiheit, und zwar besonders dann, wenn sie zu Lasten Unmündiger ausgebeutet wird.

Hier hat der Bildungsgipfel 2008 wirklich verbindliche Beschlüsse gebracht: Die Bundesländer verpflichten sich, bis 2010 die »Voraussetzung für verbindliche, auf alle Kinder rechtzeitig vor der Einschulung anzuwendende Sprachstandsbeobachtungen beziehungsweise -feststellungsverfahren (zu) schaffen. Sie werden bis 2012 eine bedarfsgerechte intensivierte Sprachförderung vor der Einschulung sicherstellen«. Aber wieso sind die Länder in ihrer Gesamtheit nicht schon längst und nicht von selbst darauf gekommen? Wieso hat das gute Vorbild einzelner Länder die anderen nicht inspiriert? Wieso müssen wir noch Jahre warten? Die Zeit haben wir nicht, und die Geduld im Zusammenhang mit dem Bildungsföderalismus wird mal wieder arg strapaziert.

Dennoch ändern sich die Dinge: Aus der klassischen Schulpflicht, die der Staat vorgab, ergibt sich eine Art Befähigungspflicht des Staates. Seine Kompetenzen und Zuständigkeiten in Sachen Bildung verschieben sich aus einer Reihe von Gründen systematisch und stärker in die Sphäre hinein, die ehedem privater Familienbereich war.

Mehr Wettbewerb durch Schulautonomie und Gleichstellung der Privatschulen

Bei der Frage nach den schulinstitutionellen Bedingungen für die Schülerleistungen, wozu auch die Schulträgerschaft zählt, zeigt sich ein bemerkenswerter, signifikanter Zusammenhang. Nach dem empirischen Befund auf Basis der PISA-Daten schneiden Schüler von Privatschulen im Durchschnitt eindeutig besser ab, ganz deutlich auch in Deutschland. Die vorliegenden Studien weisen darauf hin, dass private Schulen erfolgreicher darin sind, eine für die kognitive Entwicklung der Schüler förderliche Umgebung zu schaffen. Das scheint für einen Selektionsvorteil sprechen, wofür es aber auch Gegenbeispiele gibt. Übrigens hat sich das Selektionsphänomen in der Geschichte der Privatschulen komplett gedreht: Früher fanden sich auf Privatschulen Schüler ein, die sich auf den öffentlichen Schulen eher etwas schwer taten, also eine eher negative Auswahl. Als diese Schulen aber anfingen, verlässliche Ganztagsangebote zu machen, drehte sich der Trend. Auch der Anteil der Schüler mit Hochschulzugangsberechtigung aus Privatschulen ist deutlich höher als an staatlichen Schulen: In zwölf Bundesländern ist die Quote mindestens zehn Prozentpunkte höher, in sechs Ländern ist sie mehr als doppelt so hoch.

Angesichts dieser Erfolge müssten Privatschulen in Deutschland eigentlich eine deutlich größere Bedeutung haben. Dass dies nicht so ist, erklärt sich aus einer eher restriktiven Schulpolitik, die das Kompetenzmonopol des staatlichen Systems nach wie vor im Mittelpunkt sieht. Solange die institutionelle Detailsteuerung als Instrument der Qualitätssicherung dominiert, wird sich daran auch nicht wirklich etwas ändern. Neben speziellen gesetzlichen Hürden und Zulassungsschranken betrifft der größte Wettbewerbsnachteil der Privatschulen ihre Finanzausstattung. Das geltende Recht verpflichtet den Staat zwar dazu, anerkannten Ersatzschulen eine Regelbeihilfe zu den laufenden

Kosten des Schulbetriebs zu leisten. Doch die in den meisten Bundesländern schulartenspezifisch und pauschal je Schüler zur Verfügung gestellten Mittel liegen oft deutlich unter den Ausgaben an einer entsprechenden staatlichen Schule. Nach Berechnungen des IW Köln liegen die jährlichen Förderbeiträge des Staates für Privatschulen um rund 2800 Euro je Schüler unter den tatsächlich anfallenden Kosten bei staatlichen Schulen.

Durch die Existenz der Privatschulen werden die Bundesländer insgesamt um rund 1,7 Milliarden Euro pro Jahr entlastet. Der dagegenzurechnende Effekt einer Minderung des Einkommensteueraufkommens, den der Sonderausgabenabzug von derzeit unbegrenzt bis zu dreißig Prozent des von den Eltern zu zahlenden Schulgelds hat, liegt mit etwa 120 Millionen Euro noch nicht einmal bei einem Zehntel. Unabhängig davon verbleibt für die freien Schulträger eine beachtliche Finanzierungslücke. Die Elternbeiträge lagen 2003 nach Schätzungen bei knapp 1600 Euro je Schüler und Jahr.

Dies ist kaum mit dem verfassungsrechtlichen Sonderungsverbot zu vereinbaren, wonach eine Auswahl der Schüler nach den Besitzverhältnissen der Eltern nicht befördert werden darf. Dazu wird ein wirksamer Wettbewerb behindert. Dass dieser aber wünschenswert ist, um effiziente Lösungen beim Erreichen definierter Ziele zu realisieren, dürfte unstrittig sein.

Dass die Privatschulen sich trotz vielfältiger und finanzieller Benachteiligungen mit guten Leistungen profilieren können, belegt die Wirkung betriebswirtschaftlichen Kalküls gerade auch im Schulsystem. Der Befund über die Effizienzmöglichkeiten im Bereich der allgemeinbildenden Schulen ist eine wichtige Unterstützung auf dem Weg zur autonomen staatlichen Schule.

Hier sind die Länder noch zögerlich. Die Bereitschaft, Schulleitungen mit wirklicher Personal- und Budgethoheit auszustatten, ist – wie immer mit leuchtenden Ausnahmen – noch wenig ausgeprägt. Die Differenzierung der Schulen durch eigenständige pädagogische Profile kann so über den deklaratorischen Charakter der Schulprogramme kaum hinauskommen. Erst dann aber wäre ein Wettbewerbsfeld eröffnet, in dem staatliche und private Schulen wirklich voneinander lernen könnten und der Staat sich auf Standardsetzung und Qualitätskontrolle konzentriert.

Noch ist die Vorstellung von der autonomen Schule mehr oder weniger Fiktion – dennoch wird erstmals seit der Reformwelle der sechziger Jahre versucht, die allgemeinbildenden Schulen grundsätzlich neu zu orientieren. Die Schule als Unternehmen zu verstehen kann sich als Baustein in eine umfassende Reformagenda einfügen. Im Mittelpunkt steht dabei die größere Autonomie der Schulen – unter der Voraussetzung, dass Schulen zu einer regelmäßigen und transparenten Rechenschaft verpflichtet sind.

Nur eine externe Evaluation durch eine unabhängige, nicht mit der Schulaufsicht vermischte Inspektion kann gewährleisten, dass die vorgegebenen Bildungsstandards als verpflichtende Zielmarke von jeder Schule auch erreicht werden. Die Schulministerkonferenz hatte bereits im Jahr 2002 die Einführung solcher Normen beschlossen – diese jedoch leider nur als Regel- und nicht als Mindeststandards definiert.

Es bedarf definitiv des Wettbewerbs zwischen den Schulen. So sollte sich der Erfolg einer Schule zweifach finanziell niederschlagen: einerseits durch eine stärkere Bindung der Schulbudgets an die Schülerzahl und andererseits durch eine ziel- und leistungsorientierte Vergütung der Lehrkräfte. Zudem sollten Schulleitungen analog zum Management in Unternehmen immer nur befristet berufen werden.

Die Schulreformen in Deutschland sind bislang vor allem durch Unzulänglichkeiten in der Umsetzung gekennzeichnet. Dem Ausmaß, der Dichte und der schnellen Abfolge der Veränderungen entsprechen die dafür bereitgestellten Mittel meist überhaupt nicht. Veränderungsprozesse sind nicht zum Nulltarif zu bewerkstelligen. Dem Reformchaos folgt daher oft das

Schulchaos. Zudem scheint die Halbwertszeit der bisherigen Reformen unzureichend, die Budgets sind zu klein, die Planung mutet unfertig und hektisch an, die Umsetzung ist mangelhaft. Wer Reformen will, muss besonnener planen und vor allem Um- und Nachsteuerungsmittel bereitstellen. Das Debakel mit der G8-Reform ist ein abschreckendes Beispiel: im Kern eine gute Idee, aber schlecht bis gar nicht vorbereitet, hastig durchgezogen und ungenügend finanziert. Ausbaden müssen es wie immer vor allem Schüler und Lehrer.

Entscheidend für den Erfolg einer Reform ist auch eine neue Konzentration auf die individuelle Förderung. Da die Ungleichheiten und Disparitäten zunehmen, muss endlich adäquat auf die heterogenen Voraussetzungen reagiert werden. Nachrangig dagegen sind Fragen der Organisation, die grundsätzlich pragmatisch beantwortet werden sollten. So sollte die Entscheidung, ob in einer Region ein dreigliedriges Schulsystem oder eine Gesamtschule angeboten wird, von demographischen Faktoren bestimmt werden. Wenn die Heterogenität zunimmt, brauchen wir unbedingt individuelle Förderung und pragmatische Lösungen. Und dafür ist Autonomie die Voraussetzung.

Keine Frage, die Autonomie der Schulen muss verstärkt werden. Aber heißt das nicht in letzter Konsequenz, das ganze System komplett zu privatisieren? Der Gedanke ist so abwegig nicht. Es spricht aber auch einiges dagegen, für eine zügige Privatisierung des gesamten Systems zu votieren. Denn erstens könnte man, selbst wenn man es wollte, einen derart tiefgreifenden Prozess nicht übers Knie brechen. Wären private und öffentliche Schulen in Sachen Zuschüsse oder bei der Inspektion gleichgestellt, so wäre schon viel gewonnen.

Außerdem sollte man auch aus Gründen der Pfadabhängigkeit nicht so sehr von Privatisierung reden. Viel wichtiger wäre es, die Finanzierung des ganzen Systems neu zu ordnen. Oder einfach nach dem Sparkassenmodell vorzugehen, will sagen, dass staatliche und private Schulen und Bildungsanbieter generell unter gleichen Bedingungen um ›Kunden‹ werben können. Wie bei der Wahl eines Kreditinstituts sollten Eltern bei der Wahl der richtigen Schule die Möglichkeit haben, zwischen der staatlichen (Sparkasse) oder der privaten (Bank) frei wählen zu können. Und wie wir an den Sparkassen sehen, muss die freie Wahlmöglichkeit durchaus nicht das Ende des öffentlichen Angebots, sprich das Ende der öffentlichen Schulen bedeuten. Sogar im Gegenteil. Aber noch einmal: Wir stehen im internationalen Wettbewerb. Das föderale Gezerre ist gestrig und sinnlos.

VIII.
Mehr Wohlstand für alle:
Rückkehr offen halten durch
soziale Sicherung

Schon seit Heraklit wissen wir, dass auf der Welt nichts so beständig ist wie der Wandel. Die Erkenntnis des antiken Philosophen, die den menschlichen Beharrungskräften ihre Vergeblichkeit bescheinigt, will offenbar immer wieder aufs Neue erobert sein. In den fünfziger Jahren des vergangenen Jahrhunderts gab der italienische Schriftsteller Giuseppe Tomasi di Lampedusa der Einsicht des antiken Philosophen noch eine andere Wendung, als er scheinbar paradox formulierte: »Wenn wir wollen, dass alles so bleibt, wie es ist, dann müssen wir zulassen, dass alles sich ändert.«

Der erbitterte Konflikt zwischen einem Beharren und der Notwendigkeit des Wandels scheint eine anthropologische Grundkonstante zu sein. Angesichts der Schrecken der Globalisierung und der Auswirkungen des Strukturwandels entwickeln Beharrungskräfte in Deutschland eine besonders hohe Energie. Vor allem aber erzeugen sie eine schlechte, beinahe apokalyptische Stimmung. Dabei ist, wir werden nicht müde, es zu wiederholen, die Stimmung weitaus schlechter als die Lage. Das Klagen auf relativ hohem Niveau hat indes Tradition. Die Deutschen bestehen hartnäckig darauf, nicht sehen zu wollen, wie es wirklich um sie steht.

Aller Schwarzseherei zum Trotz hat Deutschland den Strukturwandel von der Industrie- zur Dienstleistungsgesellschaft bislang gut gemeistert. Auf jeden Fall weitaus besser, als die Pessimisten es wahrhaben wollen. Und besser, als jene sagen, die behaupten, die Chinesen würden übermorgen alles überrollen und ohnehin ginge uns bald die Arbeit aus. Tatsächlich hat sich unsere Volkswirtschaft für die ständig nötigen Strukturanpassungen innerhalb der Branchen und Sektoren in den letzten Jahren gut aufgestellt. Deutschlands Unternehmen sind wettbewerbsfähig wie lange nicht. Deshalb sprechen wir von einer Renaissance der Industrie, ohne die Schwarzseher-Brille durch eine rosarote ausgetauscht zu haben. Deshalb gibt es, wenn man alle tagespolitischen Aufgeregtheiten einmal beiseitelässt und die Turbulenzen an den Finanzmärkten in der Rückschau als reinigendes Gewitter begreift, weder für die Wirtschaft noch die Bürger wirklich ernsthafte Gründe, sich vor Globalisierung, Strukturwandel und Standortwettbewerb zu fürchten. Im Gegenteil, es gilt trotz und gerade ob der allgemein krisenhaften Großwetterlage, die Chancen des Wandels zu erkennen und zu nutzen.

Krisen, veränderte Risiken und die Grenzen der Versicherungsmärkte

Krisen werden auch in Zukunft nicht vermieden werden können. Keine Gesellschaft ist davor gefeit. Allerdings ist Krise nicht gleich Krise, denn die so bezeichneten Phasen können ganz unterschiedliche Dimensionen haben. Es gibt Krisen, bei denen Märkte wegbrechen, weil sich Präferenzen ändern. So ging der Markt für Schwarzweißfernseher verloren, als Farbfernseher sich durchzusetzen begannen – eine beherrschbare Krise. Auch die Krise in der Bauwirtschaft war eine gestaltbare Krise, denn sie war national verankert und damit auch national begrenzt. Und den, der sich international verankert, trifft sie weniger als den, der nur national gedacht hat. Es gibt aber auch systemische Krisen, in deren Verlauf die Funktionsfähigkeit der marktwirtschaftlichen Ordnung insgesamt in Zweifel gezogen wird. Eine solche systemische Krise ist die gegenwärtige dramatische Entwicklung des Finanzsektors.

Das Aus für den Schwarzweißfernseher sowie die immer wiederkehrenden Krisen des Einzelhandels stellen an sich keine wirklich ernsten Probleme dar, weil es sich hierbei um unvermeidliche Anpassungsvorgänge handelt. Das Wesen des Marktes aber ist grundsätzlich durch Anpassungspotential definiert, und Anpassungskrisen sind demnach endogen. Die Anpassungen wiederum führen zu natürlichen Schwankungen und Zyklen, die unvermeidbar sind. Die Marktwirtschaft schließt die Krise immer in sich ein, zumindest für den, der gerade Misserfolg hat. Die Krise ist ein Teil des Wandels. Auch Konjunkturkrisen sind als Teil des Systems unvermeidbar. Umso mehr, als die globale Vernetzung Einzelgänger gar nicht mehr zulässt.

Die Hoffnung auf ein universelles Frühwarnsystem, wie es die Politik regelmäßig nach einer fundamentalen, systemischen Krise fordert, ist allerdings naiv. Eine Wirtschaftsordnung, die auf dem Prinzip der Freiheit aufbaut sowie Wettbewerb als Entdeckungsverfahren zulässt und nutzt, die muss zugleich damit leben, dass Neues auch Krisenpotentiale in sich trägt. Zwar kann man aus erlebten Verwerfungen insofern lernen, als man Strukturbedingungen identifiziert. Inhalt und Auslöser der nächsten Krise kann man jedoch nicht benennen.

So wie die Beharrungskräfte eine, wenn nicht sogar die anthropologische Grundkonstante schlechthin ausmachen, so ist die Krise quasi per Naturgesetz die unvermeidliche Begleiterscheinung der Bewegung, des Wandels, der offenen Gesellschaft und der Marktwirtschaft. Der tiefgreifende Wandel der Globalisierung ist ohne Krisen nicht zu haben, die – wie sich am Kollaps der Finanzmärkte zeigt – auch systemgefährdenden Charakter annehmen können.

Das entschiedene Plädoyer für den Wandel bedeutet im Umkehrschluss jedoch keineswegs, dass in der Zukunft auf regulierende Kräfte ganz verzichtet werden kann. Oder, um noch einmal zum Aristokraten Lampedusa zurückzukehren: Wenn wir wollen, dass im Sog des Wandels Dinge erhalten bleiben, die uns lieb und teuer sind und deren Kontinuität im Sinne der Erhaltung einer freiheitlich demokratischen Grundordnung elementar sind, müssen wir vielleicht nicht alles, aber doch vieles ändern. Sich dem Sog des Wandels einfach nur hinzugeben und den Rest dem freien Markt zu überlassen, ist eine Laisser-faire-Haltung, die gefährlich werden kann. So muss sehr wohl unterschieden werden zwischen Beharrungskraft und dem nährenden Humus der Kontinuität.

Gerade in Zeiten großer Dynamik wird deutlich, dass ein starker Staat gefragt und dazu aufgerufen ist, den Wettbewerb zu korrigieren und ihm ordnungspolitisch an den richtigen Stellen Einhalt zu gebieten. Es müssen Rahmenbedingungen geschaffen werden, die sich dem Wandel nicht entgegenstellen, aber dafür sorgen, dass es Sicherungsnetze gibt, die einen Sturz ins Bodenlose verhindern. Genau das war die Erkenntnis, die nach der Globalisierungskrise von 1929 von sogenannten ordoliberalen Ökonomen wie Walter Eucken, Wilhelm Röpke oder Alexander Rüstow formuliert wurde. Damals stellten sie fest, dass ein ungezügeltes Laisser-faire auf lange Sicht eben nicht funktioniert. Nur der Staat kann individuelle Grundrechte-, Freiheits-, Eigentums- sowie Verhaltensrechte und damit die Funktion offener und freier Märkte sichern. Gleichzeitig muss er durch eine Wettbewerbs- und Fusionsgesetzgebung für einen funktionierenden Wettbewerb auf freien Märkten sorgen und Marktmacht verhindern. Staat und Markt sind eben nicht die unversöhnlichen Gegensätze, zu denen sie oft vorschnell gemacht werden.

Die Schattenseite der Freiheit ist das Risiko. Und jede Chance ist untrennbar mit der Gefahr des Scheiterns verbunden. Der Volksmund kennt etliche Sinnsprüche, die uns dieses Phänomen vor Augen führen, wie etwa: »Wer nicht wagt, der nicht gewinnt«, oder noch offensiver: »No risk, no fun«. In einer Gesellschaft, die dem Bürger ein hohes Maß an Freiheit sowie an Entfaltungs-

und Gestaltungsmöglichkeiten bietet, sind die Risiken vielfältiger und folgenreicher als in einer unfreien Gesellschaft.

Gewiss, an den Freiheiten darf nicht gerüttelt werden, sie bilden den Kern unserer Wandlungsfähigkeit, ohne die wir im Zeitalter der Globalisierung scheitern müssen. Denn je weniger der Staat seiner Bevölkerung vorgibt, umso stärker kann sich innovatives Potential entfalten. Und umso größer wird der Kuchen, dessen Stücke auch an die Schwächeren der Gesellschaft verteilt werden können.

Doch mit der inzwischen als selbstverständlich empfundenen, immer weiter wachsenden Freiheit haben sich die Risiken nicht nur erhöht, sie haben sich auch verändert. In früheren Zeiten wurden Lebensrisiken in den Familienstrukturen abgefangen. Wer ernsthaft erkrankte, konnte froh sein, wenn er wieder gesund wurde. Wer ein stabiles Umfeld hatte, dem gelang dies eher als dem kleinen Tagelöhner oder dem Bergbauern. Wer so alt wurde, dass er keinem Tagwerk mehr nachgehen konnte, kam auf das Altenteil, wurde von der Familie versorgt und mit durchgefüttert. Als dieses alte Sicherungssystem nicht mehr griff, wurden im späten 19. Jahrhundert soziale Sicherungssysteme geschaffen, wie sie im Grundsatz seither bestehen. Man versicherte sich gegen die zentralen Risikofälle Krankheit und Unfall, seit 1927 gegen Arbeitslosigkeit und seit 1995 auch gegen Pflegebedürftigkeit. Hinzu kam eine Rentenversicherung, die eine Lohnersatzleistung nach Ende des aktiven Erwerbslebens garantierte. Freilich war der Versicherungsschutz in seinen Anfängen vor über hundert Jahren nicht sehr umfänglich und kam faktisch nicht sehr vielen Menschen zugute.

Heute sind die Leistungsgrenzen dieser Systeme erreicht. Demographische Entwicklungen, Veränderungen in der Arbeitswelt und Strukturwandel, Wissensintensivierung und Ausbau der Kapitalmärkte stellen andere Anforderungen an die Absicherungssysteme, bieten aber zugleich auch neue Gestaltungsmöglichkeiten. Die Fragen nach den Möglichkeiten und Grenzen privater Versicherbarkeit müssen neu und systematisch gestellt werden. Davon leitet sich auf der Basis einer sachlichen Einschätzung die Notwendigkeit eines staatlichen Eingriffs bei der Kompensation individueller und gesellschaftlicher Risiken ab. Nur vor diesem Hintergrund sollte man sich fragen, ob, wo und wie der Staat zu handeln hat.

Aus unterschiedlichen Perspektiven ergeben sich Grenzen der privaten Absicherung. Dies gilt zunächst für die Möglichkeit, sich mit privaten Versicherungen – also über Märkte – vor Risiken zu schützen. Die private Versicherung muss scheitern, wenn die Wahrscheinlichkeit eines Schadens gar nicht bekannt ist – was bei Kriegen, Naturkatastrophen oder auch Finanzkrisen gilt. Keine Versicherung wird hierfür attraktive Verträge anbieten können. Auch im Falle einer Versicherung gegen Terrorangriffe, die es ja durchaus gibt, erreichen die Prämien schnell derart astronomische Höhen, dass die Versicherung im Grunde zu einem individuellen Sparplan wird, den man besser selbst organisiert.

Private Versicherungsmärkte sind auch dann überfordert, wenn die individuellen Risiken nicht unabhängig voneinander sind beziehungsweise epidemisch auftreten – die Fachleute sprechen von Risikoinfektion. Ernteverlust durch Schädlingsbefall ist ein Beispiel dafür, konjunkturelle Arbeitslosigkeit kann ebenfalls angeführt werden. Häufig sind auch dann die Wahrscheinlichkeiten eines Risikofalls nicht zu berechnen oder die Schäden monetär nicht bewertbar. In diesen Zusammenhängen muss der Staat kompensatorisch eingreifen. Insofern wird die allgemeine Steuerzahlung auch zu einer Versicherungsprämie für Risiken der genannten Art.

Neben diesen Grenzen gibt es noch Funktionsbeschränkungen der Individualversicherung, die aus dem spezifischen Verhalten der Versicherungen wie auch der Versicherten resultieren können. Dazu gehört einerseits das sogenannte moralische Risiko (Moral Hazard), das auf Einflussmöglichkeiten des Versicherten auf den Schadensfall beruht. Dahinter steht eine asymmetrische Verteilung der bedeutsamen Informationen zwischen der Versicherung einerseits und dem Versicherten andererseits. So hat etwa die Vielzahl vorgetäuschter Fahrraddiebstähle dazu geführt, dass diese von der normalen Hausratversicherung nicht mehr gedeckt werden. Solche Beschränkungen des versicherten Risikos, dazu Selbstbehalte, Schadensfreiheitsrabatte oder Bonus-Malus-Systeme machen deutlich, dass Versicherungen viele Ungleichgewichte durchaus abfangen können.

Gänzlich anders ist die Situation, wenn Risiken derart groß werden, dass sie zu einer Überforderung der Einkommens- und Vermögenslage des Einzelnen führen. Dann muss letztlich die Allgemeinheit solche Risiken durch soziale Sicherungssysteme auffangen. Eine Möglichkeit, individuelle Risikoüberforderungen zu vermeiden, ist eine allgemeine staatliche Versicherungspflicht, wie bei der Kfz-Haftpflicht. Eine Versicherungspflicht kann auch an bestimmte Bedingungen geknüpft sein, so im Falle der Sozialversicherungen gegen Krankheit und Arbeitslosigkeit oder bei der Rentenversicherung, bei der jeweils nur abhängig angestellte Arbeitnehmer bis zu bestimmten Gehaltsgrenzen herangezogen werden. Falls zu viele Menschen sich entsprechende Versicherungen nicht leisten können, mag eine Versicherungspflicht durch steuerliche oder sozialpolitische Kompensationen der Prämien ergänzt werden. Schließlich kann es – wie bei Krankenversicherungen diskutiert – passieren, dass Versicherungen systematisch schlechte Risiken aussondern, weil eine risikoadäquate Prämiendifferenzierung nicht möglich oder nicht gewünscht ist. Dies kann die private Versicherungslösung grundsätzlich gefährden, wenn sich bei Durchschnittsprämien die guten Risiken sukzessive aus dem Vertrag verabschieden. Die Versicherung als Gefahrengemeinschaft würde durch diesen Prozess der fortlaufenden negativen Auslese letztlich auseinanderbrechen. Der Staat kann hier heilend durch eine Kombination aus Versicherungspflicht für die Bürger und Kontrahierungszwang für die Versicherungen reagieren.

Dort, wo der Staat zur besonderen Verantwortung aufgerufen ist, hat er – neben der allgemeinen Gefahrenabwehr – bei uns traditionell mit dem Instrument der Zwangsversicherung reagiert. Dies gilt – wie angeführt – für die Absicherung der großen Risiken Krankheit, Pflegebedürftigkeit und Arbeitslosigkeit, und es gilt auch für die Altersvorsorge. Dass auch die hierfür gewählte Form der Absicherung an Grenzen der Funktionalität stößt, zeigen beispielhaft die Erfahrungen der Kranken- und Arbeitslosenversicherung. Im ersten Fall wird seit vier Jahrzehnten versucht, der Ausgabendynamik Herr zu werden, was mangels unveränderter Anreizstrukturen gleichermaßen für Versicherte und Versicherungen nicht gelingt. Im zweiten Fall hat die Zweckentfremdung der Versicherungsbeiträge über Dekaden dazu geführt, dass die finanziellen Belastungen groß und die Wirkungen gering ausfielen. Erst die Reformen seit 2002 haben hier eine Wende zum Besseren eingeleitet.

Selbst wenn wir restlos alles versichern könnten, was theoretisch wünschenswert wäre, müssen die Grenzen der Umsetzbarkeit eines All-inclusive-security-Pakets ins Auge fallen. Sowohl die Kapazitäten der staatlichen Versicherungsmöglichkeiten als auch der privaten Versicherungsmärkte sind neu zu vermessen und zu unterscheiden. Die alte Zweiteilung mit ihren Zuständigkeiten gilt nicht mehr. Man denke nur daran, wie selbstverständlich sich heute niemand mehr allein auf seine staatlichen Rentenbezüge verlässt und sich längst zusätzlich privat absichert. Wenden wir uns deshalb der grundsätzlichen Frage nach den Möglichkeiten und Grenzen der Versicherbarkeit zu – auch aus historischer Perspektive.

Katastrophenszenarien und nicht versicherbare Risiken

Im Jahre 2006 führten Katastrophen zu einem finanziellen Gesamtschaden von weltweit fast fünfzig Milliarden US-Dollar, wobei neunzig Prozent durch Naturkatastrophen und nur zehn Prozent durch den Menschen direkt verursacht wurden. Mehr als 30 000 Menschen starben 2006 bei Erdbeben, Stürmen, Tsunamis, Taifunen, Überschwemmungen, Schlammlawinen und anderen Schreckensereignissen.

Apokalyptische Bilder werden indes auch für unsere Breiten als mögliche Folgen des Klimawandels entworfen: Hitzewellen und Dürrekatastrophen, Wassermangel und Überschwemmungen, Waldbrände und Tropenkrankheiten sollen Deutschland infolge der globalen Erderwärmung bereits in der näheren Zukunft heimsuchen. Im Moment steht das höchste Gebot auf die Klimaschäden für Deutschland bei 800 Milliarden Euro bis zum Jahr 2050 und gar bei 3000 Milliarden Euro bis zum Jahr 2100. Sicher wird auch dieses Horrorszenario bald schon wieder durch noch grauenhaftere Prognosen übertroffen werden. Bei derartig unvorstellbaren, gigantischen Summen haben es Panikmacher leicht, Ängste zu schüren und von der Politik durchgreifende, doch im Grunde lächerliche Verbote einzufordern. Mal sollen Kohlekraftwerke verboten werden, dann schnelle Autofahrten oder sogar private Flugreisen untersagt sein. Mal sollen Standby-Schaltungen bei Elektrogeräten geahndet werden, und mal die gute alte Glühbirne auf den Index.

Seit der Vertreibung aus dem Paradies ist die Geschichte der Menschheit ein ständiger beharrlicher Kampf gegen unendlich viele kleine und große, oft auch dramatische und gelegentlich existenzbedrohende Risiken. Bis heute hat die Menschheit diesen Kampf mit unglaublichem Erfolg bestanden. Immer wieder von neuem hat sie es geschafft, existentielle Risiken beherrschbar zu machen. Keine Naturkatastrophen, keine Hungersnöte und Versorgungskrisen, keine tödlichen Seuchen und Epidemien, keine kriegerischen Vernichtungsfeldzüge, nicht das Waldsterben und auch nicht das Ozonloch haben die Menschheit auf ihrem langen Weg zu stetig verbesserten Lebensbedingungen wirklich aufhalten können. Im Gegenteil: Aus jedem Rückschlag erwuchs wieder ein Fortschritt, jede Geißel der Menschheit brachte Ideen zu ihrer Bekämpfung hervor, und sogar jeder Krieg – der in der Antike als die Mutter aller Dinge galt – hat Innovationen beschleunigt, die auch die Friedenszeiten voranbrachten.

Je größer das Risiko, je bedrohlicher die Gefahr war, desto energischer haben sich die Menschen angestrengt, die existentiellen Nöte zu überwinden und zu überleben. Not hat schon immer erfinderisch gemacht. Mangel war für die Menschen seit eh und je der stärkste Anreiz, um Ressourcen schonender und besser zu nutzen und schneller nach neuen Technologien zu suchen. Immer wieder waren es gerade existenzbedrohende Risiken, welche die Menschheit ganz automatisch und vor allem ›von unten‹ zu Verhaltensänderungen sowie zu sozialen, wirtschaftlichen und technischen Innovationen angeregt haben. Und letztlich überhaupt erst zur Konstitution von Gesellschaft geführt haben. Ja, es ist wohl andersherum: Gerade weil der Einzelne den Alltagsrisiken nicht gewachsen war, haben sich Menschen zu Stämmen, Klans, Sippen und Schicksalsgemeinschaften zusammengeschlossen, um Lösungen für die elementaren Herausforderungen des Lebens zu suchen. Ohne expliziten Vertrag entstanden so erste Versicherungen zwischen den einzelnen Mitgliedern einer Gemeinschaft, sich in der Not zu helfen. Bald schon wurde ein Versicherungsschutz auch auf ganze Dörfer ausgeweitet und als Dienstleistung an Handeltreibende oder auch an fremde Kaufleute verkauft. Viel später erst in der Menschheitsgeschichte übernahm der Staat für viele Risiken die Rolle des Versicherers.

Bis heute gilt: Der Staat hilft uns einerseits die alltäglichen Risiken zu managen, indem Versicherungsmärkte organisiert oder gar substituiert werden. Der Staat ist andererseits dazu aufgerufen, uns im Falle nicht versicherbarer Risiken – seien es Naturkatastrophen oder Finanzkrisen – beizustehen. Durch diese elementare Kompetenz erhält er seine tiefere Legitimation. Die Gefahrenabwehr, die im Oktober 2008 weltweit mit Blick auf die Finanzmärkte praktiziert wurde, hat in diesem Sinne unter Beweis gestellt, dass die Staaten ihrer ureigenen Aufgabe als Versicherungsgemeinschaften nachzukommen vermochten.

Risikowahrnehmung zwischen Rationalität und Panikmache

Auch in der Gegenwart ist der Mensch zeit seines Lebens unendlich vielen Risiken ausgesetzt. Es gibt kleine Alltagsrisiken, wie jenes, den Zug zu verpassen, und große, wie das Wagnis, beim Extremklettern oder beim Überholmanöver auf der Autobahn das Leben zu verlieren. Es gibt Risiken, die nur Einzelne betreffen, und es gibt Risiken, welche die ganze Menschheit bedrohen, wie es beim Einschlag eines Asteroiden der Fall wäre. Es gibt vom Menschen weitgehend unabhängige natürliche Risiken, wie Erdbeben oder Wirbelstürme, und es gibt vom Menschen direkt verursachte, wie Bungee-Jumping oder Motorradfahren. Zwischen verschiedenen Risiken besteht eine Wechselbeziehung, die von Soziologen wie Niklas Luhmann als stetiges Zusammenspiel von Gefahren der Natur und Risiken menschlichen Verhaltens beschrieben wird: »Vor der Erfindung des Regenschirms gab es die Gefahr, nass zu werden, wenn man rausging. Es war gefährlich rauszugehen. Normalerweise hatte man in dieser Situation nur ein Gefahrenbewusstsein, kein Risikobewusstsein, weil es praktisch nicht in Betracht kommt, wegen der Möglichkeit, dass es regnen könnte, immer zu Hause zu bleiben … Durch die Erfindung des Regenschirms wurde das grundlegend anders. Man kann jetzt überhaupt nicht mehr risikofrei leben. Die Gefahr, dass man nass werden könnte, wird zum Risiko, das man eingeht, wenn man den Regenschirm nicht mitnimmt. Wenn man ihn aber mitnimmt, geht man das Risiko ein, ihn irgendwo liegen zu lassen« (zitiert nach Walter Krämer und Gerald Mackenthun, »Die Panik-Macher«).

Ob ein kommendes Ereignis als unabänderliche, gottgegebene Gefahr oder als von Menschen herbeigeführtes Risiko begriffen wird, ist zudem stark zeit- und ortsabhängig. In den Urzeiten der Menschheit waren in der Wahrnehmung der Betroffenen die meisten existenzgefährdenden Herausforderungen von höheren Mächten verursachte Gefahren und keine beherrschbaren Risiken. Seuchen galten als göttliche Rache für menschliche Verfehlungen oder gleich als Teufelswerk. Erst mit besserer Kenntnis naturwissenschaftlicher Zusammenhänge wurden aus unabänderlichen Gefahren erkennbare Risiken, die sich durch den Einsatz moderner Technik oder neuer Technologien bewältigen oder durch menschliche Verhaltensänderungen vermeiden ließen. Anders ausgedrückt: Je mehr die Menschheit weiß und je mehr sie kann, umso mehr werden aus ohnmächtig erlebten, religiös und moralisch gedeuteten Gefahren menschlich verursachte und ergo beherrschbare Risiken.

Erst die Erfindung des Regenschirms macht eben aus der Gefahr, nass zu werden, ein Risiko, das sich vermeiden lässt. In diesem Sinne ist es trivial und wenig überraschend, dass sich die Menschheit mit zunehmendem Entwicklungsstand über die Jahrhunderte von einer mehr oder weniger fatalistischen Gefahrengesellschaft zu der vom Soziologen Ulrich Beck so bezeichneten Risikogesellschaft gewandelt hat – und den Menschen der Neuzeit zu ständiger Angst vor fortwährend drohenden Risiken verdammt. Aber ebenso einfach ist dann scheinbar auch die Lösung: Da der Mensch selbst die Ursache der Risiken ist, muss er nur das Richtige tun und das Falsche lassen, um sie zu beherrschen.

Nicht zu übersehen ist spätestens seit Beginn der 21. Jahrhunderts die neuerliche Tendenz, Katastrophen wieder verstärkt mit dem Walten höherer Mächte zu erklären. So sahen nach dem Fall der Zwillingstürme nicht wenige Amerikaner den Teufel oder einen zürnenden Gott am Werke. Und auch der Tsunami im Dezember 2004 wurde häufig als grausame Rache dunkler Mächte etikettiert. Dieses Phänomen, das man als eine Variante der Dialektik der Aufklärung begreifen kann, ist unter anderem wohl auch als Reaktion auf die als übermächtig empfundene Komplexität der globalisierten Welt zu deuten. Da, wo es für große Ereignisse keine einfachen Erklärungen mehr gibt – was auch für die Finanzkrise gilt –, greift man nur allzu schnell zu alten Antworten und Verschwörungstheorien.

Im Zentrum einer ökonomischen Bewertungsfrage steht letztlich, was Schaden oder Nutzen bringt. Nicht alles, was für den einen schlecht ist, muss auch für andere negativ sein. So mag es durchaus einige geben, die sich darüber freuen, dass es dank der Erderwärmung demnächst auch in Deutschland angenehm warme Winter geben könnte. Vor allem zeigt dieses Beispiel, dass es eine gesellschaftliche Risikowahrnehmung gibt. Häufig bestimmen Meinungsmacher als Schiedsrichter darüber, ob die Folgen einer Veränderung gesellschaftlich positiv oder negativ zu bewerten sind. Es ist dann weniger die objektive Sachlage als vielmehr die subjektive Wahrnehmung, die in Ereignissen wie der Erderwärmung Risiken sieht, die nach öffentlichem Handeln verlangen. Walter Krämer und Gerald Mackenthun weisen in »Die Panik-Macher« eindrucksvoll nach, wie oftmals geringfügige Risiken zur Panikmache missbraucht werden: »Nicht die Risiken haben sich verschärft, sondern unser Blick für sie. Wachsende Risiken und Zivilisationsgefährdungen technischer Art sind nirgends feststellbar, das Gegenteil ist der Fall. Das Leben war noch nie so sicher, und es wird weiter an der Sicherheit gearbeitet, manchmal über den Punkt des Vernünftigen hinaus. Die Risikogesellschaft der Gegenwart ist eine Gesellschaft abnehmender Risiken bei wachsendem Risikobewusstsein und steigenden Sicherheitsansprüchen.« Und der Philosoph Odo Marquardt erklärt in seiner »Philosophie des Stattdessen« das oben beschriebene paradoxe Phänomen des sich wandelnden Blicks auf Risiken treffend mit der Formel: »Die Entlastung vom Negativen verführt zur Negativierung des Entlastenden.«

Hinzu kommt, dass Wissenschaft, Forschung und technische Innovation zunehmend Anlass zu kollektiver und individueller Sorge geben. Immer weniger scheint Fortschritt uns vor Irrtümern zu schützen oder offenkundige Missstände zu bewältigen. Indem Wissenschaft in immer unbekanntere und immer speziellere Themen und Sachräume vordringt, schwindet jedoch ihre für den Bürger nachvollziehbare Dringlichkeit, denn sie entzieht sich inzwischen ihrer Begründung durch bestehende Mängel und Irrtümer. Der Philosoph Hans Blumenberg hat für dieses seit den späten sechziger Jahren beobachtbare Phänomen den Begriff »Wissensüberdruss« geprägt. Allerdings: »Dies ist nicht das Ende, weil es den Verzicht auf Wissenschaft nicht mehr geben kann. Wenn so viel Wirkungen von Wissenschaft, gute und schlechte, erst einmal in der Welt sind, kann nur sie selbst noch das Instrument zu ihrer Bewältigung sein.« Die Formulierung »kritische« Wissenschaft kann als der Versuch gewertet werden, die unterstellten Gefährdungen der Welt durch eine vermeintlich ziellos gewordene Wissenschaft zu bändigen.

Es bleibt dabei: Menschen sind generell risikoscheu. Ein durch Risiko erlittener Verlust schmerzt stärker, als ein durch Risiko erzielter Gewinn erfreut. Deshalb wollen sich Menschen, soweit es eben geht, vor Risiken schützen. Neben wenig beeinflussbaren Lebensrisiken wollen zunehmend auch steuerbare Verhaltensrisiken abgesichert sein. Umfassender Versicherungsschutz erhöht den Handlungsspielraum und die Bereitschaft zur Innovation. Versicherungsschutz wirkt damit wohlfahrtssteigernd. Und von dieser Steigerung profitieren nicht nur die Versicherten, sondern die Gesellschaft insgesamt. So ist abzuwägen zwischen einem Stabilitätszuwachs als Bedingung für Neues einerseits und dem moralischen Risiko jeder Versicherung sowie der dadurch sich schwächenden stimulierenden Wirkung von Risiken andererseits.

Lebens- und Haftungsrisiken

Der amerikanische Ökonom und Nobelpreisträger für Wirtschaftswissenschaften Kenneth Arrow hat vorgeschlagen, man solle sich gegen restlos alle Risiken versichern, um frei zu sein von allen Unsicherheiten. Die dadurch gewonnenen Handlungsspielräume würden laut Arrow eine enorme Bereitschaft zur Innovation freisetzen. Ob dem wirklich so wäre, sei einmal dahingestellt. Tatsächlich ist der Vorschlag, sich gegen alles zu versichern, wie bereits festgestellt wurde, gar nicht zu realisieren.

Zudem muss differenziert werden, welche Risiken in welche Zuständigkeitsbereiche fallen. Dass in dieser Hinsicht die alten Zuteilungen längst in Bewegung sind, ist offensichtlich. Der Trend zu höherer Eigenverantwortung äußert sich unter anderem darin, dass die Leistungskataloge der Versicherungen immer dünner werden. Und wie gezeigt wurde, macht die stärkere Beanspruchung und Verantwortlichkeit des Einzelnen auch vor dem Thema Bildung nicht halt. So muss der einzelne auf seinen Lebensverlauf bezogen umfassender Vorsorge betreiben. Die Vorsorgemotive – Gesundheit, Pflegebedürftigkeit, Alter, Bildung und Arbeitslosigkeit – konkurrieren möglicherweise mit einem fixen Haushaltsbudget. Damit es dennoch gelingt, muss Klarheit bestehen über die Verantwortungsteilung zwischen dem Staat und dem Einzelnen. Diesen Klärungsprozess zu verzögern oder zu verhindern – ob aus guter Absicht, Naivität oder politisch-taktischem Kalkül – ist untragbar. Der Wandel zu mehr Eigenverantwortung ist eine globale, unumkehrbare Entwicklung. Die Akzeptanz und angemessene Reaktion auf diesen Trend zieht sich als Kontinuum durch alle derzeit relevanten gesellschaftlichen, politischen und sozialen Fragen. Sicherheit und Nachhaltigkeit werden mehr und mehr zu einem Thema des Individuums – welches aber stabile Rahmenbedingungen braucht, wenn nicht Anarchie und Verwahrlosung sich Bahn brechen sollen, auch und gerade in Fragen der Absicherung der Lebensrisiken. Staat und Privatsektor sind jedoch auch in Fragen der Versicherung nicht als unversöhnliche Gegner zu betrachten. Zuständigkeiten und Verantwortungen müssen allerdings neu gedacht und verteilt werden – von der Wiege bis zur Bahre. Früher waren es die Familien, die originäre Lebensrisiken absicherten. Später löste – freilich für eine historisch gesehen relativ kurze Periode – der Staat diese private Verantwortung in Gänze ab. Auch wenn der Staat heute auf keinen Fall aus der Pflicht entlassen werden darf, ist die Phase einer nahezu vollständigen öffentlichen Absicherung zentraler Lebensrisiken endgültig passé. Das Individuum muss seine Lebens- und Haftungsrisiken im Wesentlichen selbst tragen. Das aber kann nur über einen gut funktionierenden Kapitalmarkt möglich sein. Zudem haben sich die Themen der individuellen Verantwortung verändert und noch erweitert. Bildung und lebenslanges Lernen fallen heute zu Teilen ebenso in den Bereich der Selbstsorge wie Gesundheit, Pflege oder Mobilität.

Wie lassen sich aber Risiken definieren und in welche Kategorien festschreiben? Da gibt es einmal die originären Lebensrisiken, die wie Krankheit und Arbeitslosigkeit selten selbst zu verantwortende beziehungsweise meist externe Ursachen haben. Sind diese Fälle nicht versichert, droht dem Individuum Armut. Aber kann man sich gegen Armut versichern? Wäre es richtig, dass private Versicherungsmärkte originäre Lebensrisiken abdecken? Muss man nicht auch im Bereich der originären Lebensrisiken stärker differenzieren? Bei der Krankenversicherung etwa zwischen Rauchern und Nichtrauchern, Über- und Normalgewichtigen? Oder muss man nicht vielmehr trennen zwischen den privaten Versicherungsmärkten und staatlichen Instanzen, die elementare Lebensrisiken abfedern und sich um Gerechtigkeit und Existenzsicherung kümmern? Kann man festlegen, wo die Grenzen zwischen den elementaren Risiken und privat zu verantwortenden Haftungsrisiken liegen? Sollte die Existenzsicherung nicht Sache des Staates sein?

All diese Fragen sind nicht leicht zu beantworten, denn es geht hier nicht nur um die Grenzen der Märkte und den Umbau der Sicherungssysteme. Die Verschiebung der sozialen Absicherung in die private Verantwortung ist ja bereits in vollem Gange und unumkehrbar. Das Prinzip des lebenslangen Lernens und der Eigenverantwortung muss über einen gut funktionierenden Kapitalmarkt abgesichert sein. Die Gesellschaft wird nicht daran vorbeikommen, ob sie nun will oder nicht.

Auch wenn uns derzeit die Finanzkrise den Blick verstellt: In der Zukunft wird der Kapitalmarkt sogar wichtiger sein denn je. Wir werden einsehen müssen, dass die alte Logik des Hier und Jetzt, die man dem Kapitalmarkt zuschrieb, sich radikal wandeln wird. Künftig werden seine Funktionen Ver- und Absicherungen noch viel stärker mittragen, als wir uns das heute vorstellen können. Auch deshalb, weil es dazu gar keine Alternative gibt. Das Prinzip der Eigenverantwortung ist ohne funktionierende Kapitalmärkte nicht denkbar. Märkte werden die Nachhaltigkeit bieten, die familiäre und staatliche Instanzen nicht mehr leisten können.

Die Politik hat es in der Vergangenheit allerdings versäumt, diesen sich von der Versorgungsmentalität hin zur Selbstverantwortung bereits vollziehenden Paradigmenwechsel hinreichend deutlich zu machen. Stattdessen wurde beschwichtigt und weiterhin an den Ecken des maroden Systems herumgewerkelt.

Dennoch gibt es Grenzen und Grenzfälle der Eigenverantwortung und der Nachhaltigkeit. Es stellt sich die Frage, wie

Ordnungspolitik mit ›Verlierern‹ des Systems umgehen will und wie mit Verantwortung und Partizipationsgerechtigkeit umgegangen werden sollte. Auch dies sind Kernfragen des marktwirtschaftlichen Systems innerhalb einer freiheitlich demokratischen Grundordnung.

Exkurs: Wie die Alterssicherung mit den internationalen Finanzmärkten verwoben ist

Die gegenwärtige Finanzkrise hat unter anderem dazu geführt, dass viele einer privaten Absicherung der Langlebigkeit überhaupt nicht mehr vertrauen, sondern jede kapitalgedeckte Alterssicherung als ein waghalsiges Modell betrachten. Doch allein die Tatsache, dass der demographische Wandel, also der Bevölkerungsrückgang in vielen wohlhabenden Ländern und die relative Alterung vieler Gesellschaften, global höchst unterschiedlich verläuft, sollte uns ein deutlicher Hinweis sein, dass freien Kapitalmärkten eine unverzichtbare Ausgleichsfunktion zuwächst. Denn wenn Alterung überhaupt zu weniger Produktivität und mehr Konsum in einer Gesellschaft führt, dann bleibt dieser gar keine andere Wahl, als Teile ihres Kapitalstocks in dynamischeren Wirtschaftsräumen zu investieren. Eine private Absicherung des Alters wird dabei eine wichtige, aber sicher nicht die einzige Komponente sein. Insgesamt erlaubt ein Mischverfahren, also eine Kombination von staatlicher und privater Alterssicherung, das beste Krisenmanagement. Eine allgemeine Vermögensentwertung, wie wir sie zurzeit erleben, trifft alle Systeme der Alterssicherung, auch das Umlageverfahren. Schon deshalb steht wie immer am sichersten, wer die Risiken streut. Und gegenüber den Veränderungen produktiver und konsumtiver Geldströme in alternden Gesellschaften ist im Übrigen ein kapitalgedecktes Verfahren ebenso wenig neutral wie das derzeitige Umlageverfahren.

Es sollte nicht übersehen werden, dass die Entwicklung der

Finanzmärkte in modernen Volkswirtschaften auch durch den demographischen Wandel beeinflusst wird, der sich aus der Schrumpfung und der Alterung der Bevölkerung in zahlreichen Industrieländern (und künftig auch in Schwellenländern wie China) ergibt. Damit nimmt die Bedeutung der privaten Altersvorsorge und damit der internationalen Kapitalströme zu. Zugleich erfordert der strukturelle Wandel in der Bevölkerung eine gestärkte Innovationsneigung und -kraft, um die ansonsten drohende Belastung der gesamtwirtschaftlichen Produktivität zu mindern. Um daraus volkswirtschaftlich wirksame Investitionen und damit eine erhöhte Ausstattung der Gesellschaft mit Humansowie Sachkapital zu erzeugen, sind globale Investitionsfreiheit, effiziente Finanzmärkte und verantwortliche Finanzintermediäre erforderlich. Dies muss Ordnungspolitik bedenken.

Globalisierung, Risikomanagement und demographischer Wandel sind offenkundig nicht unabhängig voneinander zu sehen. So hängt die Fähigkeit, das Alterungsproblem zu bewältigen, von einer erfolgreichen Finanzmarktglobalisierung ab. Aus denjenigen Ländern, in denen das Durchschnittsalter der Bevölkerung besonders schnell steigt und im Zuge dessen die Erwerbstätigenquote sinkt, wird Kapital in andere Volkswirtschaften fließen müssen, die von diesem Prozess in geringerem Maße betroffen sind. Andernfalls blieben Kapitalintensitäten unausgewogen. Später, etwa an der Schwelle zum Ruhestand, werden die Bürger der alternden Staaten dieses Kapital verkaufen und die Verkaufserlöse (sowie eventuell die gesparten Zinseinnahmen) für die Finanzierung des Alterskonsums aufwenden. Wenn ein Wechsel der Strömungsrichtungen zu erheblichen Verwerfungen an den internationalen Finanzmärkten führt, dann besteht die Gefahr, dass diese als Ventile für die Effekte der Alterung diskreditiert werden. Es liegt dementsprechend im ureigenen Interesse der alternden Industrienationen, dass robuste globale Finanzmärkte existieren. Auch deshalb ist die Bewältigung der globalen Finanzkrise eine Frage der Zukunftssicherung.

Im Spannungsfeld von (Eigen-)Verantwortung, Partizipationsgerechtigkeit und Sanktion

Staat und Gesellschaft können die ›Verlierer‹ des marktwirtschaftlichen Wettbewerbs natürlich nicht vollständig für ihre Verluste entschädigen. Vielmehr müssen auch sie Verantwortung für ihr Handeln übernehmen. Dennoch hat sich eine ordnungspolitisch orientierte Politik um sie zu kümmern. Der Staat muss sicherstellen, dass jeder immer wieder eine faire neue Chance bekommt. Die Gemeinschaft hat die Verantwortung dafür zu übernehmen, dass fehlende Partizipationschancen nicht festgeschrieben, sondern immer wieder neu eröffnet werden. Nur wenn dies gelingt, kann die Marktwirtschaft funktionieren. Und nur dann wird sie effizient sein, wenn alle vorhandenen Ressourcen zum Einsatz kommen.

Das Prinzip der Partizipationsgerechtigkeit eröffnet jedoch weitere ethische Dimensionen, indem es die Basis für eine Ethik der Verantwortung schafft: Weil der Einzelne neue Chancen erhält, ist es auch gerecht, dass man ihm die Verantwortung für sein Handeln überträgt. Für das eigene Tun zu haften ist elementar für das Funktionieren freiheitlicher Ordnung und die Voraussetzung dafür, dass Menschen in Freiheit – und ohne Eingreifen des Staates – miteinander leben können. Da wir zumeist marktwirtschaftliche Transaktionen als wiederholbare Spiele begreifen, ist für die überwiegende Anzahl gesellschaftlicher Beziehungen und im privaten Umfeld diese Voraussetzung erfüllt.

Ganz gleich wo und wann: Ist der Zusammenhang zwischen Kompetenz und Haftung, oder weiter gedacht: zwischen Freiheit und Verantwortung, gelockert oder gar aufgelöst, entstehen stets fundamentale Probleme. Das gilt für die nicht zu Unrecht vielgescholtenen Finanzmarktakteure, die bei der Gestaltung ihrer Produkte keiner Selbstverpflichtung und Bindung unterlagen. Und es gilt sehr wohl auch für Manager, wenn deren vertraglich gewährte Kompensationsansprüche den Gedanken an Verantwortung schon im Keim ersticken. Das Prinzip der Haftung umfassend einzufordern gehört zum Kern der marktwirtschaftlichen Ordnung. Haftung bedeutet den Verzicht auf Ausbeutung und das Bekenntnis zur Fairness. Als notwendiges Korrelat der individuellen Vertragsfreiheit schafft Fairness die Grundlage, damit Vertrauen das Wirtschaftsleben prägen kann. Dieses Fundament darf nicht wackeln, es muss unbedingt stabil sein.

Wer fängt auf? Mindestlohn oder Kombieinkommen?

Zwar trifft zu, dass sich die Schere der Markteinkommen seit Mitte der 1990er weiter geöffnet hat. Der Sozialstaat vermag die wachsende Einkommenskluft jedoch auszugleichen. Der Unterschied bei den Nettoeinkommen zwischen reichen und armen Haushalten hat sich in den letzten Jahren kaum verändert und ist sogar seit 2006 leicht zurückgegangen. Dass sich die Einkommensschere geöffnet hat und in Zukunft noch weiter werden wird, ist weder eine Überraschung noch eine Bedrohung des Sozialstaats. Im Gegenteil: Wenn der Strukturwandel wirkt und Volkswirtschaften sich dynamisch verändern, zeigt sich zwangsläufig die unterschiedliche Anpassungsfähigkeit einzelner Menschen. Wenn alle im Stau stehen, spielt die Leistungsfähigkeit der einzelnen Autos keine Rolle. Sobald die Straße wieder frei ist, werden die Sportwagen schneller vorankommen als die kleinen Elektromobile. Genauso reagieren leistungsbereite Menschen rascher auf den Strukturwandel als ihre weniger anpassungsfähigen Kollegen. Um im Bild zu bleiben: Obgleich nach der Auflösung eines Staus alle wieder fahren und vorankommen, nehmen im Fahren auch unverzüglich die Ungleichheiten wieder zu, die es im Stop-and-go-Verkehr nicht gegeben hat.

Die unterschiedliche Anpassungsfähigkeit von Menschen

lässt die Einkommensschere weiter auseinanderklaffen. Diese Entwicklung durch Eingriffe in die Lohnfindung korrigieren zu wollen, beispielsweise durch Mindestlöhne für Geringqualifizierte oder durch die Einführung gesetzlicher Obergrenzen für Managerbezüge, ist der völlig falsche Weg. Die Arbeitsmarktpolitik sollte einzig darauf ausgerichtet sein, die individuelle Anpassungsfähigkeit aller zu verbessern. Sie soll für einen offenen und durchlässigen Arbeitsmarkt sorgen und dafür, dass sich alle entsprechend ihrer unterschiedlichen Leistungsfähigkeit einbringen können. Eine sich weiter öffnende Einkommensschere ist kein Unglück, sondern die Folge eines stärkeren Wachstums und damit eine Notwendigkeit für mehr Wohlstand für alle, also auch für die Schwächeren der Gesellschaft.

Der Sozialstaat sollte vielmehr die Nettoeinkommen und nicht die Markteinkommen, das heißt Mindesteinkommen und nicht Mindestlöhne im Fokus haben. Denn Mindestlöhne lösen Armutsprobleme letztlich nicht, im Gegenteil: Langfristig zerstören sie Beschäftigungschancen, und zwar ganz besonders jene der am geringsten Qualifizierten. Mindestlöhne schwächen den Kampf gegen mögliche Armutsrisiken eher, statt ihn zu befördern. Weder verringern sie das Armutsrisiko, noch sind sie für eine Grundsicherung erforderlich. Ein kluges System aus Steuern und bedarfsorientierten Transferzahlungen ist eindeutig besser dazu geeignet, die Armut in Deutschland zu verringern, als jeder zwar gut gemeinte, aber schlecht wirkende Eingriff in das freie Spiel der Lohnfindung. Entgegen der landläufigen Meinung war Hartz IV daher ein Schritt in die richtige Richtung.

Dennoch werden die Debatten um Mindest- und Höchstlohn mit großer Erbitterung geführt. Tatsächlich haben Mindestlöhne und Gehaltsobergrenzen – neben einer stets mitschwingenden Empörung – gemeinsam, dass sie eine politische Grenzziehung versuchen, die zugleich eine moralische ist. Die Frage nach dem gerechten Lohn ist ja keineswegs unsinnig. Aber wenn sie dazu missbraucht wird, einzelne Gruppen oder Personen im Sinne eines ethischen Verdikts aus der Gemeinschaft der ›Guten‹ auszuschließen, dann geht die Debatte in die völlig falsche Richtung. Die Politik dekretiert dann nicht nur bestimmte Vorstellungen über die Preisbildung am Arbeitsmarkt, sie definiert zugleich die Grenzen der Gemeinschaft: Wer ›zu viel‹ verdient, was immer das heißen mag, befördert sich damit quasi aus der Gesellschaft. Ohne Zweifel gibt es bestimmte Fehlentwicklungen an beiden Enden des Einkommensgefüges: sittenwidrige Minilöhne auf der einen Seite, dreiste Selbstbereicherung auf der anderen – Letzteres übrigens mehr bei Aktienoptionen, Bonuszahlungen oder Abfindungen, die in keinem Zusammenhang mit der Leistung für das Unternehmen stehen, als bei den Managergehältern selbst. Auch wenn wir es hier wohl häufig mit Kartelllöhnen zu tun haben, ist mit ethischen Etikettierungen allerdings wenig gewonnen. Denn wie so oft hilft Moral herzlich wenig dabei, Probleme effizient zu lösen. Nicht umsonst warnte der Soziologe und Systemtheoretiker Niklas Luhmann vor Übergriffen der Moral auf andere Systeme und bezeichnete deren Wirken als gefährliches Doping, das gesellschaftliches Fieber auszulösen imstande sei. Anders gesagt: Moralisierung verschärft Konflikte statt sie zu lösen.

Wenn es um die Kappung von Spitzeneinkommen geht, wird einmal mehr nur die Kaste der Topmanager ins Visier genommen. Niemand diskutiert dagegen öffentlich, ob die Einkommen von hochgehandelten Fußballstars oder horrende Filmstar-Gagen nicht mindestens so abstrus sind wie manche Managergehälter. Das legt den Verdacht nahe, dass sich hier ein kaum kaschierter Argwohn der Öffentlichkeit gegenüber der Marktwirtschaft regt. Im Umkehrschluss bedeutet solche Kritik an der Debatte um Managerbezüge freilich nicht, dass in den Führungsetagen nicht verstärkt über Fragen von Ethik und Verantwortung nachgedacht werden müsste. Selbiges funktioniert aber kaum per Verordnung. Gesetzlich festgelegte Höchstlöhne sind für grundlegende Debatten über Verantwortung und persönliche Haftung das falsche Signal.

Vom Fordern und Fördern ist nur noch das Fördern geblieben

Dass der Sozialstaat heute hilft, Armut zu verringern, bestätigt der jüngste Armutsbericht der Bundesregierung: Das sogenannte Armutsrisiko wird über den Anteil der Personen in Haushalten berechnet, deren bedarfsgewichtete Nettoäquivalenzeinkommen weniger als sechzig Prozent des Mittelwertes aller Personen betragen. Durch Umverteilungs- und Transfersysteme wurde die Quote des Armutsrisikos von 26 auf 13 Prozent halbiert. Damit gehört Deutschland zu den vier westeuropäischen Ländern mit dem geringsten Armutsrisiko und liegt auf einer Stufe mit skandinavischen Wohlfahrtsstaaten wie Finnland und Schweden. Angesichts der Größe und Heterogenität des Landes und der geringen Wachstumsraten bis zum Berichtsjahr 2005 ein beachtliches, in den Medien aber völlig verzerrt dargestelltes Ergebnis. Die Presse und nachfolgend auch Vertreter der Politik setzten sensationslüstern auf den Reizwert des Wortes Armut und stellten die Ergebnisse des Berichts (bewusst?) auf den Kopf. Frei nach dem Motto »Only bad news are good news« hieß es beinahe unisono, dass die Armut in Deutschland dramatisch zunehme. Damit wurde reflexartig die übliche Hysterie ausgelöst.

Faktisch liegen die Probleme ganz woanders: Im Vergleich mit den anderen OECD-Staaten weist Deutschland unter den Geringqualifizierten mit zwanzig Prozent die mit Abstand höchste Arbeitslosenquote und mit 52 Prozent eine der geringsten Erwerbstätigenquoten auf. Dieser traurige Befund steht im Wiederspruch zu einem arbeitsmarktpolitischen Leitbild, das einerseits Ernst zu machen versucht mit dem Fordern und Fördern, das also die Erwerbsintegration in den Mittelpunkt stellt, und das sich andererseits erklärtermaßen um eine systematische Anhebung des Bildungsniveaus bemühen will. Nur so lässt sich der Wissensintensivierung moderner Produktion Rechnung tragen.

Mit dem genannten Leitbild werden zwei Gerechtigkeitsziele angestrebt: die faire Chance des Einstiegs in den Arbeitsmarkt und eine glaubwürdige Perspektive des Aufstiegs durch Qualifizierung. Das ist freilich leichter gesagt als politisch umgesetzt. Die mit der Agenda 2010 verbundene Reform hat versucht, Integration in den Arbeitsmarkt zu fördern. Doch die bei einigen Hauptproblemgruppen wie Langzeitarbeitslosen, älteren Arbeitnehmern und ungenügend qualifizierten Jugendlichen langsam erkennbaren Erfolge haben bei der Politik paradoxerweise einen Rückzug ausgelöst. Es scheint so, als ob der Blick in die Realität schockiert. Dabei hätte es niemanden wundern dürfen, dass die genannten Qualifikationsmängel auch bei erfolgreichem Wiedereinstieg in den Arbeitsmarkt zunächst noch Transferbedarf auslösen. Nachdem die Agenda 2010 den Einstieg in den Arbeitsmarkt über eine Stärkung der Beschäftigungsdynamik für viele wieder möglich gemacht hat, müssen nun tatsächlich die Aufstiegschancen nachhaltig verbessert werden. Daher gilt es, das Bekenntnis zum Fördern und Fordern mutiger zu formulieren und zu bekräftigen, damit vom Fördern und Fordern nicht nur das Fördern übrigbleibt und wir wieder da landen, wo wir eigentlich heraus wollten: bei der reinen Versorgung der nicht Erwerbstätigen.

Allerdings muss die Bildungspolitik dafür nicht mehr nur in Feiertagsreden, sondern im Alltag der Politik eine Rolle spielen. Denn nur hier liegt die zeitgemäße Antwort auf die Frage nach der sozialen Gerechtigkeit. Mit rückwärtsgewandter, lediglich kurierender Sozialpolitik wird man in Zeiten der Globalisierung nicht erfolgreich sein können. Und schließlich ist auch das beruhigende Versprechen, die Menschen umfänglich vor den Risiken des Lebens abschirmen zu können, als Illusion zu enttarnen. Im Mittelpunkt der Politik muss indessen stehen, Menschen zur Bewältigung der Unwägbarkeiten des Lebens zu befähigen. ›Ermächtigung zur Selbstermächtigung‹, lautet die Formel der Zukunft. Deshalb muss die berufliche Qualifikation durch ein besseres Bildungsangebot gefördert werden. Der Kampf gegen die Abstiegsangst beginnt bei der Bildung und nicht beim Streit um Mindestlöhne oder um die angeblichen Zumutungen von Hartz IV.

Besonders das Prinzip des Förderns und Forderns wird immer wieder als Zumutung empfunden, legt es doch fest, dass nur derjenige, der tatsächlich bereit ist, einen Job zu suchen und anzunehmen, auch einen Anspruch auf Hilfe hat. Dieser Zusammenhang wurde schon als Zwangsarbeit diskreditiert. Das Leistungsversprechen der Gesellschaft muss für den Einzelnen verlässlich und einschätzbar, aber auch nachvollziehbar sein, sowohl hinsichtlich des Förderns wie auch des Forderns. Es darf deshalb kein Zweifel daran bestehen, dass Bürger sich mit einem Erwerbseinkommen immer besserstellen müssen als mit staatlichen Transfers. Es darf keine Negativanreize geben, die das Ausruhen auf zuverlässig sprudelnden Sozialtransfers nahelegen. Dass es gerecht ist und durchaus auch dem Prinzip der Haftung entspricht, bei deren Vergabe die Anstrengung des Empfängers einzufordern, akzeptieren viele jedoch nicht, vermutlich weil sie die Betroffenen als Opfer betrachten.

Abgesehen davon, dass in einer offenen Gesellschaft niemand auf Dauer Opferstatus beanspruchen kann, erkennen wir im heutigen Prekariat die Folgen politischer Fehler früherer Jahrzehnte. Dazu zählen der Verzicht auf Leistungsanspruch und individuelle Förderung im Bildungssystem sowie das gezielte Setzen von Fehlanreizen zur Verantwortungslosigkeit bei der sozialen Sicherung.

Zweite Chance: Fairness bei Ausstieg und Rückkehr durch Neuordnung des Insolvenzrechts

Eine Gesellschaft, die den Wandel bejaht und ihre Bürger zu Mobilität und Eigenverantwortung ermuntert, hat für Partizipations- und Chancengerechtigkeit zu sorgen. Dazu gehört, dass eine moderne, wandlungsfähige Gesellschaft sicherstellen muss, dass Chancen immer wieder von neuem ergriffen werden können und dass die Bürger – so sie willens sind – jederzeit ihr Leben (wieder) in die eigene Hand nehmen können, um ihm eine andere, möglichst bessere Richtung zu verleihen. Ein moderner Staat versorgt seine Bürger nicht mehr in der Tradition des Wohlfahrtsstaates, der Probleme und Bedürftigkeiten milderte und Not mittels Transferleistungen abfing. Sein erstes Interesse muss stattdessen darin liegen, dafür zu sorgen, dass jeder sich selbst versorgen kann.

Nicht das kurative Ausbessern und Abfangen wird künftig die Hauptaufgabe des Staates sein. Dieser Mechanismus gilt lediglich noch bei der Grundsicherung. Der Staat hat künftig jedoch vor allem dafür Sorge zu tragen, dass jeder Bürger zu jeder Zeit seine Chancen ergreifen kann. Dieses Prinzip gilt besonders im Bereich der Bildungspolitik. Hier muss das System weitaus flexibler und durchlässiger werden, als es bisher ist. Als Idealbild wäre vorstellbar, dass jeder Bürger mit der Geburt ein pralles Bildungs-Gutscheinbuch erhält. Die Gutscheine sind verschiedenen Lebensphasen zugeteilt, enden aber nicht mit dem Abschluss der Berufsausbildung.

Das Insolvenzrecht muss zudem jedem die Möglichkeit geben, sich zu entschulden, so dass er nach einiger Zeit finanziell wieder auf eigenen Beinen stehen kann. Andernfalls werden ›Verlierer-Biographien‹ zementiert und wird wirtschaftliches Scheitern zur unumkehrbaren Lebenskatastrophe. Damit ist letztlich niemandem gedient. Eine Insolvenz darf ebenso wenig ins Abseits führen wie Fehlentscheidungen in der Ausbildung oder im privaten Bereich.

Das Prinzip der Möglichkeit, jederzeit erneut Chancen ergreifen zu können, muss auch und gerade im persönlichen Krisenfall gelten. Wer ein Unternehmen gründen will, der wird natürlich vernünftigerweise auch im Auge haben, welche Konsequenzen ihm bei einem Scheitern drohen. Wenn aber dennoch

Bürger – aus welchen Gründen auch immer, ob als Unternehmer oder als Privatleute – im Wirtschaftsleben fehlschlagen, bedarf es angemessener Strukturen, damit sie eine weitere Chance erhalten und nutzen können.

Erste Schritte in die richtige Richtung wurden diesbezüglich bereits unternommen: Die seit Jahresbeginn 2008 rechtskräftige Novelle des Insolvenzrechts trägt ansatzweise erstmals dem Gedanken der ›zweiten Chance‹ Rechnung, indem die Restschuldbefreiung gesetzlich geregelt wurde. Auch die Einführung des Insolvenzplans soll dazu dienen, über einen frühzeitig gestellten Antrag den Konkurs zu verhindern. Allerdings greift die Restschuldbefreiung nur, wenn ein Insolvenzverfahren durchgeführt wurde, was häufig bei kleinen und jungen Unternehmen daran scheitert, dass die Mittel für die Verfahrenskosten fehlen. Hier sind deshalb unbedingt weitere Reformschritte – zum Beispiel in Anlehnung an das amerikanische Recht – geboten.

Stets bewegt sich die gesellschaftliche Kompensation dabei in einem Spannungsfeld: Auf der einen Seite darf sie den Menschen die Verantwortung nicht vollständig abnehmen, ansonsten würden sie beispielsweise einen Konkurs zu leichtfertig in Kauf nehmen. Auf der anderen Seite dürfen die Sanktionen aber auch nicht derart rigide sein, dass sie den Betroffenen die Zukunft verbauen.

IX.
Für ein anderes Verständnis von Freiheit und Gerechtigkeit

Gefühlt leben die Deutschen in einem zutiefst ungerechten Land. Laut einer Umfrage von TNS Emnid für »Reader's Digest« vom August 2008 halten 82 Prozent der Bürger das Steuersystem für ungerecht, 81 die Einkommensverteilung, je 73 das Rentensystem und das Gesundheitswesen, und 65 Prozent von ihnen befinden, die Familien in Deutschland würden ungerecht behandelt. Zudem wächst die Anzahl derjenigen, die das wirtschaftliche System in der Bundesrepublik als ungerecht beurteilen: Einer regelmäßigen Erhebung des Instituts für Demoskopie Allensbach zufolge stimmten im Juni 2008 dieser Aussage 73 Prozent der Befragten zu. Im Jahr zuvor waren es 56, und selbst in den Boomjahren der New Economy 2000/2001 hielten 47 Prozent unsere Wirtschaftsordnung für ungerecht. 73 Prozent meinen, die Bundesregierung tue zu wenig für die soziale Gerechtigkeit, und vier von fünf Deutschen glauben, »dass die meisten Politiker sich gar nicht für die Probleme der einfachen Leute interessieren«.

Fragt man die Deutschen allerdings nach ihrer eigenen Situation, dann steht es um ihr Empfinden in punkto Verteilungsgerechtigkeit deutlich besser. Laut Allgemeiner Bevölkerungsumfrage der Sozialwissenschaften (ALLBUS) sind nämlich sechzig Prozent der Meinung, dass sie ihren gerechten Anteil am Wohlstand erhalten. 32 Prozent fühlen sich leicht, 8 Prozent stärker benachteiligt. Auch diese Werte sind hoch, doch der Temperaturunterschied zwischen gefühlter und persönlich erlebter Ungerechtigkeit ist gewaltig.

Wenn wir also in diesem Buch gegen die verbreitete gefühlte Ungerechtigkeit argumentieren und einer eingefahrenen Ideologie sozialer Gerechtigkeit eine klare Absage erteilen, dann mag das für viele die Gefahr bergen, wir wollten einen breiten gesellschaftlichen Konsens aufkündigen. Eine solche Wahrnehmung würde uns nicht einmal verwundern, kennen wir doch die allgemeine Neigung der Deutschen, den einmal erreichten Standard sozialer Absicherung zur historischen Errungenschaft zu verklären und ihn folglich mit einer Ewigkeitsgarantie ausstatten zu wollen. Ein vernünftiger sozialer Ausgleich ist Teil von Ordnungspolitik, schlicht, weil die soziale Marktwirtschaft ohne ihn nicht funktioniert. Wir wollen jedoch die Verkrustungen einer verfehlten Sozialstaatsideologie aufbrechen. So wie jeder Lebensbereich, jedes Feld der Politik, jede Gestaltung des gesellschaftlichen Miteinanders der gelegentlichen Überprüfung bedürfen, gilt dies auch für die Sozialpolitik und ihren Überbau.

Abschied zu nehmen von der Ideologie sozialer Gerechtigkeit bedeutet nicht, über bestehende Ungerechtigkeiten und Mängel unseres Systems ignorant hinwegzusehen. Wir plädieren für ein neues Verständnis sozialer Gerechtigkeit, eines, das den Bedingungen der modernen Massengesellschaft und dem demographischen Wandel ebenso Rechnung trägt wie den Bedingungen des globalen Standortwettbewerbs. Denn diese Voraussetzungen werden weder gerechter Zorn noch guter Wille aus der Welt schaffen. Jedem Bürger sollte klar sein: Wirtschaft, Wettbewerb und Arbeitswelt werden auch weiterhin anstrengender und unbequemer. Weniger denn je können wir uns auf Tradiertes verlassen. Doch wir müssen den Wandel nicht fürchten, sondern können ihn – wie wir deutlich zu machen versucht haben – selbstbewusst annehmen und als Chance begreifen.

Wir haben zu Beginn dieses Buches beschrieben, warum der verbreitete Unmut über, ja der Widerstand gegen den Prozess der Globalisierung, warum die Schwierigkeiten der Bürger mit der Ordnung der Freiheit so hartnäckig sind: Sie sind tief in der konservativen Natur des Menschen verankert, und sie sind aus historisch-kulturellen Gründen in Deutschland besonders hartleibig prägend. Jedes Plädoyer für die Chancen raschen und dynamischen Wandels stößt daher auf mentale Hürden. Dabei geht es weniger um die durchaus vorhandene Bereitschaft der Menschen, Risiken zu tragen, sondern vielmehr um ihre grundsätzliche Wandlungsträgheit und ihre Neigung, auf Bekanntes als Orientierung zu setzen.

Hannah Arendt hat in ihrem Werk »Vita activa«, das uns schon zum Einstieg in dieses Buch geleitet hat, darauf hingewiesen, dass die Beherrschbarkeit der Lebenswelt für den Einzelnen die Verlässlichkeit und die Berechenbarkeit von bestimmten als elementar bewerteten Strukturen voraussetzt. Deren Dauerhaftigkeit, so Arendt, sollte länger sein als die Zeit, die notwendig war, um sie zu schaffen. Man mag dies auch als eine anthropologische Bedingung für das gesellschaftliche Miteinander bewerten. Unsere Absage an soziale Gerechtigkeit im Sinne möglichst umfassender staatlicher Versorgung stellt sich genau diesem Befund.

Wenn das Tempo von Wettbewerb und Wandel viele Menschen überfordert, dann ist es im höchsten Maße unsozial, die möglichen ›Verlierer‹ dieses Wandels zurückzulassen – und sie dafür mit Sozialtransfers finanziell zu entschädigen. Ein zukunftsfähiges Verständnis sozialer Gerechtigkeit setzt genau aus diesem Grund in erster Linie auf Bildungspolitik statt auf Sozialpolitik und auf offene Märkte statt auf Verteilungspolitik. Denn allein Bildung stärkt die Fähigkeit des Einzelnen, mit Veränderungen, Verunsicherungen und mit Unbequemlichkeiten im öffentlichen Raum umzugehen. Deshalb reden wir – anders als Polemiken gegen eine soziökonomische Perspektive in der Bildungspolitik gerne glauben machen – auch keinem verengten, nutzwertorientierten Bildungsbegriff das Wort. Sicher ist Bildung, vor allem in den höheren Stufen, zu großen Teilen Berufsqualifikation und muss sich von daher den Anforderungen des Arbeitsmarktes stellen. Doch zunächst ist Bildung die Voraussetzung dafür, dass der Mensch sein Leben eigenverantwortlich in die Hand nehmen kann. Und indem sie Orientierung in einer komplexen und sich schnell verändernden Welt ermöglicht, ist sie zugleich die Voraussetzung dafür, dass jeder bereit und in der Lage ist, sich an der Gestaltung der sozialen und politischen Rahmenbedingungen des Wandels zu beteiligen. Hier ist ein wahrhaft starker Staat an erster Stelle gefordert – nicht als Umverteilungsagentur und schon gar nicht als Bollwerk gegen vermeintliche Zumutungen der Globalisierung. Ein wohlverstandenes Konzept sozialer Gerechtigkeit darf nicht primär auf die Korrektur der Folgen einer freiheitlichen Ordnung zielen, sondern muss vor allem deren Voraussetzungen im Blick haben. Das heißt: Es geht um die Stärkung der Freiheits- und damit zugleich der Verantwortungsfähigkeit des Einzelnen.

Das dürfte den zweiten kritischen Reflex auslösen. Denn Freiheit hat für sich genommen kaum noch Strahlkraft. Viele Umfragen machen dies deutlich, und die Diagnose gilt keineswegs nur für die neuen Bundesländer. Doch woran liegt es, dass der Aktienkurs der Freiheit relativ schnell fällt, wenn persönlicher Wohlstand und gefühlte Gerechtigkeit spürbar unter den Druck notwendiger wirtschaftlicher Anpassungsprozesse geraten? Es liegt unseres Erachtens daran, dass der Mensch seine Freiheit nicht einfach hat, sondern sie ständig erringen – und vor allem nutzen – muss. Anders gesagt: Freiheit ist zunächst kein Konsum-, sondern ein Investitionsgut. Man muss sich zur Ordnung der Freiheit bekennen und die dafür jederzeit erforderlichen Anstrengungen akzeptieren, um sie nachhaltig genießen zu können.

Ohne eine begründete, zumindest eine diskutable eigene Meinung etwa hat niemand etwas von der Meinungsfreiheit. Wem der Wille oder die Voraussetzungen fehlen, informative und kritische Medien zu nutzen, der wird auf die Pressefreiheit wenig geben – und für die Mühen wirtschaftlicher und politischer Gestaltung bald nur noch Verachtung übrig haben. Wer nicht in der Lage ist, die Voraussetzungen seines persönlichen Wohlstands zu erarbeiten, der begrenzt seine Entscheidungsspielräume als Bürger wie als Konsument. Denn Reisefreiheit ist ohne Urlaubsbudget oder dienstliches Spesenkonto wenig wert. Wer sich wenig leisten kann, der hat auch wenig von der Freiheit, zu konsumieren, wonach ihm der Sinn steht. Ganz zu schweigen davon, dass geringe Bildung und niedriges Einkommen schnell vergessen lassen, dass die Freiheit von Religion, Wissenschaft oder Kunst nicht allein Pfarrern, Forschern, Dichtern oder Skandalregisseuren nutzt, sondern der freien Entfaltung der Gesellschaft insgesamt.

Mit einem Wort: Freiheit ist nicht unbedingt bequem, und Freiheit hat durchaus anspruchsvolle Voraussetzungen. Das Bekenntnis zur Freiheit, so Ralf Dahrendorf, fordert »die Bereitschaft, mit den Widersprüchen und Konflikten der menschlichen Welt zu leben«. Es erfordert eine »leidenschaftliche Hingabe an die Vernunft als Instrument der Erkenntnis und des Handelns«. Und es erfordert die Kraft, Emotionen hintanzustellen und Vorurteile zu negieren. Die Welt der Vernunft – zu der die marktwirtschaftliche Ordnung zählt – wird allein deshalb für viele zu einer Zumutung.

Die unter Rot-Grün eingeleitete und unter Schwarz-Rot teilweise weitergeführte Reformpolitik konnte trotz aller unbestreitbaren Erfolge die pessimistische Stimmung in der breiten Öffentlichkeit nicht auflösen. Gängige Klischees über die vermeintliche Ungerechtigkeit der wirtschaftlichen und gesellschaftlichen Verhältnisse werden von Bürgern wie von Meinungsmachern unvermindert hartnäckig gepflegt. Das hängt nach unserer Einschätzung auch mit der Halbherzigkeit des Reformkurses zusammen. Wenn man einen Paradigmenwechsel zugunsten von Freiheit, Verantwortung und Leistung einläuten will, dann muss man dies nicht nur behaupten, sondern auch handeln und entsprechend kommunikativ begleiten. Doch das ist nicht geschehen. Schlimmer noch: Mit zunehmendem zeitlichen Abstand will keiner mehr so recht die Verantwortung für die Reformen tragen, und spätestens seit 2007 wurde teilweise sogar der Rückwärtsgang eingelegt. Mit einem derartigen Schlingerkurs kann man natürlich niemanden überzeugen. Und erst recht kann man so keinen offenen Dialog über die Anforderungen der Freiheitsgesellschaft, über die Rolle des Staates und über ein neues Verständnis sozialer Gerechtigkeit führen. Es ist als das große Versäumnis der schwarz-roten Bundesregierung zu werten, dass die angesichts ihrer breiten Mehrheit mögliche Debatte über gesellschaftliche Grundorientierungen nicht geführt, schlimmer noch: nicht einmal zugelassen wurde. Nur wer selbst Orientierung hat, vermag anderen zu helfen, Orientierung zu finden. Wir haben Sozialkapital verbraucht, ohne in neues zu investieren.

In der Finanzmarktkrise des Herbstes 2008 hat die deutsche Politik und haben die führenden Wirtschaftsnationen der Welt schnell, entschlossen und weitgehend überzeugend gehandelt. Der Staat hat seiner ureigenen Verantwortung entsprochen. Eine nicht zu Unrecht befürchtete zerstörerische ›Kernschmelze‹ des Weltfinanzsystems konnte so, anders als 1929, verhindert werden. Angesichts der weltweiten Rezession werden auch in nächster Zeit ein starker, handlungsfähiger Staat und funktionierende internationale Strukturen gefordert sein. Der Staat kann und darf notwendige Anpassungsprozesse nicht verhindern, und er wird ihre Folgen, etwa den Verlust von Arbeitsplätzen in bestimmten Branchen oder Unternehmen, auch nicht vollständig auffangen können. Die Politik kann diese Anpassungen nur begleiten und in möglichst geordnete Bahnen lenken.

Indes wird es nicht gelingen, die Ordnung der Freiheit nur durch den Staat und die von ihm zu verantwortenden Regelwerke stabilisieren zu wollen. Hier sind die wirtschaftlich Verantwortlichen auch persönlich gefordert, ebenso wie jeder einzelne Bürger, sei es als Arbeitnehmer, als Sparer oder als Konsument.

In jedem Lebensbereich gibt es Spielregeln des Anstands, die das Miteinander jenseits der Gesetze regeln. Zudem sind wir alle immer schon Teil des von Hannah Arendt beschriebenen und eingangs unserer Überlegungen bemühten »öffentlichen Raums« – jener der Allgemeinheit zugewandten Lebenssphäre, die das umfasst, was allen Individuen gemeinsam ist, und die auch nicht auf der ausschließlich persönlichen Wahrnehmung einzelner Personen beruht. Es sei das Besondere von Öffentlichkeit, darauf wollen wir erneut Bezug nehmen, eigene wie andere Positionen relativierend durch die Augen der anderen zu sehen. Die Gestaltung des öffentlichen Raumes fordere alle, die ihn betreten, und sie ziele darauf, »Gemeinsames dauerhafter machen zu wollen als das irdische Leben des Einzelnen«. Diese soziale Verantwortung ist der Kern gelebter politischer Demokratie. Freiheitliche Demokratie und freie Marktwirtschaft ruhen im Kern auf demselben Ideal: der Idee der verantworteten Freiheit.

Der öffentliche Raum der Freiheitsgesellschaft ist heute in seinen Grundfesten umkämpft. Die hohe Wandlungsintensität unseres Lebens unter den Bedingungen fortschreitender internationaler Arbeits-, Wissens- und Risikoteilung lässt die Fundamente unserer Ordnung für viele in einem neuen, mitunter zweifelhaften Licht erscheinen. Die Kraft zu einem der Sache angemessenen Urteil und die Sicherheit der normativen Orientierung im Miteinander sind geschwunden. So kann niemand darüber hinwegsehen, dass – wie ganz zu Beginn unserer Überlegungen erwähnt – mit dem Ausgang des 20. Jahrhunderts »die große Freiheit der offenen Gesellschaften (...) zugleich die große Unsicherheit von Gesellschaften ist, denen ein Halt in vertrauten Bindungen verlorenzugehen droht«, so Ralf Dahrendorf. Der Verlust und der dadurch entstehende merkliche Mangel an Sozialkapital – vor allem an Vertrauen in Institutionen und Akteure – haben deshalb an Schärfe gewonnen. Gerade in Umbruchzeiten, in denen Institutionen in die Krise geraten und Haftungsstrukturen zu zerfallen drohen, wächst der Bedarf an Moral und an expliziten ethischen Standards in allen öffentlich wirksamen Handlungsbereichen, um die Ordnung der Freiheit zu stabilisieren.

Unser Werben für einen Abschied vom tradierten Verständnis sozialer Gerechtigkeit stellt allerdings auch viele als ethisch wertvoll bewertete Positionen in Frage. Kein Gebiet der Politik ist so anfällig für moralische Verengungen und Überhöhungen von Interessen, die auf diese Weise gegen jeden Einwand als »gerecht« immunisiert werden sollen, wie die Wirtschaftspolitik und die Sozialpolitik. Nirgendwo treten an die Stelle eines rationalen öffentlichen Diskurses so schnell Empörung und Verdammung. Damit werden Stimmungen und latente Wünsche der Massengesellschaft bedient. Denn, so noch einmal Hannah Arendt, »was die Massen sich weigern anzuerkennen, ist die Zufälligkeit, die eine Komponente alles Wirklichen bildet. Ideologien kommen dieser Weigerung entgegen, sofern sie alle Tatsachen in Beispiele vorweggenommener Gesetze verwandeln und alle Koinzidenz eliminieren durch die Annahme einer aller Einzelheiten umfassenden Allmächtigkeit.«

Das Problem falscher Moralisierungen ist, dass sie komplexe Sachverhalte und Problemlagen auf den simplen Gegensatz von Gut und Böse, Gerecht und Ungerecht oder ›Akzeptabel‹ und ›Inakzeptabel‹ reduzieren. Damit blockieren sie die Diskussion gesellschaftlicher Fragen mehr, als dass sie zu ihrer Lösung beitragen. Darüber hinaus heizen die Protagonisten moralisch aufgeladener Debatten soziale und politische Konflikte emotional extrem auf, indem sie vorzugsweise Verdikte und Appelle an die Stelle nüchterner Analysen und sachlicher Lösungsvorschläge setzen. Auf diesen Punkt hat der Soziologe Niklas Luhmann mehrfach hingewiesen: Selbst wer mit den allerbesten Absichten versucht, unter Rekurs auf Moral Konsens zu stiften, verschärft aufgrund der Rigidität moralischer Kategorien meist den ursprünglichen Konflikt. Und – so Joseph Kardinal Ratzinger 1985 – »eine Moral, die die Sachkenntnis oder Wirtschaftsgesetze überspringen zu können meint, ist nicht Moral, sondern Moralismus, also das Gegenteil von Moral«. Das zu akzeptieren wird vielen Moralisten nicht gefallen, es ist indes unabdingbar.

Gewiss, keine Gesellschaft kommt ohne normative Grundorientierungen und ohne Regeln aus. Denn nur indem die Bürger sich aufgrund entsprechender innerer Überzeugungen anständig verhalten, schaffen sie die Voraussetzung dafür, sich auf dem Markt mit einem Mindestmaß an gegenseitigem Vertrauen begegnen zu können – und zwar auf dem Markt im Sinne des griechischen Begriffs der Agora, also dem Ort wirtschaftlichen und politischen Handelns.

Doch gerade weil individuelles Verhalten normative Orientierung braucht, ist Moral in unserer hochkomplexen modernen Gesellschaft letztlich unpolitisch. Anders gesagt: Obwohl moralisches, erst recht natürlich unmoralisches Handeln Folgen im politischen Raum zeitigt, müssen moralischer und politischer Diskurs auseinandergehalten werden. Denn wer einen allzu moralisch getränkten Begriff des Politischen hegt, der begreift im Grunde nicht Politik, die sich notwendig im Wechselspiel von Konflikt und Kompromiss vollzieht, als Gestaltung des öffentlichen Raums. Sondern er sieht in ›den Politikern‹ Verwalter oder gar rücksichtslose Lobbyisten von partikularen, am Ende gar von persönlichen Interessen.

Diese Haltung weckt nicht den Wunsch nach politischer Teilhabe, sie erzeugt Politikverdrossenheit: ›Die da oben‹ interessieren sich nicht für die Probleme der ›kleinen Leute‹, weil sie damit beschäftigt sind, ihre Schäfchen und die Privilegien der hinter ihnen stehenden Interessengruppen ins Trockene zu bringen. Als Bürger politisch denken und handeln kann freilich nur, wer seine eigene, meist beengte Perspektive relativiert. Nur so sind Menschen mit individuellen Interessen und Meinungen in der Lage, gesellschaftliche Konflikte nicht nur auszuhalten, sondern über die ihnen geeignet erscheinenden Formen politischer Teilhabe zu deren Lösungen etwas beizutragen. Und nur so eröffnet sich eine Perspektive von Pluralität, die mit den geläufigen Vorstellungen von Gleichheit wenig gemein hat.

Dies setzt – wie wir ganz zu Beginn unserer Überlegungen beleuchtet haben – voraus, dass der Unterschied zwischen Privatheit und öffentlichem Raum nicht verwischt wird. Sonst werden nämlich auch die Grenzen der Verantwortung verzerrt. Die Bedingungen der privaten Lebenssphäre werden in die Öffentlichkeit verlängert, was wir vielfach beobachten können. Im öffentlichen Raum kommen wir so nicht zu angemessenen Lösungen und zu einem fairen Miteinander. Schon die Chance zur unverklemmten und offenen Kommunikation wird dadurch schnell verbaut. Denn die Gewissheit der höheren Gefühle führt allzu rasch zur Verteufelung der Position des anderen. Dass unsere Gesellschaft tatsächlich in immer stärker voneinander abgeschottete Kommunikationsräume zerfällt, hat entscheidend auch damit zu tun. Das entschwundene Bewusstsein über die notwendige Grenzziehung zwischen Privatheit und Öffentlichkeit – oder zwischen Gefühl und sachbezogener Rationalität – hat eine neue Grenze gezogen, die unsere Kommunikationsmöglichkeiten beschränkt. Unser Buch soll deshalb zu neuer Nüchternheit einladen, die Überbetonung des Privaten im öffentlichen Raum relativieren und einen offenen Diskurs befördern.

Wird Politik im Arendt'schen Sinne als der Versuch verstanden, in einer Welt des Zufalls und ergo begrenzter Prognostizierbarkeiten »Gemeinsames dauerhafter machen zu wollen als das irdische Leben des Einzelnen«, dann ist »der Sinn von Politik Freiheit«: Der Mensch kann handeln, stets neu anfangen und Initiativen ergreifen. »Das Wunder der Freiheit liegt in diesem Anfangen-Können beschlossen«, so Arendt in ihrem Aufsatz »Was ist Politik?«.

Die Aufgabe von Politik ist es, den gesellschaftlichen Umgang von Unterschiedlichen – nicht von Gleichen – zu organisieren und zu regeln, die sich dennoch als Gleiche begegnen sollen. Der scheinbare Widerspruch zwischen Ungleichheit und Gleichheit löst sich auf, wenn man die verschiedenen Kontexte beachtet. Ungleichheit ist Ausdruck der Unterschiedlichkeit der Menschen hinsichtlich ihrer Fähigkeiten, Begabungen und Präferenzen. Diese Ungleichheit einebnen zu wollen kann sich nur eine ideologisch verklemmte, ja totalitäre Politik erdreisten. Die Gleichheit der Individuen bezieht sich dagegen auf ihren Anspruch auf Teilnahme am friedlichen Dialog zur Regelung aller öffentlichen Angelegenheiten. Politische Teilhabe impliziert das Recht, eigene Interessen zu verfolgen und im gesellschaftlichen Diskurs eigene Positionen und Meinungen vorzubringen, mit dem Ziel, andere von ihnen zu überzeugen. Zu beidem gehört freilich auch die komplementäre Bereitschaft, im Sinne des Gemeinwohls gelegentlich von eigenen Interessen abzusehen, sowie die Bereitschaft und die Fähigkeit, sich ab und an von anderen überzeugen zu lassen – sich also notfalls »dem zwanglosen Zwang des besseren Argumentes« (Jürgen Habermas) zu beugen.

Eine Politik, die gleiches Recht auf Teilhabe auf die unvermeidbare Unterschiedlichkeit der Fähigkeiten und Präferenzen der Menschen bezieht, läuft Gefahr, die Gleichheit im öffentlichen Raum zu vernichten. Wir haben es – so Arendt – nicht mit dem Menschen im Singular, sondern mit den Menschen im Plural zu tun. Eine Gesellschaft darf sich deshalb auch nicht vom Versuch leiten lassen, gefühlte Ungerechtigkeiten korrigieren zu wollen. Sie muss Ungleichheit aushalten, wenn sie die Freiheit sichern will.

Politik gehört zur Ebene der »Vita activa« im Arendt'schen Sinne – ein Handeln im öffentlichen Raum, in dem die Menschen frei miteinander umgehen und sich in öffentlicher Rede und Gegenrede um das Wohl ihrer Gemeinschaft sorgen und mühen. Die zentrale Bedeutung der Bildung für die Befähigung zur Freiheit und zur Verantwortung ist von daher offenkundig. So verstehen wir soziale Gerechtigkeit als erfüllt, wenn alle, die guten Willens sind, im skizzierten Sinne an der Gestaltung des öffentlichen Raums teilzunehmen, dies auch vermögen. Dafür hat der Staat als starke Institution die Voraussetzungen zu schaffen – zunächst indem er den Wettbewerb sichert, dann indem er jedem die aussichtsreiche Teilnahme am Wettbewerb ermöglicht, sodann auch indem er die negativen Folgen des Wettbewerbs korrigierend abfedert. Dahinter steht die Einschätzung, dass die politische, die gesellschaftliche und die ökonomische Freiheit des Bürgers untrennbar miteinander verbunden sind – als Freiheit in Verantwortung und als Verantwortung aus Freiheit.

X. Epilog

Während wir die Druckfahnen korrigieren, droht die deutsche Wirtschaft in die tiefste Rezession in der Geschichte der Bundesrepublik abzurutschen. Der Ausblick auf die weltwirtschaftliche Entwicklung ist wenig erbaulich, die tektonischen Verschiebungen an den Weltfinanzmärkten haben an den Grundfesten unserer Wirtschaftsordnung wie an denen der Globalisierung gerüttelt. Pessimismus grassiert, und zwar bei Unternehmen und Bürgern gleichermaßen. Die Angst vor einem rasanten Anstieg der Arbeitslosenzahlen nimmt zu.

Die Wirtschaftspolitik reagierte auf den im September 2008 eingetretenen rezessiven Abbruch geraume Zeit unschlüssig und ängstlich. Zu lange verkannten die Verantwortlichen, dass bei allen Wirkungsbegrenzungen Dinge durch rechtzeitiges, konsequentes und international koordiniertes Handeln hätten zum Besseren gewendet werden können. So steht hinter jeder Prognose immer auch die Aufforderung, wirtschaftspolitisch zu reagieren. Ob dies konsequent erkannt und umgesetzt wird oder nicht, in jedem Fall werden die Sorgen um die wirtschaftliche Zukunft den kommenden Bundestagswahlkampf bestimmen. Welche Partei wird die besten, welche die populärsten Antworten auf die drängenden Fragen einer verunsicherten Bevölkerung haben? Welche Angebote für den Staat der Zukunft werden Zuspruch erhalten? Wird es zu einem Wettlauf um Gerechtigkeit kommen?

In vielen Sitzungen haben wir im Berliner Büro des Instituts der deutschen Wirtschaft Köln gemeinsam gerungen, um unser

Plädoyer für einen neuen Gesellschaftsvertrag in eine gut lesbare Form zu bringen. Das vorliegende Ergebnis soll helfen, einen zukunftsweisenden Weg für die deutsche Wirtschaftspolitik zu finden. Wir wollen ordnungspolitische Leitlinien abstecken, an denen sich eine längerfristige Grundsatzdiskussion orientieren kann. Denn ungeachtet des momentan alles überlagernden Konjunktureinbruchs bleiben die großen strukturellen, demographischen und gesellschaftlichen Herausforderungen für die Zukunft unverändert bestehen. Die Rezession wird bestenfalls im Laufe dieses Jahres, schlimmstenfalls im nächsten Jahr überwunden sein. Der Strukturwandel der Wirtschaft und die Globalisierung der Arbeits-, Wissens- und Risikoteilung, die Schrumpfung und Alterung der Bevölkerung, die Individualisierung und die zunehmende Heterogenität der Gesellschaft jedoch werden bleiben. Sie werden die bereits ohnehin bestehenden Ungleichheiten zwischen den Menschen weiter vergrößern.

Die Krise, in der wir uns befinden, hat eine besondere Qualität. Der gerade noch vermiedene Zusammenbruch des Weltfinanzsystems hat grundsätzliche Fragen an die Wirtschaftsordnung aus Fachjournalen und moralingetränkten bunten Boulevardblättern in den öffentlichen Raum katapultiert. Während in Zeiten ungefährdeter Prosperität und temporärer Stabilität die größten Fehler aus unterlassenen Anstrengungen und überzogenen Leistungsversprechen resultieren, ergeben sich in der Krise Fehler aus überhastetem, ziellosem Handeln, dem eine ordnungspolitische Orientierung fehlt, und das deshalb leicht dem untrüglichen Schein des Offensichtlichen folgt. Jede Krise bietet aber auch eine Chance, die Dinge neu und grundsätzlich zu ordnen und von den Sachen her zu denken. Für diesen Diskurs offerieren wir ein Angebot. Wir wollen einen Beitrag leisten für die Gestaltung des öffentlichen Raums, wie ihn Hannah Arendt charakterisiert hat, und wie er in diesem Buch thematisiert wird.

Unsere wichtigste Botschaft lautet, dass es klüger ist, die benannten Entwicklungen zu akzeptieren, anstatt sie verhindern zu wollen. Die Erfahrung der jüngeren Vergangenheit begründet diese Erkenntnis. Wir haben beachtliche Erfolge im Strukturwandel erzielt und wirtschaftspolitisch unterstützt. Gleichwohl gilt: Ungleichheit nicht entstehen zu lassen, ist für Deutschland zu teuer, zu ungenau und vor allem unsozial. Es bedarf der Ehrlichkeit über das Unausweichliche: Wir müssen Ungleichheit aushalten, wenn wir Freiheit wollen. Und: Wir können Ungleichheit aushalten, wenn wir die Ratio der Ordnungspolitik zeitgemäß ernst nehmen. Ein Dreisatz bestehend aus »Wettbewerb sichern«, »Teilnahmechancen eröffnen« und »Marktversagen korrigieren« hilft besser als jede Alternative, um das Ziel »mehr Wohlstand für alle« zu erreichen.

Das gilt auch und gerade in schwierigen Zeiten, wie sie Deutschland mit dieser Rezession erfährt. Die sich damit auch eröffnenden Möglichkeiten sollten wir nutzen. So wie sich nach den großen Verwerfungen in den zwanziger und dreißiger Jahren des letzten Jahrhunderts Ökonomen darum bemühten, der Freiheit unter veränderten Bedingungen dauerhaft Chancen zu geben. Ihre damaligen Erkenntnisse verdichteten sich gerade in der lange – auch in Ökonomenkreisen – als altmodisch verschrienen Ordnungspolitik. Die scheinbar so zeitgemäß moderne Geldpolitik der US-amerikanischen Notenbank eröffnete für viele den Abgesang auf die Eucken'schen Prinzipien der Wirtschaftsordnung. Dabei lässt sich das Ursachengeflecht der jetzigen Weltfinanzkrise systematisch als Verstoß gegen eben diese konstituierenden und regulierenden Prinzipien analysieren und auflösen. Es ist die Zeit der Ordnungspolitik. Daran wollen wir mitwirken.

Literaturverzeichnis

I. Zeit der Gefühle: Wie Probleme erfühlt statt durchdacht werden

H. Arendt: Vita activa oder Vom tätigen Leben. 6. Auflage, München Zürich 2007.

H. Bude, A. Willisch (Hrsg.): Das Problem der Exklusion. Ausgegrenzte, Entbehrliche, Überflüssige, Hamburg 2006.

S. Hradil: Die Mitte fühlt sich nicht mehr richtig wohl. In: Frankfurter Allgemeine Sonntagszeitung, Nr. 49 vom 7. 12. 2008.

M. Hellwig: Wenn die Interessen verwischen. In: Frankfurter Allgemeine Zeitung. (Ordnung der Wirtschaft), Nr. 274 vom 22. 11. 2008, S. 13.

C. Horn, N. Scarano (Hrsg.): Philosophie der Gerechtigkeit. Texte von der Antike bis zur Gegenwart. Frankfurt a. M. 2002.

Institut der deutschen Wirtschaft Köln (Hrsg.): Die Zukunft der Arbeit in Deutschland, Megatrends, Reformbedarf und Handlungsoptionen. Köln 2008.

Institut der deutschen Wirtschaft Köln: Deutschland in Zahlen 2008. Köln 2008 (S. 57: Kaufkraft je Lohnminute).

International Monetary Fund: World Economic Outlook. Globalization and Inequality. October 2007. Chapter 4: Globalization and Inequality, S. 31 ff.

P. Nolte: Wie geht's der Mittelschicht? Eigentlich gar nicht mal so schlecht. In: Frankfurter Allgemeine Sonntagszeitung, Nr. 48 vom 30. 11. 2008.

A. M. Okun: Equality and Efficiency. The Big Tradeoff. Washington 1975.

J. Rawls: Eine Theorie der Gerechtigkeit. 6. Auflage, Frankfurt a. M. 1991.

J. Rawls: Gerechtigkeit als Fairness. Frankfurt a. M. 2006.

G. Roth: Wer entscheidet, wenn ich entscheide? in: N. Elsner/G. Lüer (Hrsg.) »... sind eben alles Menschen«. Verhalten zwischen Zwang, Freiheit und Verantwortung, Göttingen 2005, S. 223–242.

R. P. Sieferle: Fortschrittsfeinde? Opposition gegen Technik und Industrie von der Romantik bis zur Gegenwart. München 1984.

B. Vogel: Biographische Brüche, soziale Ungleichheit und politische Gestaltung. Bestände und Perspektiven soziologischer Arbeitslosigkeitsforschung; in: Mittelweg 36. Zeitschrift des Hamburger Instituts für Sozialforschung, 17. Jg., Heft 2 (April/Mai 2008), S. 11–20.

M. Werding: Die Mittelschicht macht reich. In: Frankfurter Allgemeine Sonntagszeitung, Nr. 50 vom 14. 12. 2008.

II. Schwierigkeiten mit der Ordnung der Freiheit

H.-C. Binswanger, Die Glaubensgemeinschaft der Ökonomen: Essays zur Kultur der Wirtschaft. München 1998, S. 56 ff.

R. Dahrendorf: Versuchungen der Unfreiheit. Die Intellektuellen in Zeiten der Prüfung. München 2006.

W. Eucken: Das Problem der wirtschaftlichen Macht (1950). In: Walter-Eucken-Archiv (Hrsg.), Wirtschaftsmacht und Wirtschaftsordnung, S. 23 ff.

European Central Bank: Financial Stability Review December 2006.

J. Gross, Über die Deutschen. Zürich 1992.

M. Hüther: Deutsche Mythen. Schwierigkeiten mit der Marktwirtschaft. In: Frankfurter Allgemeine Zeitung (Die Ordnung der Wirtschaft) vom 7. 8. 2004, S. 11.

M. Hüther: Globalisierung: Mehr Chancen als Risiken. In: Global Marschall Plan Initiative (Hrsg.): Global Marschall Plan (Initiative zum Start eines globalen Netzwerks im Rahmen des Deutschen Evangelischen Kirchentags im Mai 2005 in Hannover) »Impulse für eine Welt in Balance«. Hamburg 2005, S. 233 ff.

M. Hüther, M. Jäger: Stabilität durch Spekulation. In: Handelsblatt. Nr. 46 vom 6. 3. 2007.

D. van Laak: Weiße Elefanten. Anspruch und Scheitern technischer Großprojekte im 20. Jahrhundert. Stuttgart 1999.

G. Mattenklott, Faust. In: E. François, H. Schulze (Hrsg.), Deutsche Erinnerungsorte III. München 2001, S. 604 ff.

L. von Mises: Die Wurzeln des Antikapitalismus. Frankfurt a. M. 1958.

M. Olson: The Logic of Collective Action: Public Goods and the Theory of Groups. Cambridge (Mass.) 1965.

W. Peter: Die Entwicklung der Balance zwischen Erwerbstätigkeit und Sozialleistungsbezug in Deutschland. In: IW-Trends. Vierteljahresschrift zur empirischen Wirtschaftsforschung aus dem IW Köln. 35 (2008), Heft 1, S. 43 ff.

H. Plessner, Die verspätete Nation. Frankfurt a. M. 1974.

H. Plessner: Grenzen der Gemeinschaft. Eine Kritik des sozialen Radikalismus. Frankfurt a. M. 2002.

A. Ritschl: Der späte Fluch des Dritten Reichs. Pfadabhängigkeiten in der Entstehung der bundesdeutschen Wirtschaftsordnung. In: Perspektiven der Wirtschaftspolitik 6 (2005), S. 153 ff.

R. D. Tollison: Rent Seeking: A Survey. Kyklos, Vol. 35 (1982), S. 575 ff.

III. Die Renaissance der Industrie

M. Grömling, K. Lichtblau: Deutschland vor einem neuen Industriezeitalter? IW-Analyse 20, Köln 2006.

M. Hüther: Industriestandort Deutschland – stärker denn je. In: Outsourcing in Deutschland: Rahmenbedingungen, Konzepte und Best Practices. Hrsg.: H.-J. Bullinger, S. Klebert. Stuttgart 2007, S. 9 ff.

M. Hüther: Woher kommt der Aufschwung? In: Wirtschaftsdienst, Heft 4 (2008), S. 248 ff.

M. Hüther, T. Eekhoff: Standort Deutschland: Industrieproduktion, begleitende Dienstleistungen und Cluster. In K. Schmidt, R. Gleich u. A. Richter (Hrsg.): Innovationsmanagement in der Serviceindustrie: Grundlagen, Praxisbeispiele und Perspektiven. Freiburg i. Br. 2007, S. 29 ff.

M. Hüther, R. Rodenstock, B. Schwenker, J. Thumann (Hrsg.): Systemkopf Deutschland Plus. Die Zukunft der Wertschöpfung am Standort Deutschland. Köln 2008.

H. Lesch: Lohnpolitik, Beschäftigung und Konsum. In: IW-Trends. Vierteljahresschrift zur empirischen Wirtschaftsforschung aus dem IW Köln. 34 (2007), Heft 1, S. 31 ff.

C. Römer: Multinationale Unternehmen. Eine theoretische und empirische Bestandsaufnahme. IW-Analysen Nr. 9, Köln 2008.

T. Tümmler: Dienstleistungsnachfrage durch Unternehmen: Ergebnisse für 2003. In: Wirtschaft und Statistik, Heft 10/2005, S. 1080 ff.

IV. Deutschland vor neuen wirtschaftlichen und gesellschaftlichen Herausforderungen

C. Anger, J. Schmidt: Gender Wage Gap und Familienpolitik. In: IW-Trends. Vierteljahresschrift zur empirischen Wirtschaftsforschung aus dem IW Köln. 35 (2008), Heft 2, S. 55 ff.

H. Arendt: Vita activa oder Vom tätigen Leben. 6. Auflage, München Zürich 2007.

P. Bofinger: Wir sind besser als wir glauben – Wohlstand für alle. München 2005.

Fünfter Bericht zur Lage der älteren Generation in der Bundesrepublik Deutschland. Potenziale des Alters in Wirtschaft und Gesellschaft. Der Beitrag älterer Menschen zum Zusammenhalt der Generationen. Bericht der Sachverständigenkommission an das Bundesministerium für Familie, Senioren, Frauen und Jugend. Berlin, im August 2005.

M. Hüther: Globaler Strukturwandel – wirtschaftpolitische und finanzwirtschaftliche Handlungsoptionen. In: D. Bierbaum (Hrsg.): So investiert die Welt. Wiesbaden 2008, S. 47.

M. Hüther: Intergenerational Justice and Economic Growth. A Challenge for Economic Policy. In: J. C. Tremmel (Ed.): Demographic Change and Intergenerational Justice. Berlin Heidelberg 2008, S. 31 ff.

International Monetary Fund: World Economic Outlook. Globalization and Inequality. October 2007. Chapter 4: Globalization and Inequality, S. 31 ff.

H. Köhler: Erfolgsgrundlage Vertrauen. In: Institut der deutschen Wirtschaft Köln (Hrsg.): Moral als Unternehmenswert – Handlungsmaxime in der Globalisierung? 8. Verleihung des Max-Weber-Preises für Wirtschaftsethik. Berlin, 27. Mai 2008. Köln 2008, S. 13 ff.

J. Matthes: Weltkrieg um Wohlstand oder pathologischer Exportboom? Warum Deutschland auch weiterhin von der Globalisierung profitiert. IW-Analyse 28, Köln 2007.

J. Pimpertz: Alterssicherung im Drei-Generationenvertrag. Zur Berücksichtigung der Kindererziehung in der umlagefinanzierten Sozialversicherung. IW-Position 14, Köln 2005.

H. Plessner: Grenzen der Gemeinschaft. Eine Kritik des sozialen Radikalismus. Frankfurt a. M. 2002.

R. Sennett: Die Kultur des Neuen Kapitalismus. Berlin 2005.

H.-W. Sinn: Ist Deutschland noch zu retten? München 2003.

K. F. Zimmermann: Deutschland – was nun? (Reformen für Wirtschaft und Gesellschaft). München 2006.

V. Die Freiheit braucht einen starken Staat

A. Beckermann: Neuronale Determiniertheit und Freiheit. In: Information Philosophie, Heft 2, 2005.

W. Eucken: Grundsätze der Wirtschaftspolitik. 7. Aufl., Tübingen 2004.

W. Eucken: Über die Gesamtrichtung der Wirtschaftspolitik (1946). In:

Ordnungspolitik von Walter Eucken, hrsg. v. W. Oswalt. Münster 1999, S. 16 ff.

W. Eucken: Das Problem der wirtschaftlichen Macht (1950). In: Walter-Eucken-Archiv (Hrsg.), Wirtschaftsmacht und Wirtschaftsordnung, S. 23 ff.

C. Horn, N. Scarano (Hrsg.): Philosophie der Gerechtigkeit. Texte von der Antike bis zur Gegenwart. Frankfurt a. M. 2002.

M. Hüther: Braucht es eine neue soziale Marktwirtschaft? Deutsche Wirtschaftspolitik in einer globalisierten Ökonomie. In: Drittes Forum Menschenwürdige Wirtschaftsordnung. 60 Jahre Soziale Marktwirtschaft in einer globalisierten Welt. Halle/Tutzing 2008, S. 21 ff.

M. Hüther, T. Straubhaar: Plädoyer für ein Leitbild für Deutschland. Roman Herzog Institut. München 2007.

L. von Mises: Die Wurzeln des Antikapitalismus. Frankfurt a. M. 1958.

H.-J. Papier: Relative Offenheit. In: Frankfurter Allgemeine Zeitung, Nr. 274 vom 24. 11. 2005.

G. Schweppenhäuser: Grundbegriffe der Ethik zur Einführung. Hamburg 2003.

A. Sen: Equality of what? The Tanner Lecture »On Human Values«. Stanford University May 22, 1979.

R. Spaemann: Moralische Grundbegriffe. 6. Aufl. München 1999.

A. Rüstow: Aussprache auf der Tagung des Vereins für Socialpolitik 1932 in Dresden, in: F. Boese (Hrsg.): Deutschland und die Weltkrise (Schriften des Vereins für Socialpolitik, 187), München Leipzig 1932, S. 64 f.

Sachverständigenrat zur Begutachtung der gesamtwirtschaftlichen Entwicklung: Die Chance nutzen – Reformen mutig voranbringen. Jahresgutachten 2005/06.

W. Vossenkuhl: Die Möglichkeit des Guten. Ethik im 21. Jahrhundert. München 2006.

VI. Mehr Wohlstand für alle: Sicherung offener Märkte für Waren, Arbeit und Kapital

H. Arendt: Denken ohne Geländer. Texte und Briefe. München Zürich 2006.

U. Böge, S. Kijewski: Orientierungslose Wettbewerbspolitik? Die Sicht des Bundeskartellamtes. In: Orientierungen zur Wirtschafts- und Gesellschaftspolitik 95, März 2003, S. 5 ff.

N. Berthold: Internationale Wettbewerbsfähigkeit – Was sagt die ökonomische Theorie? In: E. Kantzenbach und O. G. Mayer (Hrsg.), Deutschland im internationalen Standortwettbewerb, Baden-Baden 1995, S. 77 ff.

P. Bofinger: Die internationale Wettbewerbsfähigkeit ganzer Volkswirtschaften: Ein Phänomen auf der Suche nach einer Theorie. In: Kredit und Kapital, Jg. 28 (1995), S. 467 ff.

Bundesverband deutscher Banken (Hrsg.): Wirtschaftsstandort Deutschland 2008. Ergebnisse einer repräsentativen Meinungsumfrage im Auftrag des Bundesverbandes deutscher Banken, Berlin, Juli 2008 (http://www.bankenverband.de/pic/artikelpic/072008/ 080723_Demoskopie-WiSta-2008. pdf).

Engel & Zimmermann: Schlechtes Zeugnis für Konzerne. Forsa-Umfrage im Auftrag der Engel & Zimmermann AG – Agentur für Wirtschaftskommunikation (http://www.engel-zimmermann.de/files/aktuell/54_PM_forsa-Umfrage.pdf).

H. Giersch: Abschied von der Nationalökonomie. Wirtschaften im weltweiten Wettbewerb. Frankfurt a. M. 2001.

M. Hüther: Was macht eine Volkswirtschaft wertvoll? Standortdiskussion unter wertorientierter Betrachtung. In Nikolaus Schweickart, Armin Töpfer (Hrsg): Wertorientiertes Management, Werteerhaltung –Wertsteuerung – Wertsteigerung ganzheitlich gestaltet. Berlin Heidelberg New York 2006, S. 87 ff.

M. Hüther, M. Jäger: Die Bedeutung eines effizienten Bankensystems für die Volkswirtschaft. In: Zeitschrift für das gesamte Kreditwesen 61 (2008), S. 24 ff.

Institut der deutschen Wirtschaft Köln (Hrsg.): Föderalismus in Deutschland. Ökonomische Analyse und Reformbedarf. Köln 2007.

International Monetary Fund: World Economic Outlook. Financial Stress, Downturns, and Recoveries. October 2008, Chapter 4: Financial Stress and Economic Downturns, S. 129 ff.

M. Jäger: Finanzmarktstrukturen im Wandel. IW-Analyse 21, Köln 2006.

M. Jäger, M. Voigtländer: Hintergründe und Lehren aus der Subprime-Krise. In: IW-Trends. Vierteljahresschrift zur empirischen Wirtschaftsforschung aus dem IW Köln. 35 (2008), Heft 3, S. 17 ff.

C. P. Kindleberger: International Public Goods without International Government. In: American Economic Review, Vol. 76 (1986), S. 1 ff.

C. P. Kindleberger: Multinational Excursions. Cambridge 1984.

A. Koestler: Das europäische Profil – Drei Alpacher Betrachtungen. In: O. Molden (Hrsg.): Geist und Gegenwart. Zürich 1962, S. 7 ff.

P. Krugman: Competitiveness: A Dangerous Obsession. In: P. Krugman, Pop Internationalism. Cambridge 1996, S. 3 ff. (ursprünglich publiziert in: Foreign Affairs, March/April 1994, S. 28 ff.).

Monopolkommission: Sondergutachten 27. Systemwettbewerb.

W. Oates: An Essay on Fiscal Federalism. In: Journal of Economic Literature 37 (1999), S. 1120 ff.

M. Porter: The Competitive Advantage of Nations. London 1990.

R. Sennett: Respekt im Zeitalter der Ungleichheit. 2. Aufl., Berlin 2007.

H.-J. Vosgerau: Die Internationalisierung der Wettbewerbspolitik. In: Wirtschaftsdienst, Jg. 75 (1995), S. 105–112.

T. Wels: Vertrauen der Deutschen in Unternehmen ist erschüttert; in Westdeutsche Allgemeine Zeitung, 20. 06. 2008.

VII. Mehr Wohlstand für alle: faire Chance der Teilnahme durch Bildung

C. Anger, A. Plünnecke, S. Seyda: Bildungsarmut und Humankapitalschwäche in Deutschland. IW-Analyse 18, Köln 2006.

Bertelsmann Stiftung/Emnid: Integration durch Bildung. Ergebnisse einer repräsentativen Bevölkerungsbefragung in Deutschland, Gütersloh 2008 (http://www.bertelsmann-stiftung.de/bst/de/media/xcms_bst_dms_25183_25184_2.pdf).

Bundesministerium für Bildung und Forschung: »Konzeptionelle Grundlage für einen Nationalen Bildungsbericht – Non formale und informelle Bildung im Kindes- und Jugendalter. Berlin 2004.

Bundesvereinigung der Deutschen Arbeitgeberverbände, Bundesverband der Deutschen Industrie, Institut der deutschen Wirtschaft Köln, Stifterverband für die deutsche Wissenschaft: Eckpunkte einer investitionsorientierten Hochschulfinanzierung. Ressourcen – Freiheit – Wettbewerb. 2008.

Institut der deutschen Wirtschaft Köln (Hrsg.): Bildungsfinanzierung und Bildungsregulierung in Deutschland. Eine bildungsökonomische Reformagenda. Köln 2006.

Institut der deutschen Wirtschaft Köln (Hrsg.): Föderalismus in Deutschland. Ökonomische Analyse und Reformbedarf. Köln 2007.

H. E. Klein: Privatschulen in Deutschland. IW-Analyse 25, Köln 2007.

OECD: The Sources of Economic Growth. Paris 2003.

OECD: Education at a Glance 2007. Paris 2007, and Education at a Glance 2008: OECD Indicators. Paris 2008.

OECD: Growing Unequal? Income distribution and Poverty in OECD-Countries. Paris 2008.

G. Picht: Die deutsche Bildungskatastrophe. Analyse und Dokumentation, Freiburg i. Br. 1964, 2. Aufl., München 1965.

A. Plünnecke: Demografischer Wandel und Bildungsbedarf. In: Handbuch der Aus- und Weiterbildung, 161. Ergänzungslieferung, München 2004.

M. Prenzel, C. Artelt, J. Baumert, W. Blum, M. Hammann, E. Klieme und R. Pekrun (Hrsg.): PISA-Konsortium Deutschland. PISA 2006. Die Ergebnisse der dritten internationalen Vergleichsstudie.

VIII. Mehr Wohlstand für alle: Rückkehr offen halten durch soziale Sicherung

K. Arrow: The Organization of Economic Activity: Issues Pertinent to the Choice of Market versus Non-Market Allocation. Washington DC 1969.

H. Blumenberg: Wissensüberdruss. In: Ders.: Die Sorge geht über den Fluss. Frankfurt a. M. 1987, S. 72 ff.

Bundesministerium für Arbeit und Soziales: Lebenslagen in Deutschland. Der dritte Armuts- und Reichtumsbericht der Bundesregierung. Berlin Juli 2008.

M. Hüther, M. Jäger: Die Bedeutung eines effizienten Bankensystems für die Volkswirtschaft. In: Zeitschrift für das gesamte Kreditwesen 61 (2008), S. 24 ff.

Institut der deutschen Wirtschaft Köln (Hrsg.): Die Zukunft der Arbeit in Deutschland, Megatrends, Reformbedarf und Handlungsoptionen. Köln 2008.

W. Krämer, G. Mackenthun: Die Panik-Macher. München 2001.

G. T. di Lampedusa: Der Leopard. 24. Aufl., München 2007.

N. Luhmann: Die Welt als Wille ohne Vorstellung. Sicherheit und Risiko aus der Sicht der Sozialwissenschaften. In: Politische Meinung, Jg. 31 (1986), Nr. 229, S. 18 ff.

O. Marquard: Philosophie des Stattdessen. Einige Aspekte der Kompensationstheorie. In: Ders., Philosophie des Stattdessen. Stuttgart 2000, S. 30 ff.

H. Schäfer: Privatisierung der Arbeitslosenversicherung? IW-Position 20, Köln 2006.

IX. Für ein anderes Verständnis von Freiheit und Gerechtigkeit

H. Arendt: Vita activa oder Vom tätigen Leben. 6. Auflage, München Zürich 2007.

H. Arendt: Was ist Politik? München Zürich 1993.

R. Dahrendorf: Versuchungen der Unfreiheit. Die Intellektuellen in Zeiten der Prüfung. München 2006.

J. Habermas: Wahrheitstheorien (1972), in: Ders.: Vorstudien und Ergänzungen zur Theorie des kommunikativen Handelns, Frankfurt a. M. 1984, S. 161 f.

N. Luhmann: Soziologie der Moral. in: N. Luhmann/S. H. Pfürtner (Hrsg.): Theorietechnik und Moral. Frankfurt a. M. 1978, S. 8–116.

N. Luhmann: Soziale Systeme, Frankfurt a. M. 1984, u. a. S. 121 f., 215 f., 317 ff.

N. Luhmann: Ethik als Reflexionstheorie der Moral in: N. Luhmann, Gesellschaftsstruktur und Semantik. Studien zur Wissenssoziologie der modernen Gesellschaft, Bd. 3. Frankfurt a. M. 1989, S. 358–448.

N. Luhmann: Paradigm lost. Über die ethische Reflexion der Moral. Rede anlässlich der Verleihung des Hegel-Preises 1989. Frankfurt a. M. 1990.

Joseph Kardinal Ratzinger: Einführung. In: G. Fels (Hrsg.) Kirche und Wirtschaft in der Verantwortung für die Zukunft der Weltwirtschaft. Köln 1987, S. 29 ff.

Dieses Buch spart bares Geld

Werner Bareis/Niels Nauhauser · **Lexikon der Finanzirrtümer**
Teure Fehler und wie man sie vermeidet
320 Seiten, Klappenbroschur
€ [D] 16,90 · € [A] 17,40
ISBN 978-3-430-20061-5

In Finanzfragen sollte man sich nicht auf scheinbar allgemeingültige Faustregeln verlassen – sonst erlebt man manch böse Überraschung. Werner Bareis und Niels Nauhauser klären populäre Mythen rund ums Geld auf und schärfen den kritischen Blick des Verbrauchers.

»Die Deutschen weisen in Sachen Geldanlagen erstaunliche Wissenslücken auf. Dieses Buch räumt mit den schlimmsten Irrtümern auf.« *Welt am Sonntag*

»Der neue Goldstandard für Finanzratgeber – umfassend, gut lesbar und sehr nützlich.« *Max Otte, Finanzexperte, Autor von* DER CRASH KOMMT

»Ein sehr guter Ratgeber für die private Geldanlage.« *Süddeutsche Zeitung*